Wilhelm Soltau

Die Anfänge der römischen Geschichtsschreibung

Wilhelm Soltau

Die Anfänge der römischen Geschichtsschreibung

ISBN/EAN: 9783955641894

Auflage: 1

Erscheinungsjahr: 2013

Erscheinungsort: Bremen, Deutschland

@ EHV-History in Access Verlag GmbH, Fahrenheitstr. 1, 28359 Bremen. Alle Rechte beim Verlag und bei den jeweiligen Lizenzgebern.

DIE ANFÄNGE DER ROEMISCHEN GESCHICHTSCHREIBUNG

VON

WILHELM SOLTAU

LEIPZIG 1909 · H. HAESSEL VERLAG

Vorrede.

Dieses Buch wird zeigen, daß alle lebensvollen und individuellen Züge der älteren römischen Geschichte auf Dichtung und Erfindung beruhen. Nicht Mythus, nicht Volkssage, sondern literarische Erfindung ist alles das, was an geschichtlich erscheinenden Berichten einer gleichzeitigen Geschichtsüberlieferung vorangeht.

Die Abschnitte, welche dem Erweise dieser Behauptung gewidmet sind, mußten natürlicherweise den Gegenstand ausführlicher behandeln. Andere, welche die Ergebnisse fremder und eigener Forschungen über die sonstigen Elemente, aus denen die quasi-historische Tradition gebildet war, zusammenfaßten, konnten kürzer gehalten werden. So namentlich die Abschnitte über Ennius, über den Einfluß der griechischen Historiographie, auf die römische, über Laudationen und Familientraditionen, bei welchen u. a. die gründlicheren Schriften von Ribbeck, Lucian Mueller, Vahlen, Zarncke, Hermann Peter hinreichend vorgearbeitet hatten.

Gerade wo hier und in mehreren meiner früheren Schriften (Livius' Geschichtswerk, Römische Chronologie, die Laudationen, annales maximi u. a.) die wichtigsten Ergebnisse bereits festgestellt waren, konnte die Darstellung auch ohne ausführliches Beweismaterial geboten werden. Das war aber schon deshalb erwünscht, weil dieses Buch nicht ausschließlich für Fachkreise bestimmt ist, nicht nur dem Geschichtsforscher sondern auch dem Geschichtsfreunde, dem Geschichtslehrer wie dem Lernenden ein Führer werden will durch ein Gebiet, das jetzt vielfach durch haltlose Vermutungen und geschichtswidrige Einfälle unwegsam gemacht worden ist. Wenn Ettore Pais z. B. den Grundsätzen treu geblieben wäre, welche er in seiner trefflichen Einführung zu der „Storia di Roma" niedergelegt hat, so hätte er die meisten seiner Vermutungen unterdrücken und mehr als die Hälfte seines Buches ungedruckt lassen können. Und schlimmer steht es um das, was neuerdings von deutschen Gelehrten über die Zeiten vor Pyrrhus ausgeklügelt ist. Da wird das Glaubwürdigste und das Reinerfundene in gleich kritikloser Weise behandelt und abgewiesen.

Bei dieser Sachlage kann nur eine klare Feststellung, welchen Ursprung die einzelnen Elemente der Überlieferung haben, wirklich helfen. Und somit ist denn hier den negativen Ergebnissen auch eine positive Darlegung beigegeben über das, was historischen Wert behalten hat, und behalten wird.

Selbstverständlich konnten bei der Behandlung der gesamten geschichtlichen Überlieferung vor Pyrrhus nicht alle einzelnen Angaben derselben, auch da, wo sie nur von nebensächlicher Bedeutung sind, gleichmäßig berücksichtigt werden. Das Hauptgewicht mußte oft auf die Herleitung der livianischen Überlieferung gelegt werden. Dionys, Plutarch, Appian, Dio konnten bei der älteren republikanischen Geschichte mehrfach beiseite gelassen werden, während für die ältere Annalistik neben Diodor auch Ciceros Schrift de republica in den Vordergrund gerückt ward. Wo es erwünscht war, so namentlich bei den Gründungslegenden, bei der Geschichte des Camillus, bei Lucretia und Verginia, Spurius Cassius und Spurius Maelius sind natürlich auch die Einzelheiten einer anderweitigen Tradition nicht vernachlässigt worden.

Ostern 1909.

Wilhelm Soltau.

Inhalt.

		Seite
I.	Einleitung	1
II.	Die Römerdramen	17
III.	Ennius' Annales	60
IV.	Der Einfluß der griechischen Historiker auf die römischen Annalisten	73
V.	Folgerungen aus den Ergebnissen von II—IV	92
VI.	Die Laudationen	132
VII.	Die zeitgeschichtlichen Memoirenwerke der Gracchenzeit und ihr Einfluß auf die Rekonstruktion der Geschichte früherer Epochen	153
VIII.	Relativer Wert der Familienarchive für die Feststellung der älteren Geschichte	181
IX.	Überreste offizieller Aufzeichnungen vor Beginn einer gleichzeitigen Stadtchronik	188
X.	Ältere und jüngere Annalistik	213
XI.	Schlußübersicht	228
	Anhang I: Die nachweisbaren Praetextae	263
	„ II: Zu den Konsularfasten 245—454	264
	„ III: Herodot bei römischen Historikern	267
	Register	268

Alle bestimmten Jahresangaben vor den punischen Kriegen sind in Jahren nach Gründung der Stadt (1 d. St. vulgär = 753 vC.) gegeben worden. Solche Angaben waren notwendig, da die römische Rechnung nach Konsulats- oder Amtsjahren während der ersten 500 Jahre der Stadt größere Abweichungen von der gewöhnlichen Rechnung nach Jahren vor Christi Geburt aufweist.

Zur Orientierung für den Leser diene folgende Zeittafel. Die Begründung der Ansätze hat meine „Römische Chronologie" (Freiburg 1889) S. XXIII und S. 295 f. gegeben.

	d. St.	vC.
Sturz des Dezemvirats. II secessio plebis	305	445
Spurius Maelius †	315	435
Krieg gegen Veji und Fidenae	317	433
Konsulat des A. Cornelius Cossus	326	424
Vejis Belagerung	348—358	402—393
Einnahme Roms	364	387
M. Manlius †	370	381
I. plebejischer Konsul	388	364
II tumultus Gallicus	394	358
III tumultus Gallicus	405	347
Latinerkrieg	412—414	340—338
Beginn des II. Samnitenkrieges	428	325
Ende des Krieges	450	303
Beginn des III. Samnitenkrieges	456	297
Pyrrhuskrieg	474	280

I.
Einleitung.

Das vorliegende Buch wird sich mit der Tradition über die ersten 500 Jahre der römischen Geschichte beschäftigen.

Der Nachweis, wie eine Überlieferung über eine vorgeschichtliche Zeit entstanden ist, hat nach zwei Seiten hin einen gesonderten Wert. Einmal kann nur bei einer scharfen Scheidung der historischen und der vorgeschichtlichen Überlieferung, bei einer wissenschaftlichen Kennzeichnung der älteren und ursprünglichen Elemente gegenüber dem ungeschichtlichen Beiwerk späterer Bearbeiter, eine befriedigende Feststellung dessen stattfinden, was in der Masse des Unsicheren und Erfundenen einen historischen Wert besitzt. Ohne daß hier feste Grundlinien gezogen werden, ist es unmöglich, in eine Erörterung über Einzelheiten einzugehen, ist es unvernünftig, Spezialuntersuchungen zu unternehmen. Zweitens aber ist es für einen jeden historischen Forscher eine lohnende Arbeit, die Genesis einer vorgeschichtlichen Überlieferung klarzulegen.

Das letztere Ziel zu erreichen, ist die nächstliegende Aufgabe dieser Schrift. Doch wird dieselbe nicht unterlassen, auch für die erste Frage die nötige Aufklärung zu bieten.

Nachdem mehr und mehr die Glaubwürdigkeit der römischen Geschichtsüberlieferung vor Pyrrhus in Frage gezogen ist, ist der wissenschaftlichen Forschung das Problem gestellt, zu ergründen, welchen Ursprung die zahlreichen speziellen Angaben über Personen und Zustände, über Taten und Absichten der alten Helden und Staatsmänner Roms gehabt haben.

Wie war es möglich, daß bei mangelnder geschichtlicher Überlieferung eine Darstellung der römischen Geschichte über ein halbes Jahrtausend entstanden und geglaubt worden ist, ja daß sie nicht nur zu einer vielfach anziehenden Lektüre, sondern zu einer scheinbar wertvollen, quasi-historischen Tradition sich auswachsen konnte?

Kaum wird es hier nötig sein, ausführlicher auf die früheren verfehlten Bemühungen, das Problem zu lösen, einzugehen. Der älteste Erklärungsversuch, welcher sich in mancherlei Variationen recht unwissenschaftlicher Art widerspiegelt, war der einfachste und zugleich — der verkehrteste. Gläubige Gemüter legten vielfach Wert auf eine außergewöhnliche, kaum denkbare Kraft der mündlichen Tradition, auf alte Familienerinnerungen und eine volkstümliche Legendenbildung, welche sich nicht nur einige Menschenalter, sondern mehrere Jahrhunderte hindurch frisch und im wesentlichen unversehrt erhalten haben könnten. So sollte namentlich in Rom sich eine hinreichende Erinnerung an die Charaktere und Taten der römischen Könige, eine schon genauere Kunde von den Helden der frührepublikanischen Epoche erhalten und treulich fortgepflanzt haben. Solche und ähnliche Theorien konnten, wohl nur wegen der Unbestimmtheit der Vorstellungen hierüber, eine Zeitlang in Geltung bleiben. Aber sie mußten, da es in Wirklichkeit nicht glaubhaft gemacht werden konnte, daß sich die z. T. höchst wenig hervortretenden Einzelheiten in der mündlichen Überlieferung lebendig erhalten hatten, mehr und mehr als irreführend erkannt werden, nachdem selbst ein Niebuhr vergeblich sie durch seine Theorie von den historischen Volksliedern wieder zu beleben versucht hatte.[1]) Denn eine derartige konstante Weiterverpflanzung von geschichtlichen Einzelheiten so mannigfacher Art ist selbst bei begabteren und phantasiereichen Völkern ohne Beispiel: bei einem Volke wie die Römer ist sie einfach undenkbar.

Auch in der sehr eingeschränkten Form, daß man die Königszeit und die erste Epoche der republikanischen Geschichte als unhistorisch beiseite ließ und in ihnen eine Mischung von Sage, geschichtlicher Überlieferung und späterer Erfindung zu erkennen vermeinte, hat diese Theorie ausgespielt. Denn die Überlieferung der Samnitenkriege ist, von geringen

---

[1]) Niebuhr, Röm. Geschichte 1. 233, 244, 268, 582 usw. Gegen ihn s. Schwegler, Römische Geschichte 1, 53f. Einzige Belegstelle für die carmina de clarorum hominum virtutibus ist Cato (bei Cic. Tuscul. I, 2, 3 IV, 2, 3 Brutus 19, 75). Vgl. ferner Horat. carm. IV, 15, 25f.

Ausnahmen abgesehen, ebenso schlecht wie die Berichterstattung über die Zeit, die 1—2 Jahrhunderte zurückliegt.

Auch mancherlei andere Pfade, das Problem aufzuhellen und wirklich zu lösen, haben sich als unwegsam und irreführend erwiesen.

Die Zeiten sind längst dahin, da man alles oder vieles aus den alten Mythen längst entschwundener Tage zu erklären suchte, und diese Zeiten werden auch nicht nach Jensens Theorien wieder aufleben, der die alte Welt überall mit orientalischen Mythen bevölkert sein läßt. Die Römer hatten keinen Mythus, wenigstens nicht etwas, das diesen Namen mit Recht verdient. Einige trockene Angaben über die Herkunft dieses oder jenes Geschlechts, über die Bedeutung dieses oder jenes Ortes, über die Deutung einiger Götternamen und ihren Kultus — das ist alles. Da bleibt kein Raum für eine poesievolle Mythenbildung, welche die Überreste der Urzeit, kindliche Vorstellungen über die Naturvorgänge und die geheimnisvollen Ursachen und Urheber derselben enthielte. Solche Elemente finden sich, wie gesagt, in der einheimischen, älteren Tradition der Römer nicht, und es ist längst als ein verhängnisvoller Irrtum erkannt worden, daß man die Erzählungen von Romulus und Acca Larentia, von Numa und Egeria, von Aeneas, den Dioskuren und Herakles, von Picus und Euander aus einer populären Mythenbildung der Römer hat herleiten wollen. Und hoffentlich bleibt es auch in Zukunft einer Lucretia und einer Verginia, einem Valerius Poplicola oder einem Mucius Scaevola erspart, in das Prokrustesbett der Mythenforschung eingespannt und zerstückelt zu werden.

Das Ungereimte aller derartiger Versuche leuchtet schon daraus ein, daß man sehr bald eine neue Art von Mythen in der römischen Geschichtstradition entdeckt zu haben glaubte, die nur „uneigentlich" diesen Namen trage.[1]) Eine phantastisch ausgeschmückte Volkserzählung über einen historischen Vorgang kann man doch nicht mehr zum „volkstümlichen Mythus" rechnen! Die belehrende Fabel des Menenius Agrippa oder die Erzählung von der redenden Juno von Veji, sie gehören in ein

---

[1]) Statt weiterer Ausführungen sei hier nur auf das sonderbare mixtum compositum von griechischer und römischer Sagenbildung verwiesen, aus dem E. Pais in seiner „storia die Roma" (z. B. 1, 391) die Vorgeschichte Roms herzuleiten gesucht hat.

ganz anderes Gebiet als in das der genuinen Mythenbildung einer kindlich naiven Vorzeit.

Auch die ätiologischen Mythen, deren Bedeutung von vielen Schriftstellern hervorgehoben ward, um die Entstehung mancher Berichte mehr oder weniger zweifelhaften Charakters aufzuhellen, haben mit dem Mythus nur wenig Verwandtschaft. Dieselben wollen bekanntlich auf Grund von verständigen Erwägungen, unter Berücksichtigung der Etymologie einiger Namen, unter Beachtung der Gebräuche oder der Institutionen die geschichtliche Überlieferung zu ergänzen oder zu ersetzen suchen. Der schließliche Effekt ist hier zwar derselbe wie beim volkstümlichen Mythus: Erfindungen werden an die Stelle der historischen Begebenheiten gesetzt und weiter erzählt. Aber bei jenem handelt es sich um naive oder phantasievolle Vorstellungen aus der Kinderzeit des Volkes. Die ätiologischen Mythen sind Produkte seniler Verstandestätigkeit aus einer Zeit, da man von der früheren Epoche nichts mehr wußte und die Lücke durch eine unhistorische Afterweisheit zu ersetzen bestrebt war. Sie gehören in den Kreis der Priester- und Küstererzählungen, welche Acca Larentia zu einer Hure, Servius zu einem Sklavensohn, Numa zu einem Liebhaber der Egeria und Tarquinius zu einem Sohn des Korinthiers Demaratus gemacht haben. „Ein Kehrichtfaß und eine Rumpelkammer, man läuft euch bei dem ersten Blick davon!"

Bei der Erklärung des hier gekennzeichneten Problems ist vor solchen und ähnlichen Irrwegen ernstlich zu warnen. Erst dann wird es möglich sein, die ganze Leere der Berichterstattung über jene alte vorhistorische Epoche klar zu erkennen und die große Masse von Berichten, durch welche Dichtung und Erfindung diese Lücke ausgefüllt haben, genauer zu präzisieren, erst dann sie als sekundäre Produkte einer späteren, literarischen Epoche zu erweisen.

Erst nachdem dieses gelungen ist — und das wird selbst bei dem lückenhaften Material in ganz anderer Weise möglich sein, als bisher geglaubt worden ist — wird sich die Untersuchung mit Erfolg dem geringen Restbestand zuwenden, diesen aber auch in gesicherterer Weise feststellen und festhalten können: die dürftigen aber glaubwürdigen Bestandteile einer Tradition, welche höher als die gleichzeitige Chronistik hinaufreicht und wenigstens eine gewisse Verbindung herstellt zwischen den Trümmern der Denkmäler der Urzeit und der späteren gleichzeitigen Annalistik.

Gehen wir sogleich an die Aufgabe selbst heran.

Vor allem ist hierbei eine genaue Feststellung des Zeitpunktes nötig, seit wann eine gleichzeitige Aufzeichnung historischer Berichte in Rom stattgefunden hat, und aus welchen Elementen diese geschichtliche Überlieferung zusammengesetzt gewesen ist.

Ohne daß hierüber eine klare Anschauung gewonnen und feste Grundsätze aufgestellt sind, ist die Behandlung irgend eines Problems der ersten 500 Jahre der römischen Geschichte unmöglich, oder die Lösung wird von Zufälligkeiten abhängig gemacht d. h. sie ist unwissenschaftlicher Art.

Seit wann gibt es Aufzeichnungen über die Geschichte Roms, welche gleichzeitig gemacht wurden oder von solchen Zeitgenossen herrühren, welche die Fähigkeit und die Gelegenheit hatten, den Tatbestand zu erforschen?

Abgesehen von gelegentlich erhaltenen einzelnen Notizen kann mit Sicherheit festgestellt werden, daß solche Aufzeichnungen bis über den Anfang des 3. Jahrhunderts vC. nicht zurückreichen; andrerseits aber darf ihr Beginn auch nicht später angesetzt werden.

Hierfür ist ein zwiefacher Beweis zu erbringen, welcher trotz der Lückenhaftigkeit, oder vielmehr wegen der Lückenhaftigkeit des Materials, als absolut bindend angesehen werden darf. Die Richtigkeit dieses Urteils ergibt sich nämlich erstens aus der Qualität der in griechischen Historikern enthaltenen Angaben über Rom, sodann aber auch aus dem Fehlen der für eine gleichzeitige Annalistik charakteristischen Eigentümlichkeiten in den römischen Berichten vor 300 vC.

Sehen wir hier noch ab von der reichen Musterkarte von griechischen Autoren, welche nach Dionys Angaben über die Vorgeschichte Roms bieten. Er zitiert bekanntlich 1,72f. fast 20 verschiedene griechische Mythographen und Historiker, herab bis auf Kallias († 289 vC.) und Timaios († 256 vC.), welche unmittelbare Kenntnisse von Rom und den in Rom herrschenden Geschichtsvorstellungen gehabt haben sollen.

Alle diese haben lediglich allerlei Fabeleien von griechischen Dichtern und Mythographen zu berichten gewußt. Von römischer Lokaltradition nichts!

Selbst ein Kallias, der Biograph des Agathokles (317—289), hatte über Roms Anfänge nur soviel erfahren, daß Romulus und Romos Enkel des Aeneas seien. Von einer späteren Gründung Roms, welche doch wohl schon damals in Rom von einigen angenommen sein muß, von den albanischen Königen, von einem Zwillingspaar, von Rea Silvia, ja von Numitor und Amulius wußte Kallias sicherlich nicht das mindeste.[1])

Was aber haben er und seine Zeitgenossen über Roms spätere Geschichte, vor allem über das zuletzt verstrichene Jahrhundert gewußt?

Nur wenig mehr, als daß Rom im 4. Jahrhundert vC. eine ansehnliche Stadt gewesen sei, welche mehrfach sogar die Einfälle der Gallier abgewehrt habe.

Herodot, der z. B. Caere-Agylla nennt[2]), hat Rom gar nicht erwähnt. Sein etwas jüngerer Zeitgenosse Antiochos von Syrakus redet von der Verwandtschaft der Römer und Sikuler, hat also die Bedeutung der Römer gekannt, gibt aber doch keine weitere Auskunft über die Taten der damaligen Römer. Aristoteles, der ein trefflicher Kenner der sizilischen Geschichtsschreibung gewesen ist, hatte die Einnahme Roms durch die Gallier nicht genauer erwähnt, sondern erst den dritten Vorstoß der Gallier, den Lucius Camillus abwehrte.[3]) Er tat dieses übrigens, wenn nicht allein, so doch vorzugsweise deshalb, weil dieser Galliereinfall auch nach Kampanien gerichtet war und die ganze Griechenwelt Süditaliens und Siziliens in Aufregung versetzt hatte.[4]) Erst der bald nach Aristoteles gestorbene Theopomp hatte von der früheren Einnahme Roms gehört, und ebenso gibt Herakleides Pontikos (Plutarch Camill. 22), der in der selben Zeit lebte, eine ganz unbestimmt gehaltene Hindeutung auf die gallische Katastrophe, die aber in dieser ganz allgemeinen Fassung hinreichende Beweiskraft dafür enthält, daß er von Rom und von den Rom bedrängenden Heerscharen keine rechte Vorstellung gehabt hat.

[1]) Näheres s. II bei Besprechung der Herkunft der Romuluslegende.
[2]) 1, 167.
[3]) Vgl. dazu Soltau „Die römischen Amtsjahre" (Freiburg i. B. 1889) S. 43.
[4]) Liv. 7, 26.

Nach diesen und ähnlichen Angaben hat man wahrlich kein Recht, das Urteil des durch seine Buchgelehrsamkeit bekannten Plinius zu verwerfen, welcher erklärt (N. H. 3, 57) Theophrastus (372—287 vC.) primus externorum aliqua de Romanis diligentius scripsit.

Dieses Urteil lautet ohnedies fast identisch mit demjenigen des Dionys, der doch gleichfalls ein guter Kenner der griechischen Literatur war, wenn er hervorhebt, daß alle griechischen Schriftsteller von Roms früherer Epoche nur soviel gewußt hätten, daß Rom in dem Jahrhundert nach Troias Fall gegründet worden sei (1,73 f.), nachdem er vorher schon betont hatte (1,6) πρῶτον μὲν, ὅσα κἀμὲ εἰδέναι, τὴν Ῥωμαϊκὴν ἀρχαιολογίαν ἐπιδραμόντος Ἱερωνύμου τοῦ Καρδιανοῦ συγγραφέως ἐν τῇ περὶ τῶν ἐπιγόνων πραγματείᾳ· ἔπειτα Τιμαίου τοῦ Σικελιώτου τὰ μὲν ἀρχαῖα τῶν ἱστοριῶν ἐν ταῖς κοιναῖς ἱστορίαις ἀφηγησαμένου. Von diesen hatte noch dazu jener nur die Epoche nach 320 vC., der zweite nur die sagenhafte Vorzeit eingehend behandelt.

Sicherlich hätte sich für sizilische, namentlich syrakusanische Schriftsteller mannigfache Gelegenheit geboten, Rom, Latium und die mit Rom verbündeten Italiker zu erwähnen. Philistos hat z. B. zahlreiche Angaben über Städte Etruriens und Samniums gebracht, er erwähnt Umbrer, Ligurer, Pelasger, Ausoner. Von den Latinern schweigt er sogar dort, wo er sie hätte erwähnen sollen, nämlich als er von der Herkunft und Einwanderung der Sikuler spricht. Er scheint nichts von den näheren Beziehungen der Latiner, Ausoner, Sikuler zueinander zu wissen. Statt dessen leitet er (fr. 2) die letzteren von den Ligurern ab, welche unter Führung eines gewissen Sikelos von Norditalien dahin gezogen sein sollen, als sie aus dem Norden von Umbrern und Pelasgern verdrängt wurden.

Sehr gut hat ferner Pais (I, 3) gezeigt, daß diese Nichtberücksichtigung Roms durch die griechischen und sizilischen Historiker des 4. Jahrhunderts nicht befremdlich, sondern durchaus erklärlich und natürlich ist.

Auch von den bekanntesten Kolonien der Griechen in Süditalien und Sizilien erfährt man mehrere Jahrhunderte lang nach ihrer Gründung nichts oder nur wenig mehr als nichts. Erst als sie in die weltgeschichtlichen Kämpfe mit den Karthagern, mit Athen und mit Dionys verwickelt wurden, finden sich auch Geschichtsschreiber, welche näheres über die Spezialgeschichte zu berichten wissen. Um wieviel weniger konnte dabei eine Kunde von der besonderen Entwickelung der einzelnen barbarischen Stämme und der italischen Landstädte den griechischen Schriftstellern beachtenswert erscheinen!

Wenn die Schriftsteller des 5. und 4. Jahrhunderts vC. keine nähere Kunde gehabt haben z. B. von der Geschichte von Neapolis, Antium, Volsinii, Tarquinii, Arpi, Veji: nun, wie sollten sie dann wohl dazu gekommen sein, Einzelheiten über Roms Entwickelung vor den Samnitenkriegen zu wissen? Das war ja eine Zeit, da Rom nur wenig über die Grenzen Latiums hinaus seinen Herrschaftsbereich erstreckte. Dieses wurde erklärlicherweise anders, als Rom in Kampanien festen Fuß gefaßt (338 vC.) und namentlich als es in den Samnitenkriegen seine Herrschaft bis dicht vor die Tore von Tarent ausgedehnt hatte.

Wenn schon über die Geschichte von Rhegion und Kroton, von Neapolis und Paestum vor dem 4. Jahrhundert vC. nicht viel Sicheres gesagt werden konnte, so noch weniger also über das latinische Rom, welches von den einen als griechische, von den andern als tyrrhenische Gründung angesehen wurde!

Der Ausblick auf das Fehlen einer geschichtlichen Überlieferung bei den meisten Städten des Innern Italiens läßt es ferner durchaus als das Wahrscheinlichste erscheinen, daß auch in Rom selbst erst dann ein geschichtliches Bewußtsein, ein Interesse an der eigenen Geschichte aufgekommen ist, als das römische Staatswesen bereits eine beachtenswerte Entwickelung durchgemacht hatte. Solange man sich Jahr für Jahr darum stritt, ob zwei, drei oder vier Oberbeamte ernannt, ob auch einmal ein Plebejer Konsul sein sollte, oder solange man mit Fidenae, Veji, Tibur, Antium alljährlich Raubkriege führte: da wird schwerlich in Rom ein weittragendes Interesse an historischen Fragen bestanden haben.

Tatsache ist denn auch, daß von den jahrzehntelangen Kämpfen, welche Dionys I. in Süditalien geführt hat, ja sogar von seinem Plünderungszuge nach dem nahen Caere-Agylla keine Spur in römischen Annalen zu finden ist! Tatsache ist es auch, daß ebensowenig der jüngere Dionys, noch Timoleon, noch selbst Agathokles in den römischen Chroniken erwähnt worden sind. Der Exkurs über den Zug des Kleonymos nach Süditalien (Liv. 10, 2) ist nachträglich eingeschoben.[1]) Der für ganz Italien so wichtigen Feldzüge des Alexander von Epirus, die nach griechischen Angaben ziemlich sicher in die Jahre 334—330 vC. angesetzt werden dürfen, wird allerdings dreimal gedacht Liv. 8, 3; 17; 24. Aber nur die zweite Notiz, welche einen Vertrag der Römer mit Alexander kurz erwähnt, stammt aus der römischen Chronik. 8, 3, 6 wie 8, 24 sind spätere Einlagen, noch dazu an völlig verkehrter Stelle! 8, 3, 6 ist aus Nepos[2]) genommen, 8, 24 geht mittelbar wohl auf Timaios zurück.

Schon diese völlige Ignorierung der wichtigsten Zeitereignisse und der bedeutendsten Kriege in Süditalien zeigt, daß, wenn überhaupt damals in Rom ein gewisses Interesse an historischen Vorgängen bestanden hat, dieses sehr eng begrenzt gewesen sein muß. Wenn man damals bereits angefangen hat, chronikartige Aufzeichnungen zu machen, so muß der Gesichtskreis der Schreiber so überaus beschränkt gewesen sein, daß er kaum über die Grenzen Latiums hinausgereicht hat.

Solchem Tatbestand gegenüber gehört schon ein Glaube, der Berge versetzen kann, dazu, um die Existenz einer gleichzeitigen römischen Chronik für das 4. Jahrhundert vC. anzunehmen. Ja, selbst wenn dieselbe in der einfältigen Art der alten Pontifikaltafel geführt worden wäre, würde es kaum denkbar sein, daß ein Schrecken, wie er in Rom entstanden sein muß bei dem Raubeinfall des Dionys oder bei der Invasion des Königs Alexander von Epirus, dessen Feldzüge offenbar in größerem Stil angelegt waren, in der römischen Annalistik keine Spur hinterlassen haben sollte.

Man wähle sonst noch irgendwelche Ereignisse aus jener 2. Hälfte des 4. Jahrhunderts vC., das doch wahrlich nicht arm an großartigen Umgestaltungen war: nie findet sich auch nur eine Spur von ihnen in der römischen Geschichtstradition, wie sie uns Livius überliefert hat. Die einzige Notiz, welche von Alexander dem Großen im Livius zu finden ist, wenn man natürlich absieht von der livianischen Deklamation 9, 17—19, welche Alexander den Großen mit den römischen Feldherrn des 2. Samnitenkrieges vergleicht, steht 8, 3. Sie lautet zum Jahre 413 d. St.: eadem

---

[1]) Hermes **29**, 615.
[2]) Vgl. auch Gellius N. A. **17**, 21, 25—32.

aetas rerum magni Alexandri est, quem sorore huius ortum in alio tractu orbis, invictum bellis, iuvenem fortuna morbo exstinxit. Das genügt!

Das gleiche Ergebnis bietet eine Betrachtung der alten Annalenüberreste, welche allseitig und mit genügendem Grund als der älteste Bestandteil einer stadtrömischen Chronik angesehen werden: die Angaben der tabula pontificis.

Zu den Dingen, welche in erster Linie auf der Pontifikaltafel verzeichnet zu werden pflegten, sind die prodigia zu rechnen. Non lubet scribere, sagt Cato bekanntlich (Gellius N. A. 2, 28, 6), quod in tabula apud pontificem maximum est, quotiens annona cara, quotiens lunae aut solis lumine caligo aut quid obstiterit."

Es ist daher als sicherer Ausgangspunkt für die Fixierung der Zeit, seit wann die tabula pontificis ausgestellt gewesen ist, die Erwähnung von prodigia angesehen worden.

Von Bernays und Mommsen war hier etwas zu einseitig Gewicht darauf gelegt worden[1]), daß die jährlichen Prodigienberichte des Obsequens erst mit dem Jahre 505 d. St. beginnen. Ihr Vorkommen in der Chronik ist entschieden schon an den Anfang des 3. Jahrhunderts vC. zu setzen, da nicht nur manche Prodigien bereits aus den Jahren 458—505 d. St. bei Livius verzeichnet[2]), sondern allein schon im 10. Buche des Livius drei längere pontifikale Jahresberichte erhalten sind.

Umgekehrt würde schon aus der Tatsache, daß seit dem Dezemvirat in der ganzen livianischen Überlieferung, die doch in ihren Grundbestandteilen die pontifikale Überlieferung widerspiegelt, nur 9 Prodigien erwähnt werden, folgen, daß damals noch keine regelmäßige Aufzeichnung der Prodigien gemacht, mithin keine Pontifikaltafel geführt worden sei.

Mit diesen 9 Prodigien hat es aber noch dazu eine ganz eigentümliche Bewandnis. In Wirklichkeit ist kein einziges prodigium der Art, daß es in der Pontifikaltafel gestanden haben könnte. Der Tatbestand ist nämlich folgender:

---

[1]) Vgl. Rhein. Mus. 12, 436.
[2]) Es sind 8 solche Berichte zu den Jahren 458, 459, 461, 476, 485, 487, 488, 490 d. St. erhalten und ihre Zahl würde viel größer sein, wenn Livius II. Dekade erhalten wäre. S. darunter auch unten IX.

Von den 9 Prodigien geben 7 Mitteilungen über Pesten, Mißwachs und ähnliche Kalamitäten. Es ist nun der Beweis leicht zu erbringen, daß alle diese Angaben nicht auf annalistische Aufzeichnungen zurückgehen, sondern den Kommentaren der duumviri bzw. decemviri sacris faciundis entnommen sind. Ist schon die Erwähnung des Apollotempels, welcher bei der Pest von 321 d. St. gelobt sein soll (Liv. 4, 25), ein Anzeichen dafür, daß hier kein pontifikales Interesse vorlag, so sprechen noch deutlicher die Worte, welche Livius hinzufügt: multa duumviri ex libris placandae deum irae avertendaeque a populo pestis causa fecere. Und ebenso 5,' 13, 6: libri Sibyllini ex senatus consulto aditi sunt, duumviri sacris faciundis lectisternio tunc primum in urbe Romana facto .... placavere; oder 7, 27: pestilentia adorta coegit senatum imperare decemviris, ut libros Sibyllinos inspicerent (vgl. auch 7, 28, 7 libris inspectis).

Nun wäre es ja denkbar, daß, wie später,[1]) so schon damals auch die pontifices ein besonderes Interesse an den Entscheidungen der Dezemvirn gehabt und ihre Anordnungen dann auch in der Pontifikaltafel verzeichnet hätten.[2]) Dem steht aber hier im Wege, daß die sämtlichen Aufzeichnungen unter sich zusammenhängen und nicht eine chronologisch geordnete, sondern eine antiquarische Quelle verraten. Allein der theologische Gesichtspunkt der decemviri sacris faciundis bestimmt bei allen diesen 7 Berichten die Auswahl. Überall kam es dem Berichterstatter darauf an zu zeigen, wie allein die Priester, welche sich auf den Graecus ritus, auf die supplicationes und die lectisternia verstanden, dem Staat bei den großen Kalamitäten die richtige Anrufung der Götter und die wirksame Beschwörung des göttlichen Zornes angegeben hätten. Vor allem lag diesen Angaben daran darzulegen, wie die lectisternia aufgekommen, wann und bei welcher Gelegenheit die 5 ersten[3]) lectisternia in Rom stattgefunden hätten. Der Berichterstatter gab (Liv. 5, 13, 7 f.), zweifellos nach den commentarii decemvirorum, die Götter an, welche besonders angerufen werden sollten. Diese Angaben weisen aber auch bei Dionys 12, 9 nicht etwa auf die Pontifikaltafel

---

[1]) Liv. 21, 62 f. 22, 1.
[2]) Vgl. Wülker, Die geschichtliche Entwickelung des Prodigienwesens bei den Römern (Leipzig 1903) S. 21.
[3]) Vgl. dazu ebenfalls in IX.

oder die Stadtchronik, sondern auf eben jenes Protokollbuch der Dezemvirn hin.

Aber es kommt noch hinzu, daß die hier bei den supplicationes und lectisternia erwähnten Pesten gar nicht zu den prodigia gehören, welche später in der tabula pontificis regelmäßig verzeichnet standen.

Es werden im ganzen fast 200 prodigia in den Quellen erwähnt, von denen gewiß die meisten in der tabula pontificis notiert gewesen sind. Die zahlreichen Arten der prodigia, welche regelmäßig in der Pontifikaltafel erwähnt und aufgeführt wurden, fehlen nun in den Angaben der 150 Jahre vor Flavius ganz. Die Pesten und Kalamitäten, welche statt dessen in den Berichten auftreten, werden regelmäßig sogar nicht durch die pontificis, sondern allein durch Anordnungen der Dezemvirn gesühnt.[1])

Seite 21 erwähnt Wülker, auf Grund der livianischen Überlieferung, unter den Prodigien, die nur bisweilen staatlich gesühnt seien, auch die Seuchen, vor allem also jene 318—428 nicht durch die pontifices, sondern durch die decemviri sacris faciundis beachteten und besorgten Fälle. Zwischen 488 und 567 d. St. wird aber überhaupt keine Seuche, und natürlich auch keine Sühnung einer solchen in den römischen Annalen genannt, und selbst die beiden 459 (Liv. 10, 31, 8) und 461 (10, 47, 6) offenbar auch in der Pontifikaltafel erwähnten Pestilenzen haben nur in Verbindung mit den daneben aufgetretenen übrigen Prodigien[2]) die besondere Aufmerksamkeit des Pontifikalkollegiums erregt. Die Sühnung erfolgt auch hier durch die Dezemvirn nach Einsicht der sibyllinischen Orakel.

Es ergibt sich also aus allem folgender Schluß:

Die 7 zwischen 318 und 459 erwähnten Pesten und ihre Sühnungen, welche Angaben allerdings auf gute alte Aufzeichnungen zurückgehen, standen sicher nicht in der Pontifikaltafel, sondern waren zuerst in den Kommentaren der decemviri

---

[1]) Wülker a. O. S. 33 zu 318, 321, 355, 406, 459, 461 d. St.

[2]) Liv. 10, 31, 8 felix annus bellicis rebus pestilentia gravis prodigiisque sollicitus nam et terram multifariam pluvisse, et in exercitu Ap. Claudii plerosque fulminibus ictos nuntiatum est, librique ob haec aditi. 10, 47, 6 handelt von derselben Pest, welche schon das 3. Jahr wütete: multis rebus laetus annus vix ad solacium unius mali, pestilentiae urentis simul urbem atque agros suffecit, portentoque iam similis clades erat, et libri aditi.

sacris faciundis bei einer sachlich geordneten Zusammenstellung dieser Priester verzeichnet. Diese gingen wohl schon auf die im 5. Jahrhundert d. St. gemachten Feststellungen dieser Priesterschaft zurück, nicht aber auf die Tafel der pontifices.

Zu diesen gehört auch die achte Angabe, welche allerdings wirkliche Prodigien erwähnt, aber ihrem ganzen Inhalt nach gleichfalls in die Aufzeichnungen dieser Priester, nicht der Pontifikaltafel gehört. Liv. 7, 28, 7 berichtet 410: anno postquam vota erat aedes Monetae dedicatur C. Marcio Rutilo tertium T. Manlio Torquato iterum consulibus; prodigium exemplo dedicationem secutum, simile vetusto montis Albani prodigio, namque et lapidibus pluit et nox interdiu visa intendi; librisque inspectis cum plena religione civitas esset, senatui placuit dictatorem feriarum constituendarum causa dici.

Auch hier hatten die Dezemvirn, welche die sibyllinischen Bücher einsahen, die Notiz bewahrt und erst aus ihren Erinnerungen ist dieselbe in die Chronik gekommen. Auch hier (supplicatum ire placuit) wie bei den früheren supplicationes hat dieses Kollegium die Ordnung bestimmt.

Aus den 150 Jahren zwischen Dezemvirat und 3. Samnitenkrieg, währenddessen die für die Pontifikaltafel charakteristischen Jahres- und Prodigienberichte in Livius 10. Buche beginnen, ist außerdem nur ein einziges Prodigium berichtet: die von Ennius und den annales maximi erwähnte Sonnenfinsternis, welche nach Cicero im Jahre 350 Nonis Juniis eingetroffen sein soll.

Doch ist bekanntlich hier die Zahl CCC übergeschrieben und nach den von Cicero beigefügten Worten kann diese Finsternis, wie jeder sachkundige Naturforscher weiß, nur in die Zeit des Ennius gesetzt werden.[1])

Es ist ein geradezu lächerlicher Dünkel der Philologen, wenn sie demgegenüber meinen, daß sie durch die häufige Wiederholung einer nur scheinbar durch die Handschrift verbürgten Lesart die klaren Gründe der Astronomen beseitigt haben. Wenn von einer Finsternis an den Nonen des Junius auf eine andere

---

[1]) de republ. 1, 16, 25 atque hac in re tanta inest ratio atque sollertia, ut ex hoc die, quem apud Ennium et in maximis annalibus consignatum videmus, superiores solis defectiones reputatae sint usque ad illam, quae Nonis Quinctilibus fuit regnante Romulo. Vgl. Soltau, Prolegomena zu einer römischen Chronologie (1886) S. 85f.

an den Iden des Quinctilis cyklisch zurückgerechnet ist, ja
diese letztere erst aus jener erschlossen ist, so muß zwischen
beiden nicht ein Zeitraum von nur 300, sondern von ca. 500
Jahren liegen.[1])

Die Tatsache, daß in der annalistischen Berichterstattung
über die 150 Jahre nach dem Dezemvirat sich keine Erwähnung
der gleichzeitigen prodigia erhalten hat, spricht ebenso sehr
dafür, daß damals noch keine tabula pontificis, keine gleichzeitigen Pontifikalannalen niedergeschrieben worden sind[2]), wie
andrerseits das regelmäßige Auftreten solcher Berichte im
10. Buche des Livius zu den Jahren 456 (10, 23, 11), 459 (10, 31, 8),
461 d. St. (10, 47, 6) erweist[3]), daß zu jener Zeit solche gleichzeitigen Aufzeichnungen bereits gemacht wurden, jene priesterlichen Notizen sakraler Art, welche so charakteristisch für die
tabula pontificis „qua nihil erat ieiunius" gewesen sind.

Dieses Ergebnis entspricht außerdem durchaus dem, was
wir über die Beschaffenheit einer tabula pontificis und den Inhalt
ihrer Mitteilungen wissen.

Weder war sie eine bloße Kalendertafel noch verfolgten die
Pontifices bei ihrer Ausstellung publizistische oder historische
Ziele. Nur eine solche Erklärung kann befriedigen, welche in
ihr Mitteilungen des Pontifikalkollegiums an das Volk sieht,

---

[1]) Die historische Qualität der wenigen prodigia vor 300 vC. lasse
ich hier beiseite. Im günstigsten Falle sind diese prodigia, namentlich zu
290—293 d. St. (Liv. 3, 5, 10; 7, 10, 5 f.) auf die gleichen priesterlichen
Kommentare zurückzuführen. Dafür spräche die supplicatio 3, 7, und 3,
10: libri per duumviros sacrorum aditi. An letzterer Stelle wird aber der
Zweck dieser Notiz einleuchtenderweise von Livius selbst angedeutet:
inter cetera monitum, ut seditionibus abstineretur, id factum ad impe-
diendam legem tribuni criminabantur. Bei der späteren Erfindung
dieses Berichtes suchte man die Demokraten gruselig zu machen.

[2]) Man sollte hier doch auch dem Urteil des Livius Gehör schenken,
welcher bei der Darstellung des 2. Samnitenkrieges 8, 40, 5 klagt: et
singulorum gesta et publica monumenta rerum confusa; nec quisquam
aequalis temporibus illis scriptor exstat, quo satis certo ductore stetur.

[3]) Vgl. das im steten Wechsel der Meinungen gleichbleibende und
gleich wahre Urteil Mommsens Röm. Geschichte 1, 466: „allem An-
schein nach hat die Einrichtung eines geordneten Jahrbuchs in der
ersten Hälfte des 5. Jahrhunderts stattgefunden", „die von Gemeinde-
wegen gesühnten Wunderzeichen scheint man erst seit der zweiten
Hälfte des 5. Jahrhunderts regelmäßig in die Chronik eingetragen zu
haben."

welche dem Geschäftsbereich dieser Priesterschaft entsprachen. Es sind Mitteilungen sakraler Art. Solche hat die Pontifikaltafel anfänglich allein geboten: Angaben über den Kalender, über die außerordentlichen Feste, über Prodigien, welche die Feier derselben oder andere sakrale Pflichten mit sich brachten. Daran anschließend werden sich dann Berichte über wichtige Entscheidungen der Priesterkollegien wie des Senats angeschlossen haben, bis dann allmählich in ihr mehr und mehr auch staatliche und politische Angelegenheiten beachtet worden sind.[1])

Nun darf nicht bezweifelt werden, daß die Mitteilungen der Pontifices, namentlich auch diejenigen kalendarischer Art, lange Zeit hindurch mündlich erfolgt sind. Noch nach dem Dezemvirat rief im Namen der Pontifices der res sacriculus von der Regia aus dem Volke zu, wann Nonae, wann Idus seien.

Namentlich werden mündliche Belehrungen und Mitteilungen dieses Priesterkollegiums erfolgt sein in bezug auf einzelne Arten von Tagen, deren Qualität, trotz eines in der Hauptsache festen Kalenders, wechselte. So waren die dies postriduani nach dem Dezemviralkalender noch keine dies fasti, sie erhielten diese Eigenschaft erst später, nach der Eroberung Roms durch die Gallier.

Seit wann aber sind diese mündlichen Mitteilungen durch schriftliche ersetzt worden?

Die Überlieferung setzt dieses ziemlich einstimmig in die Zeit des Flavius.[2]) Vor den Samnitenkriegen genügten den einfachen Verhältnissen des Staates entsprechend die mündlichen Mitteilungen. Als aus dem römischen Stadtstaat die Vormacht in Mittelitalien geworden war, mußte dieses anders werden.

Es ist daher nichts wahrscheinlicher, als daß seit Flavius die regelmäßigen mündlichen Mitteilungen, welche alle Monat erfolgten, und die Gerichtstage publizierten, die außerordentlichen Mitteilungen kalenderischer oder sakraler Art durch öffent-

---

[1]) Vgl. Philologus 55, 257 f.
[2]) Vgl. Soltau, Röm. Chronologie S. 136, 223, und vor allem die Hauptstelle Macrobius Sat. 1, 15, 9: priscis temporibus, antequam fasti a Cn. Flavio scriba invitis patribus in omnium notitiam proderentur, pontifici minori haec provincia delegebatur, ut novae lunae primum observaret aspectum, visamque regi sacrificulo nuntiaret; itaque... idem pontifex calata, id est vocata in Capitolium plebe... quot numero dies a Kalendis ad Nonas superessent, pronuntiabat.

lichen Anschlag auf der tabula pontificis ersetzt sind. Gerade in jener Zeit erfolgte eine wichtige Umgestaltung des Kalenders: die nundinae wurden zu dies fasti erklärt und die dies comitiales wurden den concilia plebis eingeräumt.[1])

Als Ausgangspunkt der folgenden Erörterung ist also unter allen Umständen so viel festzuhalten, daß die Anfänge einer gleichzeitigen Annalistik, zunächst in der sehr dürftigen Form der Pontifikaltafel, nicht älter sind, als Flavius. Weder die Überreste der griechischen und sikulischen Historiker, noch die Beschaffenheit der annalistischen Überlieferung des 4. Jahrhunderts vC. (in Livius 6.—9. Buch) sind derart, daß sie auf gleichzeitige Aufzeichnungen historischer Art zurückgehen. Listen der Beamten, der Zwischenkönige, Verzeichnisse der Kolonien und einiger sakral-bedeutsamer Vorfälle reichen sicherlich in eine frühere Epoche hinauf, und möglich ist es, daß hie und da einige Familienaufzeichnungen gleichfalls ein höheres Alter gehabt haben. Eine gleichzeitige Pontifikalchronik dagegen gab es vor der Mitte des 5. Jahrhunderts d. St. noch nicht.

Um so gebieterischer drängt sich also auch hier wieder die Frage auf: Welchen Ursprung haben die z. T. recht ausführlichen Schilderungen der 5 ersten Jahrhunderte der Stadt?

Mit allen jenen halben Maßregeln, welche die historische Grundlage leugnen, doch aber wieder hier und da bei allen möglichen Nachrichten, welche dem subjektiven Geschmack entsprechen, eine Ausnahme machen, kommt man nicht weiter.

Es ist z. B. nicht angängig, an die Enniusfinsternis zu glauben, und zugleich das licinische Ackergesetz zu verwerfen oder dasselbe über ein Jahrhundert später anzusetzen.

Durch solche Versuche ist die Forschung über ältere römische Geschichte geradezu diskreditiert worden.

Erst wenn es gelingt, alle die Elemente auszuscheiden, welche einer historischen Beglaubigung entbehren, wird es auch möglich sein, einen kleinen Restbestand historisch gesicherter Angaben so festzustellen, daß eine weitere Skepsis gegenstandslos wird.

---

[1]) ebendas. S. 32: Cic. ad Att. 6, 1, 18 Liv. 9, 46, 4, Plin N. H. 33, 1, 17, Macrob Sat. 1, 15, 9; 1, 16, 30.

II.
Die Römerdramen.

Es ist unbestritten, daß die Römer vor Naevius keine Literatur gehabt haben.

Der nur wenige Jahre ältere Livius Andronicus (geb. 280 vC.) hatte die Römer durch seine noch sehr hölzerne Übertragung der Odyssee in Staunen gesetzt und sie durch Übersetzungen einiger griechischer Tragödien, welche an den Römerspielen aufgeführt wurden, angenehm unterhalten.

Aber Übersetzer sind noch keine Dichter. Erst sein etwas jüngerer Zeitgenosse Gnaeus Naevius war mehr als ein bloßer Nachbildner; er war ein wirklicher Dichter, welcher die ihm von griechischer Poesie gebotenen Stoffe selbständig weiterzubilden und künstlerisch auszugestalten verstand. Und daneben hat zuerst er ganz neue Vorwürfe und Ideen dichterisch behandelt, und sie in einer dem römischen Genius entsprechenden Weise darzustellen gewußt.

Alte römische Mythen und Heldengesänge gab es nicht. Einige priesterliche Aufzeichnungen trockenster Art, dürftige Litaneien und Gebetsformeln: das war das einzige, was man bisher in Rom an dichterischen Produkten kannte, und selbst diese waren mehr der Form als dem Inhalt nach zur Poesie zu rechnen. Kein Wunder, daß das Auftreten solcher Männer, wie Livius und Naevius es waren, welche zugleich die ersten Rezitationen[2]) von epischen Dichtungen und die ersten Theaterauf-

---

[1]) Über die Lebenszeit des Livius s. Büttner im Rhein. Mus. 55, 121. Mit Recht verwirft er die abweichenden Anschauungen Leos über eine spätere Lebenszeit des Livius.

[2]) Lucian Mueller, Quintus Ennius S. 30f., 33f. Ribbeck, Geschichte der Röm. Dichtung 1, 43. Q. Vargunteius trug (um 160 vC.) regelmäßig vor zahlreichen Zuhörern Abschnitte des ennianischen Epos vor.

führungen veranlaßt haben, als epochemachend angesehen wurde, und namentlich in Naevius der erste wahre Dichter Roms gefeiert und geehrt wurde.

Das einzige Mittel, um die noch sehr ungelenke, an keine anmutige Versbildung gewöhnte Sprache zu heben, war die genaue Anlehnung an die griechische Sprache und ihre reiche Gedankenwelt. In der griechischen Literatur fanden die Römer zugleich die vielseitigsten Stoffe und die vollendetsten Vorbilder. Nur ein mit griechischer Literatur vertrauter Mann, welcher zugleich mehr als ein bloß nachahmendes Talent besaß, konnte daher an der Ausbildung einer römischen Literatur erfolgreich mitwirken, vorausgesetzt natürlich, daß er auch die lateinische Sprache hinreichend beherrschte.

Um so mehr verdient es Beachtung, daß Naevius daneben auch ohne direkte Anlehnung an griechische Vorbilder sowohl im Drama wie im Epos neue Bahnen eingeschlagen hat. Er besang den ersten punischen Krieg in einem größeren Epos und schuf die Gattung von Dramen, welche wir als Prätextae[1]) oder „Römerdramen" bezeichnen. Jenen Namen gaben ihnen die Alten, weil die in denselben auftretenden römischen Helden nicht im Griechenmantel (pallium), sondern im römischen Staatsgewand (in der toga praetexta) auftraten. Römerdramen werden sie wohl am einfachsten und am bezeichnendsten genannt, da Vorgänge der römischen Sage und Geschichte ihren Hauptinhalt bildeten.

Auch bei ihnen lehnten sich die Dichter teilweise noch an griechische Vorbilder an, aber sie bewegten sich doch hier schon bei weitem freier und in Einzelheiten unabhängig von fremdem Einfluß, indem sie nicht nur römische Feldherren ihres Zeitalters auftreten ließen, sondern auch Vorgänge der älteren römischen Geschichte verherrlichten. Wenn z. B. ein Decius und seine Todesweihe in der 295 vC. geschlagenen Schlacht bei Sentinum über die Bretter ging, so konnten wohl einzelne Motive den Griechendramen entlehnt sein, es konnten manche Szenen aus einem Drama, dessen Held ein Kodrus war, als Muster gedient haben; wieder andere konnten einem Drama entnommen sein, welches eine Schlacht schilderte, wie etwa die Kämpfe vor

---

[1]) Auch praetextatae genannt: praetextae ist in älterer Zeit gebräuchlich.

Theben. Aber die Todesweihe durch die Priester, die Gefahren des von mehreren Seiten eingeschlossenen Heeres konnten doch nur dann, wenn sie in selbständiger Weise geschildert und den römischen Verhältnissen entsprechend dargestellt waren, einen packenden Eindruck auf das Volk der Hauptstadt machen.

Man kann den Einfluß, den solche Römerdramen durch ihre theatralische Aufführung auf Phantasie und Gemüt der Römer gemacht haben, nicht hoch genug einschätzen.

Bei festlichen Triumphen oder nach der Leichenfeier eines berühmten Mannes, an den Apollinischen Festtagen im Juli oder bei den „Römerspielen" im September wurden der schaulustigen Menge jetzt nicht nur die Taten griechischer Heroen, sondern daneben die das Nationalgefühl begeisternden Erfolge ihrer eigenen Heerführer und Helden vorgeführt.

Dem Naevius folgte der größere Ennius, gebürtig aus Rudiae in Calabrien, aber endlich völlig romanisiert. Nunc sumus Romani qui fuimus ante Rudini! In diesem Verse aus dem letzten Buche seiner Annalen liegt das Geheimnis seines Einflusses. Ein mit griechischer Literatur überaus vertrauter, dichterisch gut beanlagter Mann — geboren in Großgriechenland und endlich ganz Römer geworden: ein solcher Mann war wohl geeignet, aus den Elementen der griechischen Meisterwerke in Rom neue, selbständige Werke der Poesie zu schaffen.

Roms große Tragiker Ennius, Pacuvius, Accius sind uns nur durch einige Titel und durch eine dürftige Zahl von Versfragmenten bekannt.

Aber soviel vermögen wir doch klar zu erkennen, daß die zahllosen Übertragungen und Bearbeitungen griechischer Tragödien das römische Publikum mit der griechischen Sagen- und Geisteswelt vertraut gemacht haben, und daß diese Männer bei ihrer Beliebtheit einen entscheidenden, einen bleibenden Einfluß auf die Denk- und Gefühlsweise des Römervolks ausgeübt haben.

Wenn nun diese Dichter es unternahmen, auf dem zuerst von Naevius betretenen Wege fortschreitend, auch die Taten der römischen Helden auf die Bühne zu bringen, so kann dieses nicht ohne einen außerordentlichen Einfluß für die geschichtliche Kunde und für das geschichtliche Verständnis der Römer gewesen sein.

Es muß demnach eine der wichtigsten Aufgaben sein für

den, welcher die Entstehung einer Tradition über die älteste römische Geschichte klarlegen will, die Herkunft, den Inhalt, den historischen Wert dieser Römerdramen festzustellen.

Auszugehen ist hier von den verhältnismäßig wenigen sicher überlieferten Angaben über die fabulae praetextae. Erst dann wird der sonstige Einfluß griechischer Schriftsteller, griechischer Dichter (III) wie Historiker (IV), im einzelnen genauer umgrenzt, und so der ganze Umfang des Einflusses, den die griechische Poesie auf die römische Geschichtsbildung gehabt (V), dargestellt werden können.[1])

Die sicher überlieferten fabulae praetextae sind:
1. „Alimonia Remi et Romuli" des Naevius.[2])
2. „Sabinae" des Ennius.
3. „Brutus" des Accius.
4. („Camillus"). Allerdings ist weder der Titel eines solchen Dramas noch der Dichter eines oder mehrerer Dramen, welche die Taten des Camillus behandeln, direkt überliefert. Nichtsdestoweniger läßt sich nach mehrfachen Angaben der Schriftsteller der Inhalt von zweien (die „Einnahme Veji's" und die „Nonae Caprotinae" im einzelnen feststellen.[3]) Der Verfasser beider war wahrscheinlich Ennius (vgl. S. 116).
5. „Decius sive Aeneadae" des Accius.

Von Römerdramen über die Zeitereignisse werden erwähnt:
6. „Clastidium" des Naevius.
7. „Ambracia" des Ennius.
8. „Paulus" des Pacuvius.

---

[1]) Vgl. dazu auch Joh. Tolkiehn, Homer und die römische Poesie (Leipzig 1900) S. 170f.

[2]) Auch wohl kurz Romulus oder Lupus zitiert. Vgl. Ribbeck Tragic. Rom. Fragm. (1871) p. 278. Auf ihn verweise ich ein für allemal hinsichtlich der Einzelheiten und ihrer Begründung. Die vorliegende Untersuchung kann nur ausnahmsweise auf textkritische Fragen näher eingehen. Zu dem Titel vgl. Donatus in Terent. Adelphi IV, 1, 21 (s. Vahlen, Rhein. Museum 16, 580).

[3]) Es wird in V auch die Existenz einer praetexta nachgewiesen werden können, die den mit Camillus späteren Taten gleichzeitigen Sturz des M. Manlius schilderte. Doch ist dieselbe jedenfalls aus späterer Zeit, voraussichtlich ein Werk des Accius um 120 vC., und Einzelheiten über sie sind nicht mit gleicher Sicherheit anzugeben. Die

Die Romuluslegende. Bei den Römern der beiden letzten Jahrhunderte vC. zweifelte niemand daran, daß die Erzählung von den wunderbaren Schicksalen der Stadtgründer ein hohes Alter und eine gute Beglaubigung habe. Nichtsdestoweniger ist mit Sicherheit nachweisbar, daß ihre Herkunft recht jungen Datums ist.

Nachdem zuerst Ranke die richtige Idee ausgesprochen, Ribbeck sie gebilligt hatte, nachdem dann Trieber und Reich den bündigen Beweis erbracht hatten, daß die ganze Romuluslegende auf einem Drama beruhe, ist leider dennoch dieser Tatbestand immer wieder vernachlässigt worden.[1]) Stellen wir hier kurz die wichtigsten Beweismomente zusammen, welche dartun, daß die Romuluslegende auf einem Drama und zwar auf der Tyro des Sophokles beruhe. Ich folge dabei den Ausführungen meines Aufsatzes „die Entstehung der Romuluslegende" im Archiv für Religionswissenschaft 1909, XII, S. 101f.

Man erkennt noch jetzt in den Worten des Dionys 1, 78 die Erzählung über Tyro, wie sie Homer Odyssee 11, 235 berichtet, wieder:

χαῖρε, γύναι, φιλότητι· περιπλομένου ἐνιαυτοῦ
τέξεαι, ἀγλαὰ τέκνα, ἐπεὶ οὐκ ἀποφώλιοι εὐναί ἀθανάτων.

So sagt Gott Poseidon zu der geliebten Tyro. Ähnlich heißt es z. B. bei Dionys vom Mars φασί τε εἰπεῖν τῇ κόρῃ παρηγοροῦντα τὴν λύπην τὸν βιασάμενον, ἐξ οὗ γενέσθαι δῆλον ὅτι θεὸς ἦν, μηδὲν ἄχθεσθαι τῷ πάθει. Ilia gebiert wie Tyro Zwillinge, die von dem grausamen Herrscher in einer Mulde ausgesetzt werden. Neleus und Pelias, die Söhne der Tyro, werden wunderbarerweise durch eine Hündin bzw. Stute gesäugt und so am Leben erhalten,

---

praetexta Paulus behandelte den Sieg bei Pydna, nicht den Tod des Aemilius Paulus, der in der Schlacht bei Cannae gefallen ist.

[1]) Zur Literatur hierüber beachte man Ranke, Monatsberichte der k. preuß. Akademie der Wissenschaften 1849, III, 238f., Ribbeck, Geschichte der röm. Dichtkunst (1887) I, 21f. H. Trieber, die Romulussage in Rhein. Museum (1888) 43, 569. Reich, Über die Quellen der ältesten römischen Geschichte und die römische Nationaltragödie (Festschrift zum 70. Geburtstag Oskar Schades 1896). Siehe jetzt auch Kretschmer in „Glotta" 1, 299. Die ganze Frage ist eingehend von mir im Archiv für Religionswissenschaft 1909 behandelt worden. Es war nicht schwer, mit Hilfe von Triebers Nachweis die abweichende Schlußfolgerung zu gewinnen.

ähnlich wie Romulus und Remus von einer Wölfin. Beide Paare werden von Hirten gefunden und aufgezogen. Harte Strafe trifft die schuldige Mutter: Tyro wird von Salmoneus in den Kerker geworfen und dort von ihrer Stiefmutter gepeinigt. Nach Pollux IV, 141 zeigte die Maske der sophokleischen Tyro Spuren der Mißhandlungen, welche sie von ihrer Stiefmutter Sidero erhalten hatte. Bei Fabius ist dieses natürlich dahin umgewandelt, daß über die schuldige Vestalin ein förmliches Gericht gehalten wird. Sie wird zum Tode verurteilt und, wie das nach römischer Sitte für schuldige Vestalinnen geboten war,[1]) mit Ruten gepeitscht, ehe die Todesstrafe vollzogen wurde. Allerdings wurde Ilia begnadigt, doch nur um im Gefängnis „lebendig begraben" wie Tyro zu schmachten. Bei dem Wiedererkennen der Zwillinge ist sowohl in den Szenen von Pelias und Neleus, wie bei denen von Romulus und Remus die Wanne von großer Bedeutung. Aus Aristoteles Poetik c. 16 geht weiter hervor, daß auch in der sophokleischen Tyro die Wiedererkennung mit Hilfe der Wanne, in der die Kleinen ausgesetzt worden waren, geschehen ist. Gerade dieser Zug ist dann wieder besonders wichtig in der fabischen Tradition, wie sie Dionys 1, 79f. bietet. Nach ihr hat sich Faustulus mit der Wanne in den Palast des Amulius begeben, um dort unter Vorzeigung der Wanne der Mutter Aufklärung über das Schicksal ihrer Söhne zu geben. Salmoneus wie Amulius werden schließlich vom Throne gestürzt (1, 82)[2]).

Die dramatischen Verwickelungen, an denen diese ganze Erzählung reich ist, fielen selbst den alten Geschichtsschreibern auf. Sie veranlaßten, wie bemerkt ward, Ranke und Ribbeck mit Recht ein Drama als Quelle der Romuluslegende anzunehmen. Auch Trieber ist in der Romuluserzählung die Fülle von dramatischen Motiven nicht entgangen. Er vermutete sogar, daß Diokles ein Drama Romulus geschrieben habe. Nur den letzten

---

[1]) Marquardt Röm. Staatsverwaltung III, 328.
[2]) Auch das, was der Tyrosage fehlt, die Erkennung von Großvater und Enkel ist nach griechischem Original erfunden. Dieses Motiv ist nach dem Muster der Kyrossage bei Herodot gebildet. Wie Numitor (Dionys 1, 81) die herrliche Gestalt seines Enkels und seine edle Gesinnung bewundert, so will Astyages bei Herodot 1, 116 den Ausdruck des Gesichts und des sonstigen Benehmens des Jünglings auf bessere Herkunft zurückführen. S. Archiv f. Religionsw. XII, 107f.

Schritt wagte er nicht. Lieber will er den Mythographen Diokles zum Dramatiker machen, ehe er annimmt, daß ein römisches Drama, eine Praetexta, das Mittelglied zwischen Sophokles und den Annalisten des zweiten Punischen Krieges gewesen ist. Und doch sind die „Alimonia Remi et Romuli" des Naevius überliefert, und vor allem ist an zahlreichen Praetexten längst dargelegt worden, wie sie lediglich römische Nachbildungen griechischer Originaltragödien gewesen sind.

Nur eine Praetexta, die „Alimonia Remi et Romuli" des Naevius, kann das Medium gewesen sein, welches die Erfindungen der griechischen Poesie in die römische Geschichtsschreibung hinübergeleitet hat.

Daraus folgt aber sogleich das andere:

Wenn Naevius hierbei in allen Einzelheiten die Tyro des Sophokles nachgeahmt hat, so können alle Teile der Romuluslegende vor Naevius noch nicht existiert haben.

Dieses Ergebnis mag sehr auffallend erscheinen, ist aber trotzdem nicht zu beanstanden, da gezeigt werden kann, daß:
1. alle einzelnen Motive der Romuluslegende den älteren Berichten über Roms Gründung fremd sind;
2. und daß selbst das wenige, was in ihnen an die spätere Fassung bei Naevius erinnert — die säugende Wölfin nebst den Zwillingen — ursprünglich mit der Gründung Roms nichts zu schaffen gehabt hat.

Von dem, was über Roms Entstehung vor Beginn der Aufzeichnung durch römische Annalisten geglaubt worden ist, gibt Dionys von Halicarnaß 1, 72—73 eine gute Übersicht. Auf sie geht größtenteils auch eine entsprechende Zusammenstellung in Plutarchs Romulus 1—2 zurück, welcher daneben auch Juba einsah. Nur einige Angaben Plutarchs über des Romulus Eltern sind origineller Art.[1])

---

[1]) Plutarch Romulus   Dionys
1, 4—7   = 1, 73 Z. 19 (Antiochos v. Syrakus).
1, 8f.   = 1, 72 Z. 8—15 (Herapriesterin in Argos).
2, 1—3   = 1, 72, 9—14.
2, 1 (2, 16f.)   = 1, 72, 31 (Kallias).
2, 5—9   = 1, 72, 5f. (Xenagoras).

Die Angabe Romulus 2, 2, daß Rome mit Aeneas vermählt gewesen sei, steht nicht ausdrücklich so im Dionys. Die törichte Fabel am Schluß des Kapitels gehört gar nicht hierher. S. auch Festus s. v. Romam.

Diese untereinander sehr verschiedenartigen Angaben griechischer Mythographen und Historiker stimmen doch darin überein, daß Rom in der nächsten Generation nach Trojas Zerstörung gegründet worden sei, und zwar von solchen, die von Troja herkommend, aus irgendeinem äußerlichen Anlaß in Latium sich angesiedelt haben sollen. Bald soll Rom seinen Namen von Romos, bald von einer der gefangenen Troerinnen (Rome) erhalten haben. Von manchen Autoren werden mehrere Söhne des Aeneas oder des Ascanius genannt, welche bei der Besiedlung jener Gegend tätig gewesen sein sollen. Namentlich wird neben Romos (nicht Remus) auch Romylos erwähnt.

Sachlich bedeutsam ist höchstens noch die eine Variante, daß nach einigen Rom nicht von Aeneas und von Troern, sondern von einem der umherirrenden Griechenführer, wie Diomedes oder Odysseus,[1]) gegründet sein soll. Im übrigen sind das ja unwichtige Einzelheiten, welche weder mit der Geschichte noch mit der Vorgeschichte Roms etwas zu schaffen haben.

Dionys 1, 73 ergänzt diese Übersicht über die Berichte griechischer Autoren noch durch eine solche, welche aus den älteren römischen Aufzeichnungen vor Fabius entnommen ist. Er beginnt so: παλαιὸς μὲν οὖν οὔτε συγγραφεὺς οὔτε λογογράφος ἐστὶ Ῥωμαίων οὐδὲ εἷς · ἐκ παλαιῶν μέντοι λόγων ἐν ἱεραῖς δέλτοις σωζομένων ἕκαστός τι παραλαβὼν ἀνέγραψεν und verweist damit auf die Kommentare der pontifices und quindecemviri s. f.

Aber wer in diesen Angaben eine von den griechischen Schriftstellern unabhängige Überlieferung sucht, wird eine solche nicht finden.

Auch hier werden Romos und Romylos bald wie bei Kephalon (Dionys. 1, 72) als Söhne des Aeneas, bald wie bei Dionysios von Chalkis als seine Enkel ausgegeben. Nachdem aber dann Dionys 1, 73 mehrere nicht unwichtige Angaben über die Legenden einiger anderer Stadtgründungen, welche von Ascanius und seinen Brüdern Romos und Romylos ausgegangen sein sollen, berichtet hat, geht er zum Schluß auf die später allge-

---

[1]) Näheres hierüber vergleiche bei Fried. Cauer de fabulis Graecis ad Romam conditam pertinentibus (Berolini 1884) und Niese histor. Zeitschrift 59 (N. F. 23) S. 481f.

mein angenommene „zweite Gründung" Roms ein, welche von Timaios ins 9., von allen römischen Annalisten ins 8. Jahrhundert vC. verlegt worden ist.

Alle jene griechischen und römischen Gründungslegenden schweigen von der göttlichen Herkunft der Städtegründer, von ihrem Vater Mars, von ihrer Mutter als einer Vestalin aus albanischem Fürstengeschlecht. Nie werden die albanischen Könige Numitor und Amulius genannt, nie die Aussetzung oder die wunderbare Errettung, Ernährung, Auferziehung der Jünglinge. Nirgends auch ist von Zwillingen die Rede. So bei allen Schriftstellern bis auf Pyrrhos Zeit. Selbst ein Timaios, der Roms Gründung gleichzeitig mit derjenigen Karthagos ansetzte, hat doch von allem diesem Beiwerk, welches die annalistische Tradition seit Fabius berichtet, nichts gewußt. Andernfalls müßte doch Dionys irgend etwas hiervon berichtet haben, und den Timaios hat er jedenfalls selbst eingesehen und gelesen.

Aber noch könnte ein wichtiger Einspruch gegen dieses Ergebnis erhoben werden.

Wenn auch keine der Fabeleien griechischer Mythographen die Wölfin mit den Zwillingen erwähnt, so müßte dennoch eine frühere Existenz dieses Sagenmotivs angenommen werden, wenn die plastischen Darstellungen der Wölfin mit den Kindern, welche bis ins 4. Jahrhundert vC. hinaufreichen, allgemeiner Annahme zufolge auf die Gründungslegende Roms hinweisen würden.

Schon bald nach 338 vC. erscheinen auf kampanischen Münzen Abbildungen der Wölfin mit den Kindern und der Umschrift ROMANO, und jedenfalls ist die Notiz des pontifikalen Jahrberichts bei Livius 10, 23, 12 authentisch,[1]) wonach die Ogulnier beim Lupercal eine Gruppe — die infantes conditores sub uberibus lupae — aufgestellt haben.[2])

Im Archiv für Religionswissenschaft habe ich gezeigt, daß auch diese bildlichen Darstellungen nicht die spätere, seit Fabius

---

[1]) Vgl. Soltau „Livius Geschichtswerk" S. 90f.
[2]) Über die bildliche Darstellung der Wölfin handelt am ausführlichsten der neuste Aufsatz von E. Petersen „lupa Capitolina" in der Klio VIII, 440. Daß die jetzt auf dem Kapitol verwahrte lupa Capitolina dieselbe sei, welche im Jahre 65 vC. vom Blitz getroffen (nicht jedoch vernichtet!) worden war, ist irrig, wie die obige Beweisführung dartun wird. Voraussichtlich stand die „lupa Capitolina" im Altertum beim Lupercal.

vulgär gewordene Romuluslegende, sondern lediglich die genannten Fabeln der griechischen Mythographen zur Voraussetzung haben.[1])

Auszugehen ist hier von dem Satze: Wer die Wölfin mit den Zwillingen erklären und ihren Ursprung richtig erkennen will, der muß sich an die kampanischen Münzen halten, welche seit 338 vC. die Zwillinge mit der Wölfin darstellen.[2]) Erst nachdem dieses Motiv auf jenen Münzen populär geworden war, ward auch in Rom 296 vC. eine Wölfin mit den Zwillingen aufgestellt. Ein römisches Stadtwappen oder ein Wahrzeichen Roms war sie damals noch nicht, war sie selbst im 2. punischen Kriege nicht. Sie wurde dies erst unter dem Eindruck, den die Romuluslegende seit jener Zeit gemacht hat.[3])

Die Richtigkeit dieses Satzes sollte überhaupt nicht beanstandet werden. Dieselbe wird jedoch noch gestützt und verbürgt durch die jüngst aufgefundene Stele von Felsina bei Bologna. Das bedeutend höhere Alter dieser Gruppe in Etrurien und Griechenland ist damit dargetan.[4]) Die Kopfhaltung der Wölfin, welche sich hier nach dem einen Säugling, den sie pflegt, umsieht, wie auch die Haltung dieses letzteren zeigen aufs bestimmteste, daß dieselbe nach dem gleichen griechischen Original gearbeitet ist, wie die Gruppe auf den kampanischen Münzen. Da nun die Stele noch ins 4. Jahrhundert gehört, so wird ihr archaisches Vorbild von Ducati sicherlich mit Recht ein bis zwei Jahrhunderte früher angesetzt.[5])

---

[1]) Das folgende bietet einen Auszug aus der im „Archiv" gegebenen Argumentation, weist aber außerdem noch besonders auf die fundamentale Bedeutung der aufgefundenen Stele von Felsina hin.

[2]) Mommsen, Röm. Münzwesen S. 339f. Haeberlin, Zum corpus nummorum aeris gravis S. 8.

[3]) Vgl. dazu Amelung, Die Skulpturen des Vaticanischen Museums II, 1908 S. 92, Tafel 9, Nr. 37. Ferner C. Inscr. L. III, p. 2585. Auch ein kürzlich bei Aschbach in Nieder-Österreich gefundener Grabstein mit Wölfin und Zwillingen (Jahrbuch für Altertumskunde Niederösterreichs II, 1, 38a, Wien 1908) sei hier erwähnt, namentlich wegen der dort von Abramic hinzugefügten Erörterungen.

[4]) S. Ducatis Aufsatz in Atti e memorie della R. deputazione di Romagna 1907 S. 486f.: „Una stele etrusca del Museo civico bolognese." Die Abbildung ist S. 497 gegeben.

[5]) a. O. S. 488: la lupa della stele e tolta pertanto dal repertorio artistico del secolo VI ed ha tutte le apparenze di essere imitata da un modello di arte ellenica!

Die Wölfin mit dem Säugling war ein Motiv, welches mehrere Jahrhunderte vor Naevius und vor der ogulnischen Wölfin in der hellenischen Kunst bekannt und berühmt war. Dasselbe wird auf griechischen Vasen dargestellt gewesen sein, und so nach Süditalien wie nach Etrurien gelangt sein. Irgendeine Beziehung zu dem oder den Gründern Roms kann sie in jener älteren Zeit nicht gehabt haben.[1])

Ist es aber trotzdem gestattet, die Entstehung dieses Enblems auf den kampanischen Münzen ganz unabhängig von Rom und römischen Vorstellungen zu erklären?

Die Form der Darstellung ist ursprünglich hellenistisch. Die ziemlich frühe Beziehung auf die Stadtgründer Roms wird aber trotzdem nicht abzuleugnen sein, zumal auch die Umschrift des kampanischen Didrachmons (Romano) auf Rom hinweist. Und schwerlich würde wohl in Rom eine solche Darstellung 296 vC. öffentlich reproduziert worden sein, wenn nicht das Bild der kampanischen Münzen auch für Rom seine Bedeutung gehabt hätte.

Eine Erklärung muß sich aus den Anschauungen ergeben, welche in Rom und in Unteritalien am Ende des 4. Jahrhunderts herrschten.[2])

Die verschiedensten Angaben griechischer Mythographen, wie die in Rom vor Fabius kursierenden Sagen legten Gewicht darauf, daß der Gründer Roms entweder selbst oder durch seine Brüder auch der Urheber mancher andrer Städte gewesen sei. Nach Xenagoras hatte Romos noch zwei Brüder Anteias und Ardeias d. h. den Heros eponymos von Antium und Ardea. In Rom herrschte, wie Dionys 1, 73 erzählt, vor alters die Ansicht, daß Romos zahlreiche andere Städte außer Rom gegründet habe, so namentlich auch Capua.

Hiermit ist der Ursprung der Idee gegeben, welche die Dar-

---

[1]) eb. S. 489: Il modello della rappresentazione della stele alludeva ad uno dei miti ellenici .. prevalentemente era localizatti nell Arcadia ed in Creta: la esposizione di un infante ed il conseguente suo allatamento da parte di una bestia selvatica. Es ist an Miletos zu denken, der nach der Sage der Sohn des Apoll und einer Tochter des Minos war, von einer Wölfin gesäugt ward. Vgl. auch Altmann Röm. Grabaltäre S. 276.

[2]) S. zu dem folgenden Archiv f. Religionswissenschaft XII S. 119.

stellung auf dem Didrachmon hervorgerufen hat. „Die Gründer so vieler italischer Städte, welche damals unter Roms Führung vereint waren, hatten gleiche Herkunft, hatten einer Familie angehört, hatten als Kinder an derselben Brust Nahrung empfangen." Derartige Hinweise besaßen in der Zeit der Samnitenkriege mehr als eine nur mythische Bedeutung, sie waren politisch wichtig und konnten politisch verwertet werden.

Die Blutsgemeinschaft der Stadtheroen sollte zum Zusammenhalten gegen die aus dem Gebirge vordringenden Samniterheere anspornen.

Sehr nahe lag es dabei für einen jeden Kenner hellenischer Sagen an die Wölfin als gemeinsame Ernäherin der „infantes conditores" zu denken. Miletos war als Kind von einer Wölfin gesäugt, Pelias von einer Hündin, Telephos von einer Hirschkuh ernährt. Das Symbol war also jedem hellenisch gebildeten Mann verständlich.

Diese Herleitung trägt aber, wie ich im Archiv S. 120 zeigte, den Stempel des Richtigen auch dadurch an sich, daß sie erklärt, weshalb der Romos so bald hinter dem Romulus zurückgetreten, ja ganz verschwunden ist.

Zwei Menschenalter später brauchte man diese Fiktion eines gemeinschaftlichen Ursprungs der mittelitalischen Städte nicht mehr. „Als ganz Italien Rom zu Füßen lag, da schämte sich Rom dieser Gemeinschaft." „Die Römer forderten jetzt ihren eigenen Gründungsheros. Romos verschwand, Romulus trat in den Vordergrund. Ersterer erlebte zwar durch den Remus in des Naevius' Drama eine kurze Auferstehung, nur aber um schnell, wie er über die Mauer Roms gesprungen war, wieder zu verschwinden."[1])

---

[1]) Ich denke, daß durch diese Herleitung der Legende, auch die Ersetzung des Romos durch Remus gegeben ist. Der Urheber der „ersten Gründung", Romos, ward vergessen, an seine Stelle war der Urheber der δευτέρα κτίσις Romulus getreten. Als sein Zwillingsbruder konnte nicht auch noch der mythische Romos wieder zum Leben erweckt werden, da ja gerade er der Vergessenheit übergeben werden sollte. Man wählte also den Heros Eponymos der Remne (= Ramnes), den Remus, an den manche Örtlichkeiten Roms, Remuria, Remona u. a. erinnerten. Ähnlich unterschied man von der alten Ilia oder Rome auch die Rea aus Silviergeschlecht. Vgl. Philologus 1909, Heft 1: „Rōmos und Rĕmus".

Noch aber ist die Aufstellung der lupa beim Lupercal beachtenswert und einiger aufklärender Bemerkungen bedürftig. Sollte die Auswahl dieser Örtlichkeit als Standpunkt für die Wölfin so ganz ohne inneren Zusammenhang sein? Das Lupercal, eine Grotte am Palatin, war eine der ältesten heiligen Stätten Roms, wohl ebenso alt, wie Rom selbst.

Wenn also bei ihr die Wölfin aufgestellt worden ist, so liegt es sehr nahe, hierin eine beabsichtigte Anlehnung an altrömische Vorstellungen zu suchen.

Zwei Umstände sprechen sogar dafür, daß die Wölfin, welche beim Lupercal aufgestellt war, recht alter Herkunft gewesen ist, und schon früher daselbst gestanden hat, ehe die Zwillinge hinzugefügt worden sind.

Darauf weist zuerst der Wortlaut des Livius 10, 23 hin. Livius sagt nicht lupam cum conditoribus infantibus posuerunt, sondern ad ficum Ruminalem simulacra infantium conditorum sub uberibus lupae posuerunt, vgl. A. Dieterich Rhein. Mus. 55, 205 f.

Sodann aber ist die bekannte Erzstatue der Wölfin, welche jetzt auf dem Kapitol, im Mittelalter beim Lateran bewahrt wurde — jedenfalls das älteste Bild der Wölfin —, derartig, daß bei ihr die Wölfin nicht ursprünglich als Ernährerin des Romulus und Remus gedacht sein kann. Grimmig nach vorne schauend, die Feinde abwehrend, steht sie da, nicht wie die sorgsam säugende Mutter, als welche sie uns die Münzen zeigen. Nun war es nach den religiösen Anschauungen der alten Römer das geeignetste Mittel, sich beim Unglück gegen eine mißgünstige oder feindliche Gottheit[1]) dadurch zu schützen, daß man ihr Bild in Rom an heiliger Stelle aufstellte.[2])

So auch bei dem Verderben, welches von Wölfen und Krankheiten dem Viehstand drohte.[3]) Das Weihgeschenk einer Wölfin

---

[1]) Auch Serv. ad Aeneid. XI, 785 gehört vielleicht hierher: exinde est orta pestilentia, quia fuerant lupos secuti: de qua responsum est, posse eam sedari, si lupos imitarentur.

[2]) So wurde das Bild der Juno von Veji nach Rom gebracht und dort verehrt, so die karthagische Kronosverehrung durch die Verehrung Saturns in Rom wett gemacht.

[3]) Möglich ist auch, daß die Wölfin als Symbol der Fruchtbarkeit am Lupercal aufgestellt war. So Wissowa (J. Müller V, 4, S. 172). Faunus, der dort verehrt wurde, galt als Gott der animalischen Be-

— einer lupa am lupercal — mußte als ein geeignetes Mittel gelten, um die finsteren Mächte abzuwehren.

Diese Gabe muß sich bewährt haben und man traute ihr später sogar die Pflege der infantes conditores an, an der Stelle, wo das älteste Heiligtum des palatinischen Roms stand.

Damit ist der Weg frei gemacht für die oben gefundene Tatsache, daß erst Naevius die „Romuluslegende" erfunden hat.

Die zahlreichen Mutmaßungen und Fabeleien der älteren Mythographen vor Naevius zeigen, daß überhaupt kein fester Kern des Gründungsmythus vorhanden war. Dagegen führten absichtliche wie naive Kombinationen ihrer Angaben dazu, auf die Nachkommen des Aeneas und speziell auf Romos auch die Gründung von Capua zu beziehen. Auf die Idee, daß Rom und Capua denselben Gründerheros gehabt, daß sie blutsverwandt seien, wies die ogulnische Gruppe nach dem Vorgange der kampanischen Münzen hin, nicht auf die Zwillingskinder der Rea Silvia. Die lupa selbst aber war älter, ein Weihgeschenk, das am Lupercal aufgestellt gewesen, war ohne alle Beziehung zu irgendeinem Gründungsmythus.

Naevius war der erste, welcher die Romuluslegende, so wie sie Fabius und Diokles erzählt haben, in die Literatur eingeführt hat.[1]) Er folgte dabei treu seinem Vorbilde: der „Tyro" des Sophokles. Seine dichterische Gestaltung der Sage hat alles sonstige Gerede fremder und einheimischer Mythographen zum Schweigen gebracht. Fast alle Einzelheiten der Gründungsgeschichte Roms sind also den Produkten griechischer Poesie entlehnt. An ihr hat weder griechischer noch römischer Mythus irgendeinen Anteil gehabt, am allerwenigsten aber eine alte geschichtliche Überlieferung.

---

fruchtung. Auch in diesem Fall hatte ihr Standbild ursprünglich keine Beziehung zu den Stadtgründern.

[1]) Man beachte übrigens, daß die Erzählung von Tyro und den Zwillingen schon vorher durch die Literaten aus dem Kreise des Livius Andronicus bekannt geworden ist (Ribbeck 1, 19). Vielleicht hat sogar das alte carmen Nelei, welches auch die Tyrosage behandelt, einen Hinweis darauf enthalten, daß die infantes conditores in Rom auf eine ähnliche wundervolle Weise dem Tode entronnen seien, wie die Tyrokinder. Damit wäre dann der Übergang zum Drama des Naevius gegeben gewesen. Doch muß dieses natürlich Hypothese bleiben.

Sabinae. Bildende Kunst und Poesie haben den Raub der Sabinerinnen verherrlicht. Trotzdem hat diese Erzählung ihren Ursprung weder in der Volkssage noch in der Volkspoesie. Ennius hat zuerst dieses Motiv zum Gegenstand eines Dramas gemacht,[1]) ja er hat diese poetische Fabel selbst erst geschaffen. Seine „Sabinerinnen (Sabinae)" haben aus dem ätiologischen Märchen, daß die ältesten Formen der römischen Eheschließung auf eine gewaltsame Heimführung der Frauen hindeuten, ein dramatisches Gemälde geschaffen, welches reich war an psychologisch-anziehenden Episoden.

Die naive Geschichtsspekulation (nicht Volkssage!) ließ bekanntlich Rom wachsen teils durch Eröffnung eines Asyls (Liv. 1, 8), teils durch den Raub der Weiber. Dieses letztere Motiv bildete dann den Ausgangspunkt für alles andere, was sonst noch von der Regierung des Romulus gefabelt ward. Mit dem Raub der Sabinerinnen hing der Zug der fremden Völker gegen Rom, der Verrat der Tarpeia, die Besetzung des Kapitols, sowie auch die Einsetzung des Doppelkönigtums zusammen.

Vergeblich — so berichtet Livius (1, 9) — war versucht worden, durch Verträge und rechtliche Ordnungen Frauen für die junge Mannschaft, welche Rom gegründet hatte, zu gewinnen. Da wandte man sich zur List. Romulus ließ Festspiele zu Ehren des Neptun einrichten und lud zu den Konsualien die Einwohner der umliegenden Sabinerstädte, Caenina, Antemnae, Crustumerium ein. In Massen strömten Männer wie Weiber herbei. Als alle dann aufmerksam den Spielen zuschauten, brachen auf ein gegebenes Zeichen bewaffnete Jünglinge aus einem Versteck hervor und raubten die anwesenden Frauen mit Gewalt. Gute Worte und Schmeichelreden begütigten die geraubten Frauen, die sich dann bald in ihre neue Lage und in die Ehe mit den Römern fanden. Nicht so die Väter und Brüder der Geraubten. Sie griffen zu den Waffen. Gegen Caenina ist Romulus siegreich. Er erschlägt sogar den König von Caenina und gewinnt so, ihn der Waffen beraubend, die ersten spolia opima, welche er dann in dem ersten römischen Tempel, der erbaut wird, feierlich aufhängt. Auch gegen Antemnae und Cru-

---

[1]) Nur ein Fragment ist erhalten, es genügt aber, wie gezeigt werden wird, um die Existenz dieser praetexta festzustellen. S. Vahlen a. O. S. 189. (scen. v. 370) und unten S. 34.

stumerium blieben die Römer siegreich. Nur gelang es den Bitten der Hersilia, der Gemahlin des Romulus, soviel zu erwirken, daß die Einwohner das römische Bürgerrecht erhielten. Aber bald entbrannte der Kampf mit den Sabinern ernsthafter. Durch List und durch Bestechung der Tarpeia gewannen sie das Kapitol und auf dem römischen Forum kam es zu einer wechselvollen Schlacht.

Da, als der Kampf hin- und herwogte, stürzten sich die Weiber mitten zwischen die Schlachtreihen, wo ihre Männer gegen ihre Väter und Brüder kämpften, und trennten die Streitenden. Es kam zu einem Friedensvertrag. Beide Völker bildeten von jetzt ab eine einzige Gemeinde. Neben Romulus herrschte der Sabiner Titus Tatius über Rom. Allerdings nicht lange; denn er ward einige Zeit danach von Latinern erschlagen und damit verschwindet dann die staatsrechtliche Ungeheuerlichkeit des Doppelkönigtums, welche nur eine Erfindung griechischer Poeten gewesen war — vielleicht um die Stammesgemeinschaft von Latinern und Sabinern darzulegen —, wieder aus der römischen Königsgeschichte.

Kaum braucht hier hervorgehoben zu werden, wie reich diese Erzählung an spannenden dramatischen Momenten ist. Zuerst die Niederlagen der einzelnen Städte, dann die siegreiche Besetzung des Kapitols durch die Sabiner. Der Verrat der Tarpeia und ihre Bestrafung mit manchen aufregenden Einzelheiten bereitete das Hauptgemälde, die Entscheidungsschlacht auf dem Forum, vor. Den schon beinahe errungenen Sieg entreißt Romulus dem Sabinerkönig. Da eilen die Sabinerinnen, die Gattinnen der Römer, herbei. Mit gewaltiger Rede weiß Hersilia ihren Gatten und ihre Landsleute zur friedlichen Beilegung des Streites zu bewegen.

Es kann keine Frage sein, daß hier ein begabter Dichter seine Hand im Spiele gehabt hat, auch wenn uns nicht überliefert wäre, daß Ennius ein Drama „die Sabinerinnen" verfaßt hätte.

Nun kann es kaum einem Zweifel unterworfen sein, daß die verschiedenen Elemente der Sage keinen historischen Untergrund haben. Rom ist eine Latinerstadt, die wohl eine frühere tuskische Ansiedlung zur Voraussetzung hat, nie aber eine Sabiner-Gemeinde in ihren Mauern beherbergt hat.

Die Rechtsfiktion, daß die älteste Ehe auf einem Frauenraub beruhe,[1]) daß der Ehemann die Verlobte über die Schwelle des Hauses mit Gewalt heimgeführt und dann ihr Herr geworden sei, bildet die Grundlage. Das Detail der Ausführung ist aber dichterischen Ursprungs. Ja, es ist wahrscheinlich aus griechischen Dramen entlehnt.

Die Lage der geraubten Sabinerinnen[2]) konnte im einzelnen vielfach derjenigen der geraubten Troerinnen nachgebildet sein, welches Motiv in den griechischen Dramen des troischen Sagenkreises von Bedeutung gewesen ist. Fast die Hälfte von Ennius' Dramen ist aus dem troischen Sagenkreise geschöpft. Namentlich hatte er ausführlich die Schicksale der gefangenen Andromache behandelt, natürlich daneben auch die mannigfachen Gegensätze geschildert, welche Persönlichkeiten zu Gegnern machten, die früher in näherer Beziehung gestanden hatten.

Insbesondere werden voraussichtlich Motive aus Euripides' Hekabe dem Ennius vorgeschwebt haben. Die Erzählung, wie die alte Hekabe sogar den Sinn des Heerführers Agamemnon zu beeinflussen weiß, konnte sehr wohl als ein Vorbild für Ennius dienen, wenn er den Einfluß der Hersilia auf Romulus schildern wollte. Für die Klagen der gefangenen Weiber fanden sich, wie erwähnt, in Euripides' Andromache Vorbilder. Die Klage von Hektors Gemahlin, als ihr der Sohn genommen ward, war noch in Ciceros Zeit eine beliebte und bewunderte Szene. Sollte Ennius diese meisterhafte Darstellung des Euripides für ähnliche Situationen der Sabinerinnen vernachlässigt haben? „Ach, welch' ein bittres Lebenslos, welch' bittre Wahl wird mir gelassen! Wähl' ich, ist Unglück mein Teil, und wähl' ich nicht, umringt mich unheilvolle Not!" Auch die Klagen des Chors in den Troerinnen des Euripides (vgl. v. 194f.) konnten dem Ennius als treffliches Vorbild dienen.

Während aber bei Livius die Versöhnung durch die Frauen, welche zwischen die Kämpfenden eilen, angebahnt wird, legt Dionys 2, 44f. das Hauptgewicht auf die ausführlichen Besprechungen und Unterhandlungen der Weiber untereinander

---

[1]) Plutarch Lyc. 15, 4; Rom. 15; qu. Rom. 31; Festus p. 289 s. v. Rapi simulatur virgo; Dionys 2, 30.
[2]) Dionys 2, 32 αἱ μὲν αὐτὸ τὸ πραχθὲν πρὸς ὀργὴν ἐλάμβανον, αἱ δὲ ... μετρίως αὐτὸ ἔφερον.

— eine Gesandtschaft derselben wird an die Sabiner gesandt — offenbar eine Reihe von Szenen des ennianischen Dramas nachbildend. Das eine schloß ja das andere nicht aus, wie Liv. 1, 13, 4 zeigt.

Zwar hat man — bei dem Mangel an Fragmenten — sogar Zweifel an der Existenz eines eigenen Dramas „Sabinae" ausgesprochen. Aber das eine Fragment, das Julius Victor 6, 4 (rhetor. Latin. p. 402, 30 Halm) beigebracht hat, ist nicht leicht zu beseitigen, da es vortrefflich in die von Cicero de republica 2, 7, 13 und Livius 1, 9 f. geschilderte Situation hineinpaßt. Es sind die Worte:

Cum spolia generis detraxeritis, quam, patres,
Inscriptionem dabitis?

So Lucian Müller, Ribbeck und Vahlen (a. O. 190), in der richtigen Erkenntnis, daß hier Worte der Hersilia gemeint seien, mit denen sie die siegreichen Väter der Sabinerinnen bezeichnet hätte.[1]

Auch die Schilderung, wie erzählt wird, daß Romulus die spolia opima gewonnen hat, ist zweifellos einer römischen praetexta entnommen. Naevius hatte zu Ehren des Sieges bei Clastidium, in welchem Marcellus den Gallierhäuptling Viridomarus erlegt hatte, ein Drama „Clastidium" geschrieben, und darin natürlich auch der spolia opima des Romulus eingehend gedacht.[2]

Spolia opima hatten bisher nur Aulus Cornelius Cossus errungen, welcher 326 als Konsul (s. unten VII) den König von Fidenae im Einzelkampf erschlagen hatte, und — Romulus. Noch jetzt wird in Plutarchs Marcellus dieses Dreigestirn unter den Heldenführern Roms nebeneinander gestellt.

Nachdem die Dramen des Naevius und Ennius soviel vorgearbeitet hatten, taten dann die poetischen Schilderungen des Ennius in seinem großen Epos „die Annalen" das übrige, um Romulus noch mehr zu verherrlichen, ja in den Himmel zu erheben. Hierbei folgte Livius 1, 16 beinahe wörtlich der Schil-

---

[1] Liv. 1, 13 eilten die Sabinerinnen in die Schlachten hinc patres hinc viros orantes, ne sanguine se nefando soceri generique respergerent . . . . . movet res cum multitudinem tum duces. silentium et repentina fit quies, inde ad foedus faciendum duces prodeunt.
[2] S. unten III, S. 67 f. und VII.

derung des Ennius. Wie Cicero (de republ. 1, 41, 64)[1]) erzählt, soll Ennius geschildert haben, wie das seines gerechten Königs beraubte Volk getrauert, dann aber ihn wie einen Gott angerufen habe. Ebenso Livius 1, 16, 8.

So ist bei der ältesten und wichtigsten Erzählung über Roms Gründung und über die Regierung des Romulus dargetan worden, daß alle Einzelheiten auf den Berichten alter römischer Dramen beruhen, daß sie erst aus der Zeit der Anfänge einer römischen Literatur stammen, aus Naevius und Ennius entnommen sind. Diese Dramen aber waren zum größten Teil Nachbildungen von griechischen Dramen und Dichtungen. So war vor allem des Sophokles Tyro für Naevius fast das einzige Vorbild gewesen. Um die Heldentaten des Romulus weiter zu schildern dienten des Ennius Sabinerinnen. Diese aber bestanden aus Szenen, die wie mehr oder weniger alle Prätextaten, auf griechische, auf euripideische Dramen zurückgingen. Für eine einheimische Sage bleibt kaum ein Restbestand übrig, und dieser ist noch dazu jungen Datums. Denn was von Titus Tatius und dem Doppelkönigtum gefabelt ward, das gehört frühestens in die Zeit, da man die Sabiner in das römische Bürgerrecht aufnahm und ihnen damit die Pille der Abhängigkeit versüßen wollte.

Möglich ist sogar, daß Ennius dabei das spartanische Doppelkönigtum als Vorbild erwählt hatte, um den republikanisch gesinnten Römern darzutun, daß selbst unter der Königsherrschaft konstitutionelle Verhältnisse in Rom bestanden und zeitweise Verfassungszustände geherrscht hätten, bei welchen, wie in Sparta, die Königsmacht sehr eingeschränkt gewesen wäre.[2]) Ein hohes Alter braucht der Erzählung von Titus Tatius nicht innezuwohnen. Vielleicht auch, daß Naevius oder Ennius daneben eine oskische Sage kannten, welche von der Herrschaft eines dortigen Fürsten über Rom erzählt hatte. Fabelte man doch

---

[1]) iusto quidem rege cum est populus orbatus, „pectora dura tenet desiderium", sicut ait Q. Ennius, post optimi regis obitum: „Simul inter Sese sic memorant: o Romule, Romule die, Qualem te patriae custodem di genuerunt! O pater, o genitor, o sanguen dis oriundum! Liv. 1, 16 sagt: mirum quantum illi viro nuntianti haec fides fuerit, quamque desiderium Romuli apud plebem exercitumque facta fide immortalitatis lenitum sit.

[2]) Man beachte ähnliche Erörterungen bei Cicero de republ. 2, 9, 15.

auch, daß viel später (296) exsules servique ad duo milia hominum et quingenti duce Appio Herdonio Sabino nocte Capitolium atque arcem occupavere (Liv. 3, 15, 5). In der Tarpeialegende hat schon A. W. v. Schlegel eine griechische Erzählung erkannt.[1]) Ähnliche Beispiele für den Verrat eines Mädchens bieten die Anekdoten von Minos und Skylla, Achill und Monenia, Achill und Peisidike. Auch an Kyros und Nanis, an Moses und die Äthiopierin hat sich diese Sage geheftet.

Brutus. Wenden wir uns jetzt den lebensvollen Darstellungen der practexta zu, welche den Sturz des Königtums behandelt hatte.

Auch hierüber gab es eine Tragödie, den „Brutus" des Accius (170—90 vC.). Wir können uns nach Ribbecks überzeugenden Ausführungen (1, 192) und unter Berücksichtigung der Fragmente noch jetzt eine hinreichende Vorstellung von dem Verlauf jenes Dramas machen. Zu Anfang wird der Tyrann Tarquinius aufgetreten, sein tyrannisches Gebahren geschildert sein. Wie ein erhaltenes Bruchstück andeutet, wurde er durch ein nächtliches Traumgesicht aus seiner Ruhe aufgeschreckt. Er ahnte seinen nahen Untergang und ward von einem Seher, der den Traum zu deuten suchte, vor demjenigen·gewarnt, der für blödsinnig gehalten werde. Damit wurde auf den Namen Brutus hingewiesen. In einem andern noch erhaltenen Fragment macht Lucretia ihren Verwandten Mitteilungen über den nächtlichen Überfall des schändlichen Sextus. Auch Überreste von der großen Verhandlung über die Einrichtung republikanischer Institutionen sind erhalten.[2])

Wieviel von allem Episode, wieviel unmittelbare Handlung des Dramas gewesen ist, kann nicht entschieden werden. Jedenfalls gehört der Poesie an, was weiterhin über den Tod des Brutus im Zweikampf mit Arruns Tarquinius, sowie das, was über die Mitwirkung der Götter (Liv. 2, 7, 2) dabei erzählt ward.

Nun hat man bisher stets in gutem Glauben die geschichtliche Tradition für das ältere, die dramatische Ausgestaltung für das spätere gehalten, zumal Accius ja später schrieb, als

---

[1]) Einzelheiten s. bei Niese „Die Sagen von der Gründung Roms", histor. Zeitschrift (1888) 59, 498.
[2]) fr. III, Ribbeck.

die ältesten Annalisten. Ein Blick jedoch auf eine Reihe von verwandten Motiven aus griechischen Dramen, welche auch ins Lateinische übertragen und in Rom damals aufgeführt worden sind, lehrt, daß auch hier, wie bei der Romuluslegende, nur das Gegenteil richtig sein kann.

Die Schilderung, welche Livius 1, 49 von dem Tyrannen Tarquinius Superbus gegeben hat, entspricht an einigen Stellen inhaltlich und wörtlich dem Charakter des Atreus, wie ihn u. a. auch Accius auf die römische Bühne gebracht hatte. Neben des Ennius Thyest hatten Accius' Dramen den Charakter des tyrannischen Atreus in den schwärzesten Farben geschildert.

„Mögen sie mich hassen, wenn sie mich nur fürchten!" So war der Atreus des Accius gesinnt. Von Tarquinius sagt Liv. 1, 49, 4 ähnlich: „nichts gab er auf die Liebe der Bürger, durch Furcht suchte er seine Herrschaft zu befestigen."

Wer erinnert sich ferner nicht bei der lieblichen Szene, wie Lucretia, im Kreise ihrer Mägde sittig waltend, von den zudringlichen Fürstensöhnen belauscht wird, der Penelope, welche von den Freiern umworben wird? Bei Livius finden die zudringlichen Jünglinge die Lucretia bei später Nachtzeit inmitten der wachenden Mägde beim Weben der Wolle.[1]) In der Odyssee 2, 110 erzählen die Freier: „Und wir fanden sie selbst ihr schönes Geweb auftrennend" „in der Nacht bei angezündeten Fackeln", gerade so wie es vorher eine der Dienerinnen ihnen verraten hatte.

Auch zur Erklärung von Lucretias Charakter in seiner keuschen Größe und Herbheit wird noch auf dramatische Vorbilder hingewiesen werden können. Das Hauptmotiv aber, der Selbstmord, um der Entehrung zu entgehen, bedarf noch einer besonderen Herleitung, ehe man es dem römischen Sagenkreis zu entziehen berechtigt wäre. Darüber kann jedoch erst S. 95f. Aufklärung geboten werden.

Dagegen ist es ziemlich durchsichtig, daß manche Einzelheiten über das weitere Schicksal des Brutus dem thebanischen Sagenkreis entnommen sind.

Der finstere Brutus, welcher seinen Mitkonsul in die Verbannung sendet, seine eigenen Söhne zum Tode verurteilt, weil

---

[1]) 1, 57, 9 nocte sera deditam lanae inter lucubrantes ancillas in medio aedium sedentem inveniunt.

sie sich in Umtriebe gegen die Freiheit des Staates einlassen: sein Vorbild ist Kreon, welcher die nächsten Verwandten in den Tod treibt, weil sie gegen die Sicherheit des Staates und gegen die Gesetze sich auflehnen.

Daneben hat die Erzählung von Eteokles und Polyneikes, wie sie in den „Sieben" des Aeschylos und in den „Phoenissen" des Euripides niedergelegt, von Accius[1]) in einer Dreizahl von Tragödien, in der „Thebais", behandelt war, die Fabel des accischen Dramas „Brutus" auf Schritt und Tritt beeinflußt. Wie Eteokles seinen Mitregenten und Bruder aus der Stadt weist, so Brutus den Tarquinius Collatinus. Brutus und Arruns Tarquinius bringen sich im Zweikampf gegenseitig die tödliche Wunde bei,[2]) wie — Eteokles und Polyneikes.

Die Tragödien des Accius atmeten einen Geist leidenschaftlicher Unbeugsamkeit. Speziell sein Atreus war erfüllt von dem unversöhnlichen Haß der feindlichen Brüder. Als Accius dieses Drama (im Jahre 139 vC.) dem greisen Dichter Pacuvius vorlas, lobte dieser zwar die Erhabenheit des Stils, fand ihn aber zu hart und herb. Sollte nicht Accius einen gleichen Geist auch seinem Brutus eingehaucht haben?[3])

Vereinzelte Zusammenklänge könnten trügen oder mehr zufälliger Art sein. Bei so vielen Beziehungen, bei der Ähnlichkeit der Charaktere und der Situationen, wäre es mehr als unbesonnen, die Verwandtschaft gering anzuschlagen. Derselbe Dichter Accius, welcher die tragischen Szenen von Atreus und Kreon, von Eteokles und Polyneikes ins Lateinische übertrug, wird auch die Gesinnung und die Worte dieser Männer beachtet haben, als er verwandte Charaktere und Verhältnisse in seiner praetexta „Brutus" zu schildern oder vielmehr — erst zu schaffen suchte.

Ein griechisches Vorbild für die strenge Bestrafung der eigenen Söhne findet sich auch noch an anderer Stelle. Es ist

---

[1]) Vgl. Ribbeck, Geschichte der römischen Poesie 1, 181.

[2]) Liv. 2, 6 neuter, dum hostem vulneraret, sui protegendi corporis memor, ut contrario ictu per parmam uterque transfixus, duabus haerentes hastis moribundi ex equis lapsi sint. Vgl. auch Aeschylos „Septem" 798f. Euripides Phoen. 1340f.

[3]) Die Fabel von Brutus' Fahrt nach Delphi wird dagegen S. 70 auf Ennius' Annales zurückgeführt werden.

klar, daß das Geschlecht des Brutus, nachdem dieser unter die Patrizier aufgenommen und an die Spitze der Konsulliste gestellt war, möglichst bald wieder aus der Geschichte eliminiert werden mußte, um Raum für die plebejischen Junier zur Zeit der ersten secessio zu lassen. Das geschah einmal durch den baldigen Heldentod des Brutus, dann aber, indem er als strenger Gesetzgeber wie Zaleukos seines eigenen Blutes nicht schonte. Das Walten des strengen Gesetzgebers von Lokri hat hier unleugbar neben den dramatischen Vorbildern einen Einfluß ausgeübt,[1] jedoch wahrscheinlich, wie sich das aus IV ergeben wird, schon auf die Dichter und die Annalisten vor Accius.

Endlich möge noch die Herkunft aus griechischer Sage bei der Erzählung von der Ermordung des Arruns Tarquinius durch die wilde Tullia (ferox Tullia, Liv. 1, 46) kurz angedeutet werden.

Accius hatte in seinem Brutus auch die Schicksale der Tarquinier eingehend geschildert. Unter anderem wird Servius Tullius zitiert, „welcher dem Volk die Freiheit befestigt hatte"[2] und damit wird wohl auch auf die frevelhafte Art hingewiesen sein, wie Servius ermordet und Tarquinius erhöht ward. Somit wird in dieser Tragödie auch die Untat der Tullia,[3] welche ihren Gemahl tötete, um den Buhlen zu heiraten, berichtet sein.[4] Dem Accius, welcher in mehreren Tragödien, so in der Clytemnestra, im Aegisthus, die Ermordung Agamemnons geschildert hatte, standen hier treffliche Motive zu Gebote, um auch die Einzelheiten in der Familientragödie der Tarquinier darzustellen.

Einheimische Sage bot dem Dichter allenfalls die Tatsache, daß Servius von Tarquinius ermordet und daß mancher Frevel von diesem tyrannischen Herrscher getan war.[5] Die Ausmalung des Details gab Accius in seiner praetexta Brutus jedenfalls nach griechischen Vorbildern. Nur die Person des Brutus

---

[1] Pais, Storia di Roma I, 477: Anche Zaleuco, il legislatore di Locri, era diventato celebre per la sua severita. Avendo suo figlio commesso una grave colpa, cosi racconta una nota leggenda, secondo le legge del padre avrebbe dovuto perdere ambedue gli occhi.

[2] qui civibus libertatem stabiliverat.

[3] Liv. 1, 46—48 schildert das ganze in so lebendiger Weise, wie nur die Wirklichkeit oder — die Poesie zu zeichnen verstand.

[4] sed initium turbandi omnia a femina ortum est (Liv. 1, 46, 7).

[5] Vgl. die Darstellung des Kampfes von Mastarna (= Servius Tullius) gegen die Tarquinier in der Grabkammer zu Vulci.

war schon längere Zeit vorher durch die **Familientradition** in die ehrenvolle Stellung eines Vorkämpfers der Freiheit hinaufgerückt, durch Ennius' annales bekannt und populär geworden. Noch lehrt uns übrigens Cicero de republica, daß Brutus eigentlich nur als Privatmann politisch hervorgetreten,[1]) daß die offizielle Ehrung das Sekundäre gewesen sei.[2]) (Vgl. S. 98).

Camillus. Noch für zwei andere Epochen der römischen Geschichte liegen genügende Anzeichen vor dafür, daß römische Dramen die Geschichtsdarstellung beeinflußt, wo nicht gar erst hervorgerufen haben. Nur ist in den beiden Fällen, welche sich der geschichtlichen Zeit nähern, zu beachten, daß bereits die Annalen des Ennius und einige wenige geschichtliche Anhaltspunkte neben den griechischen Vorbildern die Dichter der Römerdramen beeinflußt haben werden.

Gemeint sind hier die dramatischen Werke, welche die Taten des Camillus dargestellt und die Selbstaufopferung des Decius in der Schlacht bei Sentinum geschildert haben. Für letztere ist sogar der Doppeltitel Decius oder die Aeneaden überliefert, für die Camillusdramen fehlt dagegen der Titel, während die Angaben der Schriftsteller sehr wahrscheinlich machen, daß hier mindestens zwei, vielleicht noch mehrere Dramen die Quelle der annalistischen Geschichtserzählung gewesen sind, ja daß ihr Inhalt im wesentlichen festgestellt werden kann.

Die Erzählung von der Einnahme Vejis ist längst als ein wahres Musterbeispiel dafür erkannt worden, wie die römische Geschichtstradition nach griechischen Vorbildern, speziell nach griechischen dramatischen Motiven, geformt ist.

„Noch läßt", sagt Ribbeck (1, 191)[3]), „der Wortlaut der liviani-

---

[1]) 2, 25, 47 qui quum privatus esset, totam rempublicam sustinuit, primusque in hac civitate docuit in conservanda civium libertate esse privatum neminem.

[2]) Möglich, aber nicht geboten, ist die Annahme, daß das tragische Geschick des Königs Servius in einer eigenen praetexta behandelt worden ist. Eine solche, etwa von Ennius, nimmt Schoene „Das historische Nationaldrama der Römer" (Kiel 1893) S. 17 an. Weit wahrscheinlicher ist jedoch (s. S. 97), daß Ennius die Sage von Porsena dramatisch behandelt und dabei episodisch auch des Servius und der Tarquinier gedacht hat.

[3]) Noch genauer spricht er hierüber Rhein. Museum (1881) 36, 321.

schen Erzählung von der Eroberung Vejis (396 vC.) erkennen, daß eine bedeutende Episode derselben auf der Bühne dargestellt worden ist. Dem Vejenterkönig wird beim Opfern vom Haruspex geweissagt, Sieger werde sein, wer die Eingeweide des darzubringenden Opfertieres verschneide. Dieses Wort vernahmen die Belagerer im unterirdischen Laufgraben. Plötzlich brachen bewaffnete Krieger in den Junotempel auf der Burg ein, zugleich erfolgte ein Sturm auf Mauern und Tore, welcher die Römer zu Herren der Stadt macht. Eine Schar auserlesener junger Krieger in weißen Gewändern holte dann das Bild der Göttin aus ihrem Tempel ab, und sie soll auf die mutwillige Frage, ob sie mit nach Rom kommen wolle, mit dem Haupt genickt oder gar ein vernehmliches Ja gesprochen haben." Diese Schilderung ist selbst dem Livius (5, 21, 8f.) als historisch unhaltbar erschienen und er begleitet sie mit der kritischen Bemerkung: „derlei gehöre doch passender in eine Bühnendarstellung, welche wunderbares zu bieten liebe", „es sei weder nötig, sie zu vertreten noch sie zu widerlegen."[1]) Ribbeck vermutet daher mit Recht, daß Livius mit diesen Worten geradezu auf ein historisches Drama von der Einnahme Vejis hinweise. Auch sonst ist die Darstellung voll von poetischen Einzelheiten.[2]) Camillus wird der „vom Schicksal zur Einnahme Veji's bestimmte Feldherr" genannt. Der Diktator ruft den pythischen Apoll an, weiht ihm ein Zehntteil der Beute, und ladet die Himmelskönigin ein, ihm von Veji nach Rom in den dort für sie zu erbauenden Tempel zu folgen. Der fromme und patriotische Diktator schwört, daß wenn die Fülle des Glücks und des Überflusses irgend eines Gottes oder Menschen Neid errege, so möge das Unglück ihn treffen, und er weist damit auf seine spätere Verbannung und auf Roms Eroberung durch die Gallier hin. Die jungen Krieger in weißen Gewändern, welche die Junostatue in Prozession abholen, gehören auch wohl eher auf die Bühne, als in die Wirklichkeit.

Kaum sollte es noch weiterer Ausführungen bedürfen, daß dieses alles einer praetexta entnommen ist. Und doch ist es zur Vervollständigung des Beweises durchaus erwünscht, daß im

---

[1]) Liv. 5, 21, 9 haec ad ostentationem scaenae gaudentis miraculis aptiora quam ad fidem, neque adfirmare neque refellere operae pretium est.

[2]) Vgl. Rh. Mus. a. O. S. 322.

einzelnen gezeigt wird, wie die Erzählung überall und allein auf den Schilderungen des troischen Sagenkreises beruht.

Veji ist wie Troja 10 Jahre lang vergeblich belagert worden. Oft war die Lage der Belagerer ungünstiger als die der Verteidiger. Die Beratung der Feldherren, ihr Streit (Liv. 5, 8) ist, wie das längst gesehen worden ist, dem Zwist der Griechenfürsten vor Troia nachgebildet. Camillus selbst, der alle andern an Tapferkeit überragt, endlich aber in die Verbannung gehen muß und dort schmollt, bis ihn das undankbare Vaterland in der Gefahr wieder zurückruft und in ihm seinen Retter findet: wer anders als Achill ist sein Vorbild gewesen!

Aber während hier vielleicht durch Ennius' „Annales" die Parallele zwischen troischen und römischen Helden weiter ausgebildet sein könnte (s. III), liegt es klar zutage, daß alle die Motive, welche oben einem Drama von Vejis Belagerung und Fall zugeschrieben sind, einem griechischen Drama nachgebildet sind. Es ist eine Darstellung der Eroberung Troias, welche hier das Original war und für die Formulierung der römischen Geschichte maßgebend geworden ist.

Die Sage von Troias Fall war teils durch des Stesichoros „Iliupersis" teils durch die Nachdichtung des Naevius in seinem „Equus Troianus" sowie in seiner „Andromache" bei dem römischen Volk bekannt und beliebt geworden. Das zuerst genannte Stück, in welchem eine bewegliche Klage der Kassandra über das Schicksal Troias vorkam, scheint sich, wie Ribbeck hervorhebt,[1]) „als Zugstück bis in die ciceronische Zeit erhalten zu haben." Jedenfalls war es daher einem Prätextendichter nahe gelegt, in der Eroberung Vejis ein würdiges Seitenstück zu einer solchen Darstellung aus der Griechenwelt zu liefern.

Folgende Punkte zeigen überdies eine nahe Verwandtschaft:

Bei der Belagerung Troias hatte die Gewinnung des Palladiums eine besondere Bedeutung. Vergil sagt (Aen. 2, 161 f.): Omnis spes Danaum et coepti fiducia belli Palladis auxiliis semper stetit. Impius ex quo Tydides sed enim scelerumque inventor Ulixes Fatale adgressi sacrato avellere templo Palladium caesis summae custodibus arcis Corripuere sacram effigiem manibusque cruentis Virgineas ausi divae contingere vittas.

---

[1]) 1, 20.

Auf einem ähnlichen Motiv ist die Erzählung von der Einnahme Vejis aufgebaut. Ein Orakel, daß nur der siegen werde, welcher das der Juno dargebrachte Opfer anzünden werde, veranlaßte die Belagerer zum Eindringen in den Opferraum und führte die spätere Überführung der Juno von Veji nach Rom herbei.

Auch die Art und Weise, wie dieses gelang, ist mit derjenigen von der Gewinnung des Palladiums verwandt.

Vor Troia schlichen sich Diomedes und Odysseus heimlich in die Stadt, töteten die Wächter und raubten das Heiligtum, ohne das der Sieg unmöglich war. Auch das Junobild mußte von Veji nach Rom gebracht werden, um so den Römern ein Anrecht auf die Stadt Veji zu verleihen. Hier aber war es nicht angängig, darzustellen, wie die Heilige gewaltsam aus Veji geraubt wurde. Nein, die frommen Römer hatten die Gottheit, nachdem diese wunderbarerweise ihre Einwilligung gegeben, in Prozession nach Rom eingeholt. Dafür nun mußte (5, 21) das der Juno bestimmte Opfer, indem römische Krieger heimlich durch einen Minengang auf die Burg gelangt waren, geraubt worden sein: immolante rege Veientium vocem haruspicis dicentis, qui eius hostiae exta prosecuisset, ei victoriam dari, exauditam in cuniculo movisse Romanos milites, ut adaperto cuniculo exta raperent et ad dictatorem ferrent.

Dieser Raub des Opfers vom Altar der Burg und die spätere Überführung der Junostatue nach Rom: sie sind die freiere Nachbildung jener Erzählung vom Raub des Palladiums.

Selbst bei dem höchst sonderbaren Minengang, den die Römer zur Burg von Veji hinauf angelegt haben sollen — was sogar in unserer Zeit der vollendetsten Technik schwer möglich gewesen wäre — folgte die Erzählung von Vejis Fall im einzelnen der griechischen Sage. Servius (ad Aeneid. 2, 166) erzählt wenigstens auch davon ähnliches: tunc Diomedes et Ulixes, ut alii dicunt, cuniculis, ut alii, cloacis ascenderunt arcem, et occisis custodibus sustulere simulacrum.

Noch von einer zweiten Prätexta, welche die Ereignisse Roms unter Camillus Führung behandelt hat, redet Varro l. l. 6, 18, und über ihren Inhalt geben uns mehrere Schriftsteller (Plutarch Camill. 33, Romul. 29, Macrob. I, 11, 36), welche Varros Schilderung gekannt haben, Bericht. Nach Livius 6, 2, 3 erhoben sich,

---

[1]) Vergil Aeneis 2, 160f.

nach der Abwehr der gallischen Invasion, die Latiner: novus quoque terror accesserat defectione Latinorum Hernicorumque, qui post pugnam ad lacum Regillum factam per annos prope centum numquam ambigua fide in amicitia populi Romani fuerant. Wie dann der Ansturm der Latiner im einzelnen abgewehrt ward, darüber schweigt Livius,[1]) während er die Erfolge über Volsker und Tusker ausführlicher darstellt. Die Vorgänge vor der Stadt sind dagegen in jener praetexta behandelt. Die Latiner wählen sich, so heißt es in ihr, den Postumius Livius zum Diktator. Dieser zieht vor Rom und verlangt die Auslieferung aller römischen Frauen und Jungfrauen. Um dieses Unheil abzuwehren, erbietet sich die Magd Tutula oder Philotis mit andren Sklavinnen zu den Feinden zu gehen und unter dem Vorgeben, daß sie selbst die edeln Damen Roms seien, sich den Feinden hinzugeben. Bei der frohen Feier im Lager werden die Krieger trunken gemacht; Tutula gibt darauf den Römern ein Zeichen und diese machen einen siegreichen Überfall, nach welchem dann die römischen Mägde ein fröhliches Fest an den Nonae Caprotinae feiern.

Wichtiger aber noch als der Inhalt dieses Schwankes, der denn doch dem Livius zu unhistorisch erschienen sein mag, um seinen Inhalt in die Geschichte aufzunehmen,[2]) ist der Umstand, daß wir dem lustigen Schlußdrama des Gallierkrieges wohl mit Sicherheit die Folgerung entnehmen dürfen, daß dieses Festspiel nur den Abschluß gebildet haben wird von einer ernsteren Darstellung, welche die Befreiung Roms durch Camillus gefeiert hat.[3]) Ohne eine solche praetexta ist der lustige Schwank für sich allein nicht recht verständlich. Daß nun ein solches Drama „Roma a Gallis liberata" existiert hat, ist nachweisbar, kann aber erst in V gezeigt werden, namentlich nachdem festgestellt ist, in welcher Weise Ennius auch in seinen Annalen die Taten des Camillus nach epischen Vorbildern dichterisch erhoben hat.

---

[1]) 6, 2, 8 partem ante urbem castra locare iussit.

[2]) Dagegen werden manche Einzelheiten der von Liv. 6, 2—3 erzählten Kämpfe auch in dieser praetexta ihren Ursprung haben.

[3]) Auch die oben nachgewiesene praetexta, welche den Fall Vejis darstellte, wird ein heiteres Nachspiel gehabt haben, nämlich in dem Schwank, welchen jetzt Livius 5, 27 von dem Schulmeister von Falerii als geschichtliches Ereignis erzählt (vgl. daneben V). Dieser würdige Vorgänger des Naumburger Schulmeisters aus den Hussitenkriegen dürfte schwerlich einen geschichtlichen Ursprung haben.

Decius. Bisher ward der Nachweis geführt, daß der Ursprung Roms, die Geschicke der Stadt unter Romulus, die Geschichte vom Sturz des Servius Tullius bis zum Tode des Brutus, die Kämpfe um Veji und die Wiederaufrichtung der Stadt nach der gallischen Katastrophe in den Römerdramen des Naevius, Ennius, Accius eine Darstellung erhalten hatten, welche in ganz hervorragender Weise auch die annalistische Überlieferung beeinflußt hat. In allen diesen Fällen wäre zwar an sich auch das umgekehrte Verhältnis denkbar. Es wäre möglich, daß volkstümliche Sagen und Berichte der Chroniken die Grundlage für jene Dramen gebildet hätten. Aber beinahe in jedem einzelnen Fall ließen sich griechische Vorbilder nachweisen, aus welchen all und jedes Detail herübergenommen war. Es waren sogar größtenteils Szenen griechischer Dramen, wo nicht ganze Dramen, welche von den Dichtern der Praetexta zugrunde gelegt waren. Sophokles' Tyro, die Dramen des homerischen und des thebanischen Sagenkreises bildeten die Quellen. Die einheimische Überlieferung hatte meist wenig mehr als einzelne Königs- und Beamtennamen, nebst einigen genealogischen Notizen beigesteuert. Manche Einzelheiten wurden bald darauf durch die epischen Dichtungen des Ennius und weitere Prätextae ergänzt und vervollständigt.

Damit hat sich die Annahme einer genaueren und eigenartigen Geschichtstradition über die ersten 4 Jahrhunderte der römischen Geschichte als undenkbar herausgestellt. Alles persönlich anziehende und charakteristische, welches die einzelnen Helden aufweisen, das Kolorit der Darstellung selbst, verrät noch jetzt, wo es doch bei Livius und Dionys meistens aus zweiter oder dritter Hand geschildert wird, den dichterischen Ursprung.

Wir sind in der glücklichen Lage, auch noch für einige Ereignisse der nächstfolgenden Epoche den gleichen Nachweis zu erbringen, wenn auch natürlich hier in dem Zwielicht, welches über dem Gemisch von Tatsächlichem und Erfundenem liegt, zuweilen die historischen Vorgänge neben der poetischen Einkleidung zutage treten, gleichsam wie einige Bergspitzen über dem Nebel des Ungeschichtlichen hervorragend.

Von Accius ist uns der Titel sowie einige Fragmente einer praetexta Decius oder Aeneadae überliefert.

Mehrere Fragmente dieses Dramas zeigen aufs deutlichste, daß die Vorgänge in der Schlacht bei Sentinum und die Todesweihe des jüngeren Decius 295 vC. das Hauptthema der Handlung gebildet haben. Daneben zeigen sie (10. 11.), daß im „Decius" auch das Selbstopfer seines Vaters erwähnt und ausführlicher beschrieben worden war. Darauf weist auch der zweite Titel dieses Dramas „die Aeneaden" hin. Die Decier werden als eins der albanischen Geschlechter ihren Ursprung auf Aeneas zurückgeführt haben[1]), und sein Schutz wird ihnen wahrscheinlich in der Weise zuteil geworden sein, daß Aeneas selbst auf der Bühne erschien und seinen Nachkommen Sieg verhieß und verlieh.

Vielleicht war Aeneas in der höchsten Not plötzlich erschienen, hatte ausführlich den Opfertod des ältern Decius geschildert und so den Sohn zu einer gleichen Heldentat aufgefordert.

Mehrere Umstände sprechen dafür, daß bei der Darstellung beider Schlachten die livianische Schilderung von einem solchen Drama abhängig ist.

Allerdings ist zweierlei vorher zu beachten. In einigen Hauptpunkten stehen wir bei der Schlacht von Sentinum bereits auf historischem Boden. Die Namen der Beamten, wohl auch das Wichtigste über die Gegend ihres Wirkens wird in den pontifikalen Aufzeichnungen überliefert gewesen sein. Zwar stand es selbst hinsichtlich der Provinzenverteilung mit diesen Berichten nicht zum besten. Denn nirgends finden sich so viele Differenzen zwischen gut beglaubigten Angaben und den livianischen Laudationenberichten, wie gerade in der Zeit der Samnitenkriege.[2]) Die Siege, welche der Konsul Lucius Cornelius Scipio nach seiner Grabinschrift in Lucanien erfochten hat, sind dem Livius unbekannt, während er dessen Kollegen Fulvius den Befehl gegen die Lucaner übernehmen und über die Samniter triumphieren läßt.

Aber in diesem Falle kann es nicht zweifelhaft sein, daß wie 340 vC. T. Manlius, P. Decius, so 295 vC. Q. Fabius und P. Decius zusammen den Oberbefehl gehabt haben, und daß die letzteren in der Entscheidungsschlacht gegen Gallier und Samniten den Sieg erfochten, Decius aber den Heldentod erlitten hat. Im übrigen werden wir Akt davon nehmen, daß Livius in

---

[1]) Sehr gut so Ribbeck Tragic. latin. reliqu. p. 351, s. auch Welcker, Die griech. Tragödien, S. 1389.
[2]) Man vgl. z. C. Liv. 10, 17; 10, 26. S. auch Kaerst Philol. 48, 306 f.

Verzweiflung über die Geschichtsfälschungen seiner Quellen den Schleier zu decken sucht, indem er 10, 26, 7 sagt: constare res incipit ex eo tempore, quo profecti ambo consules ad bellum sunt! Er macht damit durch das c. 24—26 Erzählte einen Strich. Bedenklicher ist, daß selbst über eine der wichtigsten Fragen des Krieges (10, 27) völlige Unklarheit geherrscht hat. Einige Annalisten erzählten, daß die Gallier in Etrurien einen Sieg erfochten hätten, andere daß die Niederlage, welche die Römer erlitten hätten, weniger bedeutend gewesen sei, und daß nicht Gallier, sondern Umbrer in Etrurien gefochten hätten. Der letzte Quellenbericht des Livius 10, 30, läßt sogar Umbrer und Tusker in Sentinum mitkämpfen und zeigt damit, wie jede authentische Überlieferung über die Einzelheiten jener Kämpfe gefehlt hat. Ich habe an anderer Stelle gezeigt,[1]) daß im 10. Buche abwechselnd Laudationen der Fabier, Decier, Volumnier (natürlich indirekt) die Quellen des Livius gewesen sind.

Es bleibt die Schlacht bei Sentinum selbst und die Todesweihe des Decius. Hier erweckt es nun schon von vornherein kein günstiges Vorurteil, daß Fabius wie ein zweiter Cunctator geschildert wird (10, 29): Fabius in dextro primo, ut ante dictum est, cunctando extraxerat diem.

Wie steht es aber um die Todesweihe? Dabei muß auch der entsprechende Vorgang in der Schlacht am Vesuv 414 mit berücksichtigt werden. Wenn die Todesweihe auch Livius 8, 10, 12 in die Form des römischen Rechts gehüllt ist, so geht doch schon aus den Worten der Rechtssatzungen hervor, daß eine solche damals nicht mehr üblich gewesen ist. Nach Anrufung der Götter um Sieg, heißt es (8, 9): sicut verbis nuncupavi, ita pro re publica Quiritium .. legiones auxiliaque hostium mecum deis Manibus Tellurique devoveo. Es ist klar, daß die Feinde nur soweit sie besiegt und erschlagen wurden, als Opfer der Unterirdischen gelten konnten. Für den mitgeweihten Konsul bestand aber, wie für jeden Römer, der Ausweg, auch ohne den Tod zu erleiden, den sakralen Vorschriften zu genügen. Das pontifikale Dekret, das Livius 8, 10, 12 überliefert, sagt: si is homo, qui devotus est, moritur, probe factum videri; ni moritur, tum signum septem pedes altum aut maius in terram defodi et piaculum

---

[1]) S. „Livius Geschichtswerk" (1897) S. 95 f., 117 f., sowie unten VI.

hostiam caedi. Auf dasselbe, die Vermeidung des Menschenopfers und seinen Ersatz durch andere Bußen, weist der weitere Wortlaut des Dekrets bei Livius hin: qui se devoverit, Volcano arma sive cui alii divo vovere volet, . . ius est. Nur ein gewisser theoretischer Makel haftet noch dem Konsul an, welcher die Ansicht Heinrich Heines befolgte: „Leben bleiben wie das Sterben für das Vaterland ist süß." „Ni moritur", sagt das Dekret, „neque suum neque publicum divinum pure faciet."

Im übrigen zeigen alle diese Bestimmungen aufs klarste, daß wohl in grauer Vorzeit Menschenopfer, Selbstdevotionen üblich gewesen sind, daß dieselben aber in historischer Zeit längst abgeschafft und durch andre sakrale Handlungen ersetzt worden waren.[1]) Etwas ganz anderes war die Devotion der dem Feinde abgenommenen Beute, seiner Städte und Truppen, seiner Waffen und seiner Schätze. Diese ist in historischer Zeit oft genug erfolgt. Sie konnte nur vom Feldherrn ausgehen und schloß die Selbstdevotion des Feldherrn, der ja als Garant der Leistung den Göttern gegenüber auftrat, aus. Das zeigt klar die pontifikale Formel, welche Macrobius überliefert hat (Sat. III, 9, 9): Dis pater Veiovis Manes, sive quo alio nomine fas est nominare, ut omnes illam urbem Carthaginem exercitumque, quem ego me sentio dicere, fuga formidine terrore conpleatis.. eosque ego vicarios pro me fide magistratuque meo pro populo Romano exercitibus legionibusque nostris do devoveo, ut me meamque fidem imperiumque legiones exercitumque nostrum, qui in his rebus gerundis sunt, bene salvos siritis esse.

Um so sonderbarer ist es, daß in den beiden Erzählungen des Livius die Todesweihe der Decier mit der Devotion des feindlichen Heeres kombiniert auftritt. So gleich in der ursprünglichen Fassung, wie sie die Worte der Traumerscheinung dem älteren Decius vorschreiben 8, 7, 9 und wie sie in seinem Gebet 8, 9, 8

---

[1]) Man hat später dem Opfertode der Priester, welche bei dem Anrücken der Gallier in Rom ausharrten, in ähnlicher Weise ein frommes Mäntelchen umzuhängen gesucht (Liv. 5, 41). Doch ist diese Tradition nicht durchgedrungen, eine Devotion war dieses nicht. Durch obige Ausführung ist auch Wissowas gründliche Erörterung der devotio (IV, 277) erledigt. Die Selbstdevotion des Feldherrn oder eines Stellvertreters ist bei Livius ungeschickter Weise mit der Devotion der feindlichen Armee kombiniert und konfundiert worden.

ausgesprochen sind: legiones auxiliaque hostium mecum deis Manibus Telluri devoveo.

Bei der Todesweihe von Decius Sohn 10, 28, 13 findet sich die gleiche Vermischung zweier verschiedener Devotionen einmal des Feindesheeres, dann der eigenen Person: iam ego mecum hostium legiones mactandas Telluri ac diis Manibus dabo.

Wir haben es also in beiden Fällen nicht mit realen Vorgängen, sondern mit der gleichen Kombination zweier verschiedener Arten der Devotion zu tun, welche so nicht historisch sein kann, ja einen Verfasser verrät, welcher von dem römischen Sakralrecht wenig Verständnis besaß.

Die Erzählung von der Devotion hat andrerseits in beiden Fällen so viel dichterisches Beiwerk, daß ihre Herkunft nicht zweifelhaft sein kann. Bei der älteren Todesweihe haben beide Konsuln den gleichen Traum, der ihnen verkündet, von der einen Seite würde der Feldherr, von der anderen das Heer den Manen und der Tellus geweiht sein. Vor der zweiten wird ihnen (Liv. 10, 28, 8) das prodigium von Wolf und Hirschkuh.

In beiden Fällen ist dann auch der Kampf mit lebhaften poetischen Farben ausgestaltet. 8, 9, 10 sagt Livius: (Decius) conspectus ab utraque acie aliquanto augustior humano habitu visus, sicut caelo missus piaculum omnis deorum irae, qui pestem ab suis aversam in hostes ferret.

Und bei der zweiten Todesweihe heißt es (10, 29, 1): vix humanae inde opis videri pugna potuit ... Galli, et maxime globus circumstans consulis corpus, velut alienata mente vana incassum iactare tela; torpere quidam et nec pugnae meminisse nec fugae. Das ist Poesie, keine Geschichtsdarstellung.

Hier ist der Einfluß, den des Accius Drama ausgeübt hat, unverkennbar. Namentlich die Träume, die Ähnlichkeit des poetischen Motivs, welche zwischen Kodrus und Decius Todesweihe bei der Schilderung des Livius 8, 6 so deutlich hervortritt, legt es nahe, daß das Drama mehr als man eigentlich erwarten sollte, die Quelle der Geschichtserzählungen ist. Und vor allem ist festzuhalten: die Formel bei den Todesweihen mit ihrer unhistorischen Kombination zweier Weihen beruht auf den Worten des Traumgesichts 8, 6, 9: dicentis ex una acie imperatorem, ex altera exercitum deis Manibus matrique Terrae deberi; utrius exercitus imperator legiones hostium superque eas se devovisset, eius populi partisque victoriam fore.[1])

Es kommt noch hinzu, daß die 12 Fragmente des „Decius" überall in Beziehung zu Livius stehen. So weist fr. 4 te sancte venerans precibus, invicte, invoco, portenta ut populo patriae verruncent bene auf genanntes Zeichen hin, das den Römern vor der Schlacht geworden ist, und worin einer der römischen Soldaten ein heilsames Omen sieht. Der victor Martius lupus (Liv. 10, 27, 9) entspricht dem Beinamen des Mars(invicte). Fr. 3 führt Decius das Heer gegen die Gallier wie Liv. 10, 27; fr. 9 (dice summa ubi perduellum est? quorsum aut quibus a partibus gliscunt?) entspricht den Worten, welche bei Livius (10, 28, 12) Decius den Weichenden zuruft: quo fugerent, quamve in fuga spem haberent?

Überall folgte also die livianische Darstellung, wenn auch offenbar indirekt, den Schilderungen des Dramas des Dichters Accius. Was aber für die Schlacht bei Sentinum gilt, das gilt auch für die Todesweihe des Vaters Decius.

Historisch ist der Sieg, welchen Fabius bei Sentinum gegen Gallier und Samniten erfochten hat, sowie der Tod seines Kollegen Decius, ebenso wie der Tod von dessen Vater in den Kämpfen am Vesuv geschichtlich feststeht. Möglich ist es daneben, daß P. Decius der Sohn die feindliche Beute den Göttern geweiht hat. Nur dichterische Fiktion dagegen ist, daß mit dieser Devotion des Feindesheeres seine eigene Todesweihe verbunden war. Diese Folgerung wurde erst nach seinem Tod, durch den er den Sieg über die Feinde errang, gezogen.

Wer daneben noch weiter gläubig die livianische Darstellung für Geschichte annimmt, der wird hoffentlich durch Ciceros Spott über die historische Ungereimtheit derselben geheilt werden (de natura deorum III, 6, 15): „Tu autem etiam Deciorum devotionibus placatos deos esse censes. Quae fuit eorum tanta iniquitas, ut placari populo Romano non possent nisi viri tales occidissent? Consilium illud imperatorium fuit, quod Graeci στρατήγημα appellant, sed eorum imperatorum, qui patriae consulerent, vitae

---

[1]) Vgl. zu Codrus Velleius 1, 2, 2 cum... respondisset Pythius, quorum dux ab hoste esset occisus, eos futuros superiores,.. immixtus castris hostium... interemptus est.

non parcerent; rebantur enim fore, ut exercitus imperatorem, equo incitato se in hostes immittentem, persequeretur; id quod evenit. Das heißt zu deutsch: die Selbstdevotion ist unhaltbar, allein die das eigene Leben nicht achtende Tapferkeit des Feldherrn hat Wert; denn sie verbürgt den Erfolg und verleiht den eigenen Truppen Hoffnung auf den Sieg und Mut.

Fügen wir diesen bekannten dramatischen Darstellungen aus der Zeit der Samnitenkriege die nur dem Namen nach bekannte Praetexta „Vescia" hinzu, welche dem Dichter Persius zugeschrieben wird.[1]) Wenn es ein solches Drama wirklich gegeben hat, so wird dieses die siegreiche Unterdrückung des Ausonervolks gefeiert haben. Die romanhafte Ausmalung, welche sich bei Livius 9, 25 zu 440 d. St. findet, spricht in der Tat zugunsten einer solchen Vermutung. Ausona, Menturnae, Vescia sollen durch den Verrat einiger römisch gesinnter Adligen an einem Tage den Römern in die Hände gespielt sein: triaque oppida eadem hora eodemque consilio capta. Solche Worte und solche Vorgänge stammen jedenfalls aus dem Gebiet der Dichtung, nicht der Geschichte!

Im übrigen aber gehört eine solche in der Kaiserzeit gedichtete praetexta nur insoweit hierher, als das Jugendwerk des Persius gewiß kein Original, sondern die Nachbildung eines älteren Dramas gewesen ist. Wenn das aber richtig ist, dann wäre allerdings die „Vescia" ein bedeutsames Beispiel dafür, daß auch die Ereignisse des großen Entscheidungskampfes um die Oberherrschaft Italiens in der zweiten Hälfte des 4. Jahrhunderts vC. eine dramatische Behandlung erfahren hatten.

Römerdramen, deren Stoff aus historischer Zeit stammt. Die noch sonst erwähnten praetextae sind zwar sicherlich von großem Wert und von Bedeutung auch für die Geschichtsbildung gewesen, scheinen aber keinen unmittelbaren Einfluß auf die ältere Geschichtschreibung gehabt zu haben.[2]) Es sind „Clastidium" von Naevius, welches den Sieg des M. Claudius Marcellus über den Gallierfürsten Viridomarus (223 vC.)

---

[1]) Ribbeck, Tragic. Lat. rel. 351.
[2]) Erinnert sei hier übrigens daran, daß auch die Griechen das historische Drama kultiviert haben. Vgl. A. Wagner, Das historische Drama der Griechen (1878).

feierte, „Paulus" von Pacuvius, welches wahrscheinlich die Taten des Aemilius Paulus, des Siegers von Pydna (168 vC.), schilderte, und endlich „Ambracia", worin Ennius die Siege des M. Fulvius Nobilior gegen die Aetoler, besonders seine Einnahme von Ambracia (189 vC.), verherrlicht hat. Immerhin möge beachtet werden, daß die Schilderung in Plutarch's[1]) Marcellus 7 f., welche die Überwindung des Gallierfürsten Viridomarus durch Marcellus darstellt, nicht unbeeinflußt von dem Drama Clastidium geblieben ist. Plutarchs Bericht geht hier auf Caelius zurück und dessen Quelle wird sich die poetische Verherrlichung der Heldentat nicht haben entgehen lassen.[2]) Doch liegt schon die Behandlung dieser Erzählung, noch mehr aber die der Dramen Ambracia und Paulus dem Gegenstande, der an dieser Stelle behandelt wird, fern.

Andrerseits ist gerade hier vor Übertreibungen und Fehlschlüssen zu warnen, welche sich in mehreren verdienstlichen Forschungen der Neuzeit vorfinden.

Es ist sicherlich ein Mißgriff, wenn Meiser,[3]) der ja vortreffliche Beobachtungen „über historische Dramen der Römer" angestellt hat, das Ende des Gaius Gracchus, wie es von Plutarch dargestellt ist, auf eine praetexta zurückzuführen sucht. Selbst die römischen Annalisten, welche sein tragisches Ende be-

---

[1]) H. Dessau hat in seinem Aufsatz „Livius und Augustus" (Hermes 1906, 41, 142) festgestellt, daß der Panzer des Cossus, welcher die Inschrift enthielt, wie Cossus als Konsul die spolia opima errungen habe, aus politischen Rücksichten von Augustus (Liv. 4, 20) verwandt worden sei, um auf Grund dieses Fundes dem Prokonsul Mazedoniens M. Licinius Crassus eine besondere Feier seiner spolia opima zu untersagen. Nach staatsrechtlichen Grundsätzen (Festus p. 186) konnte nur der Oberfeldherr, nicht ein Prokonsul diese besondere Ehrung beanspruchen. Die Mitteilung der Inschrift ist also nicht aus historischem Interesse erfolgt, sondern um das Verhältnis der Regierung zum Licinius Crassus gegenüber zu rechtfertigen (S. 151). Um so sicherer ist sie keine Fälschung aus später Zeit. Authentisch braucht sie nicht zu sein, aber alt ist sie jedenfalls.

[2]) Daß bei dieser Gelegenheit auch die Art, wie Romulus und Cossus die spolia opima gewonnen hatten bzw. haben sollten, poetisch gefeiert worden ist, ist so selbstverständlich, daß oben S. 34 der Einfluß dieses Dramas auch auf die Romuluslegende hervorgehoben werden konnte. Vgl. weiteres in VII. S. 165.

[3]) Über historische Dramen der Römer (München 1887) S. 32f.

schrieben, namentlich Fannius und Sempronius Asellio, werden die selbsterlebten Vorfälle, die Redekämpfe auf dem Forum und im Senat, die edle Gesinnung des Gaius neben seinem leidenschaftlichen Haß gegen die Aristokratie in einer Weise dargestellt haben, welche mit mancher theatralischen Darstellung konkurrieren konnte. Daneben aber besaßen die Gracchen unter griechischen Literaten und Philosophen Freunde genug, welche sich darauf verstanden, die letzten Stunden der Volkstribune in romanhafter Weise auszugestalten.

Vielleicht aber liegt hier die Sache noch einfacher. Meiser weist darauf hin,[1]) wie Plutarch (C. Gracchus 1), Cicero de divin. 1. 56 und dieser nach Caelius Antipater erzählt hätten, Tiberius sei seinem Bruder Gracchus im Traum erschienen und habe zu ihm gesprochen: „Was zauderst du doch? Es gibt kein Entrinnen, sondern ein Leben und ein Tod ist uns beiden vom Schicksal bestimmt, indem wir für die Sache des Volkes wirken." Diesen Traum soll Gaius Gracchus dem Caelius selbst erzählt haben. Bei dieser Sachlage, wo auf einen gleichzeitigen Historiker hingewiesen wird, ist es doch geradezu ausgeschlossen, daß diese Notiz aus einem Drama entnommen ist. Voraussichtlich hatte Gaius Gracchus durch diese Anekdote eine seiner Reden ausgeschmückt. Ganz ähnlich haben die Gracchen in ihren Reden auch sonst auf ihre Familienverhältnisse hingewiesen. Das Ende des Gaius ist allerdings „so schön und anschaulich geschildert", wie es nur ein mitbeteiligter Zeitgenosse darstellen konnte, voll Schmerzes über den traurigen Ausgang, zugleich aber mit klarer Erkenntnis, daß die Katastrophe unvermeidlich geworden sei. Genügt aber dieses, oder etwa die Szene, wie Gaius Gracchus von seiner Gattin Abschied nimmt, um ein Drama als Quelle anzunehmen?

Hier ist die Geschichte selbst zu einem ergreifenden Drama geworden, welches auf der Bühne zu wiederholen ein Dichter kaum die Fähigkeit gehabt haben würde.

Auch wird man billig fragen können, ob der Senat und die Beamten der Reaktion die Aufführung eines solchen Dramas gestattet haben würden. Derartiges konnte doch nur die soeben mit Gewalt unterdrückten Gefühle, welche die Volksmassen zur

---

[1]) Meiser a. a. O. S. 33.

Revolution getrieben hatten, aufs neue entfachen, und einem neuen Umsturz den Weg bahnen.

Dabei ist noch gar nicht beachtet, daß ja auch die Biographie des Gaius, welche Nepos geschrieben hatte, von Plutarch benutzt worden ist.[1]) Nepos aber hatte in seiner vita zahlreiche Zitate aus den Reden der Gracchen aufgenommen und manche Angaben aus Briefen der Cornelia erwähnt und durch sie die Erzählung des Fannius ergänzt. Das mag vom Standpunkt der objektiven Geschichtsbetrachtung nicht günstig sein. Jedenfalls hat aber dadurch das Lebensbild, das er entwarf, manche intime und anziehende Beigaben erhalten, welche noch in der Bearbeitung Plutarchs einen rührenden, z. T. einen dramatischen Eindruck machen.

Schon eher könnte der Vermutung Meisers Raum gegeben werden, daß der Abfall Capuas im 2. punischen Krieg, welchen Livius 23, 2—10 so anschaulich beschreibt, einer dramatischen Bearbeitung entnommen sei. Doch steht dem ein entscheidender Umstand im Wege.

Die so ausführlich gebotene Darlegung, wie Pacuvius Calavius die Gewalt an sich gerissen haben soll, Liv. 23, 2—4, ist ein albernes Märchen, was auf der Bühne ausgepfiffen worden wäre. Der törichte Annalist, welcher dasselbe erfand,[2]) wollte damit offenbar ein Gegenstück schaffen zu dem Vorgehen des Marius, welcher den ganzen Senat, Mann für Mann, bei Strafe des Ausschlusses zwang, einen Schwur zu leisten, daß er die demokratische Reform anerkennen wolle.[3])

Man vergleiche nur damit die Erzählung des Livius 23, 2—4 wie „senatum et sibi et plebi obnoxium Pacuvius Calavius fecerat" (23, 2, 2). Auch hier sucht der demokratisch gesinnte Oberbeamte die aristokratisch gesinnten und staatserhaltenden Mitglieder des Rats einzeln einer Prüfung zu unterziehen, ob sie sich ihm und dem Volke gefügig erzeigen wollen. Dann aber schweift der Annalenschreiber ins Gebiet des Romanhaften ab. Nach Livius' Quelle mußte jeder einzelne Senator sich der kampanischen Plebs vorstellen und über sich abstimmen lassen. Das Volk ist

---

[1]) Fleckeisen, Neue Jahrbücher (1896) S. 123f., 357f.
[2]) Es war Claudius Quadrigarius (vgl. Soltau Livius' Geschichtswerk S. 78).
[3]) Vgl. Appian bell. civ. 1, 31, 137.

dann so gütig, die bisherigen Ratsherrn wiederzuwählen und es erhält dafür auch die erhoffte Belohnung 23, 4, 2: hinc senatores omissa dignitatis libertatisque memoria plebem adulari: salutare, benigne invitare, adparatis accipere epulis, eas causas suscipere, ei semper parti adesse, secundum eam litem iudices dare, quae magis popularis aptiorque in vulgus favori conciliando esset; iam vero nihil in senatu agi aliter, quam si plebis ibi esset concilium.

Das genügt wohl! Doch das ärgste ist, daß Calavius den Senat während der ganzen Prozedur vor dem Volke im Rathaus eingeschlossen hielt und ihn militärisch bewachen ließ.[1])

Ganz gewiß enthält 23, 8—9 poetische Elemente. Da will der junge Calavius den Hannibal, den er beim Mahl in einem vornehmen Kampanerhaus antrifft, meuchlings ermorden. Es ist in der Tat ein schöner dramatischer Konflikt dadurch herbeigeführt worden, daß der Urheber dieser Komposition den patriotischen Jüngling zum Sohn gerade desjenigen gemacht hat, der an der Spitze der punisch gesinnten Partei steht, des Pacuvius Calavius: so sind Vater und Sohn politische Gegner und es kämpfte in dem Sohne die Vaterlandsliebe mit der kindlichen Pflicht.

Hier scheint in der Tat die Schöpfung eines genialen Dichters vorzuliegen, der einen Konflikt innerhalb einer kampanischen Familie in dieser ergreifenden Weise zur Darstellung gebracht hat. Ob aber ein Dramatiker und nicht vielmehr ein epischer Dichter diese glückliche Situation erschaffen hat?

Wahrscheinlich war es kein anderer als Ennius, welcher die Anhänglichkeit einiger treu zu Rom haltender Kampaner in seinen Annalen durch eine solche Episode verherrlicht hat.

Ähnlich liegt die Sache bei der Sophonisbe-Tragödie, wie sie Livius 30, 12—15 zur Darstellung gebracht hat.

Nachdem Masinissa den König Syphax gefangen genommen hatte, gelang es ihm auch bei der Einnahme von Cirta die Königin gefangen zu nehmen. Geschichtlich steht fest, daß Scipio ihre Auslieferung verlangt hat, daß die stolze Punierin aber durch Gift dieser Gefahr vorgebeugt hat. Durch einige wenige Züge, die hinzugefügt sind, ist dieser Vorgang zu einem tragi-

---

[1]) 23, 2, 10 fide data egressus claudi curiam iubet, praesidiumque in vestibulo relinquit.

schen Stoff ersten Ranges geworden. Masinissa, so berichtet Livius, war vor Syphax der Verlobte der Sophonisbe gewesen. Er wurde aufs neue von der Schönheit dieser bedeutenden Frau gefesselt und schwur ihr, sie nicht den Römern auszuliefern. Ja, als Scipio die Auslieferung verlangte, soll er sie sogar sogleich zu seiner Frau gemacht haben. So war eine tragische Katastrophe unvermeidlich. Entweder Masinissa folgte der Punierin: dann war auch sein Untergang besiegelt. Oder er mußte die Geliebte opfern. Um dieses nicht zu tun und doch sein Wort zu halten, gab es nur einen Ausweg: der Tod des geliebten Weibes. Statt des Hochzeitsbechers reichte er ihr die Giftschale.

Bekannt ist das wundervolle pompejanische Wandgemälde, welches die Szene darstellt, wie Sophonisbe auf ihrem Lager von Masinissa umschlungen die Schale mit dem Gifttrank hochhält, um sie zu leeren. Ihr gegenüber, am Eingang erscheint der stolze Sieger, welcher, porträtähnlich dargestellt, unerbittlich den Tod der gefährlichen Feindin Roms fordert. Der poetische, echt tragische Charakter dieser Begebenheit ist, wie Otto Jahn bemerkt,[1]) auch in den Berichten der alten Historiker wiedergegeben. Ja, das pompejanische Wandgemälde, welches voraussichtlich diese Szene darstellen soll, ist nach Otto Jahns Erklärung durchaus derartig, daß es auf eine poetische Darstellung verweist. Scipio, der in das fremde Haus eindringt, tut dieses nach den gesetzlichen Vorschriften, er erscheint vom Opferdiener begleitet, als der die Wahrheit Suchende, im Dienste der Gottheit stehend.

Es leuchtet ein, daß bei diesem anziehenden Gemälde nicht nur der Griffel des Historikers, sondern die Feder des Dichters ihren Anteil hat. Um das zu zeigen, braucht man nicht nur auf die poetischen Motive, sondern mehr noch auf die faktische Unmöglichkeit der einzelnen Vorgänge hinzuweisen. Daß die gefangene Fürstin den Masinissa zu gewinnen und an sich zu fesseln versucht, ist ebenso klar und in den Umständen begründet, wie es undenkbar ist, daß sie diesen sogleich zu einer Hochzeit zu bewegen gesucht habe. Sie wird dem Masinissa vielleicht das Gelöbnis abgenommen haben, sie nicht den Römern auszuliefern,

---

[1]) Der Tod der Sophoniba auf einem Wandgemälde, Bonn 1859 S. 12. Vgl. Appian Lib. 27, Liv. 30, 12—15, Diodor 27, 8.

sie lieber zu töten, ehe sie im Triumphe der Römer mit aufgeführt würde. Aber es ist undenkbar, daß Masinissa sie geheiratet und so seine Stellung zu den Römern vernichtet habe. Er mag der beklagenswerten Frau den Trunk haben reichen lassen, nicht aber als Erlösung für die Frau, welche er liebte, sondern als letztes Auskunftsmitttel, um sein Wort einzulösen und die Punierin nicht in die Hand der Römer zu geben.

Das Leitmotiv der Sophonisbetragödie ist das Weib, welches durch seinen überlegenen Geist und seine sinnbetörenden Reize Freund und Feind zu gewinnen weiß, eine Art Helenacharakter, aber doch viel höher stehend, als die alte Sagengestalt. Der glühende Patriotismus, dem zuliebe alles geschieht, der stärker ist, als alle weibliche Leidenschaft, adelt ihr Tun und treibt sie endlich zum Selbstmord, da sie die Schande nicht überleben will, im Triumphzug dahingeführt zu werden. Sicherlich ist soviel historisch, daß Sophonisbe, die Tochter Hasdrubals, den Syphax auf die Seite der Karthager gebracht und ihn bei Karthago festgehalten hat; daß sie bei Cirta durch Masinissa gefangen genommen, dem Scipio übergeben werden sollte, daß sie aber zuvor mit Wissen Masinissas Gift genommen hat. Dagegen ist durchaus fraglich, ob die sonstige romantische Beigabe historisch ist, vor allem ob sie eine Jugendgeliebte Masinissas, diesen wieder an sich zu fesseln gesucht hat, und ob Masinissa den schweren Kampf zwischen Gehorsam und Neigung durchgekämpft hat, welcher jetzt das psychologische Problem so anziehend macht. Hier hat zweifellos die Dichtkunst eingesetzt, und es wäre immerhin möglich, daß ein Dramatiker dieses treffliche Motiv habe verwenden wollen.

Andrerseits sind aber die gewichtigsten Bedenken gegen eine solche praetexta nicht zu unterdrücken. Wie hätte man damals den Masinissa in einer doch immerhin recht verfänglichen Situation auf die Bühne bringen dürfen?

Es war gewiß nicht zweckmäßig, die Demütigung des Masinissa vor Scipio öffentlich dem Volk zur Schau zu stellen. Und doch war nicht die gefangene Fürstin, welche stolz den Tod der Demütigung vorzog, sondern Masinissa der blamierte. Weit wahrscheinlicher ist es also, daß ein epischer Dichter diesen Stoff in so fesselnder Weise behandelt hat. Ennius hat zweifellos auch diese Episode in seinem ersten größeren Gedichte

„Scipio", das er zu Ehren des Scipio Africanus verfaßt hat, verherrlicht. An Vorbildern im griechischen Epos fehlte es ja nicht. Er konnte dem leidenschaftlich aufbrausenden Masinissa, der sich auf Befehl des Oberfeldherrn von der Geliebten scheiden mußte, die Farben verleihen, mit welchen Homer Achill bei seiner Trennung von Briseis geschildert hatte. Statt des Agamemnon konnte er dann eine sympathischere Gestalt wählen, wenn er seinem Helden, dem Scipio, zugleich den männlichen Ernst und die väterliche Milde mitgeben wollte.

Das epische Gedicht „Scipio", welches Ennius in feierlichen trochäischen Tetrametern zu Ehren des Siegers von Zama wahrscheinlich im Jahre 201 vC. geschrieben, hatte die Einzelheiten der Überfahrt Scipios nach Afrika poetisch breit ausgeschmückt. Auch der annalistische Bericht des Livius 29, 25, 5—27, 3 spiegelt mit seinen Übertreibungen eine Quelle wieder, welche in poetischer Weise die Überfahrt des Scipio geschildert hatte. Im Gegensatz zu Caelius hatte jene berichtet „prosperam navigationem sine terrore ac tumultu fuisse", wie das Livius „permultis Graecis Latinisque auctoribus" geglaubt hat (29, 27, 14). Einen ähnlichen romanhaften Bericht hatte Livius 30, 12f. vor Augen und es ist wiederum mehr als wahrscheinlich, daß derselbe auch hier von dem ennianischen Epos beeinflußt worden ist.

Die dichterische Darstellung von Scipios Überfahrt kann jedenfalls nicht aus einem Drama stammen, und da es unstatthaft ist, diesen Bericht von der gleichartigen Schilderung in 30, 12f. zu scheiden, so ist es anzunehmen, daß Ennius in seiner epischen Dichtung „Scipio" der Urheber beider gewesen ist.

Müssen wir hierbei, wenn nicht die Möglichkeit, so doch die Wahrscheinlichkeit einer dramatischen Bearbeitung der Sophonisbetragödie bestreiten, so ist dagegen Meiser durchaus beizustimmen, wenn er vermutet (S. 27), daß der Konflikt zwischen Perseus und Demetrius Gegenstand einer praetexta gewesen ist.

Demetrius hatte als Geisel in Rom gelebt und war von den Römern gewonnen, ein Freund und Bewunderer derselben geworden. Deshalb suchten ihn Perseus und die makedonische Nationalpartei als Verräter an der vaterländischen Sache zu beseitigen, was ihnen schließlich auch gelungen ist. Dieser im wesentlichen historische Vorgang ist nun von Livius 40, 2—16f.

in einer Weise breit ausgeführt und theatralisch ausgeschmückt, daß man unschwer die dramatische Darstellung erkennen kann.

In diesem Fall liegt auch der politische Zweck, welchem ein solches Drama dienen sollte, klar zutage. Es sollte dem römischen Volk ans Herz gelegt werden, wie schmählich der römerfreundliche Prinz behandelt sei, und daß daher an Perseus Rache genommen werden müsse. Doch kann auf diese praetexta, welche einen Stoff aus historischer Zeit behandelt haben müßte, an dieser Stelle nicht weiter eingegangen werden. (Vgl. die Tabelle der praetextae im Anhang und Polyb. 24, 8). Bedeutsam ist sie als ein Beispiel dafür, wie eng sich die römischen Geschichtschreiber an poetische Darstellungen angeschlossen haben, noch dazu bei Vorfällen aus einer historischen Zeit.

III.

Ennius' Annales.

Nachdem der Einfluß der direkt erwähnten und zitierten Römerdramen auf die Entwickelung der annalistischen Überlieferung nachgewiesen ist, ist es an der Zeit, die gleichzeitigen epischen Darstellungen der römischen Geschichte zu betrachten. Ihr Einfluß ist kaum viel geringer und erstreckt sich jedenfalls auf eine größere Anzahl von geschichtlichen Ereignissen und Persönlichkeiten.

Hier stehen wieder Naevius und Ennius allen voran. Während sie aber im Drama einige glückliche Mitarbeiter und Nachfolger fanden, blieben sie auf dem Felde der epischen Dichtung allein und original, bis erst die Dichter der augusteischen Zeit wieder an ihre Vorarbeiten und ihr Vorbild anknüpften.

Schon Livius Andronicus hatte die epische Poesie der Griechen in Rom heimisch zu machen gesucht. Er hatte die Odyssee ins Lateinische übertragen. In schwerfällige, holprige Saturnier mußten die flüssigen Verse Homers, in die trockene Alltagsredeweise eines berufsmäßigen Literaten die poesiereichen Schilderungen über die Irrfahrten des Odysseus umgegossen werden. So entstand ein Schul- und Lesebuch für lernbegierige Jünglinge in Rom, keine epische Poesie.

Einige Jahrzehnte später wagte sein jüngerer und talentvollerer Zeitgenosse Naevius den kühnen Wurf und wählte einen geschichtlichen Stoff zum Gegenstande eines wirklichen Epos, und der Wurf gelang. Naevius besang noch im Alter, nachdem er durch Übertragung klassischer griechischer Tragödien und durch eindrucksvolle Römerdramen das Publikum Roms begeistert hatte, den von ihm selbst mit durchlebten 1. punischen Krieg. Waren auch hier noch schwerfällige saturnische Verse das Gewand, in welches die Taten der Römer gehüllt waren, so bezeichnet doch sein Werk nach Form und Inhalt einen wichtigen Fortschritt in der Entwickelung einer römischen Literatur.

„Naevius schuf damit nicht nur das erste nationale Epos, sondern die erste künstlerische Darstellung einer Epoche römischer Geschichte in lateinischer Sprache."[1])

Wenige geschichtliche Vorgänge konnten in der Zeit des 2. punischen Krieges ein so allgemeines Interesse in Rom erwecken, wie der erste große Ringkampf zwischen Rom und Karthago. Die ältere Generation, Naevius selbst, hatten in diesem gewaltigen Entscheidungskampf um die Weltherrschaft mitgefochten. Da konnten auch weniger poetische Töne, die aber um so mehr den Waffenlärm des wirklichen Krieges wiederzugeben wußten, das nationale Gefühl lebhaft bewegen, und für diese neue Gattung römischer Literatur begeistert machen.[2])

Aber Naevius hat nicht etwa, wie ein mittelalterlicher Reimchronist, eine magere Sammlung von annalistischen Notizen versifiziert, sondern er hat es auch verstanden, mit seiner Dichtung allgemeinere Gesichtspunkte zu verbinden. Er stellte den Kampf der Römer und Karthager als einen solchen hin, der schon seit Jahrhunderten vorbereitet, von den Göttern selbst geplant und geleitet worden sei. „In jenem großartigen Zusammenstoß zweier selbstbewußter Völker erkannte er eine Katastrophe von welthistorischer Bedeutung." Er zeigte Verständnis für die große Sendung der Römer. Nach dem Fall Ilions, so war der Wille der Götter, sollte ein neues Troja in Latium erstehen. Wahrscheinlich hat er[3]), des Stesichoros „Iliupersis" folgend, zu Anfang ausführlich den Brand Trojas, die glückliche Flucht des Aeneas und der Seinigen ins Idagebirge geschildert. Eindrucksvoll muß er das letzte Opfer des greisen Anchises an die Penaten besungen,

---

[1]) Ribbeck, Geschichte der röm. Dichtung 1, 20f.

[2]) Wahrscheinlich geht auf Naevius' Darstellung die seitdem auch anderweitig beliebt gewordene Parallele zwischen der Mannhaftigkeit der Römer, wie sie sich bei dem Opfertod der Schar des Caedicius (258 vC.) zeigte, und der Spartiaten bei Thermopylae zurück (vgl. Cato fr. 83). Dieser Heldentat der Griechen wurde dann später auch die Aufopferung der 300 Fabier bei der Cremera an die Seite gestellt. Die letzten beiden Kämpfe waren ja fast gleichzeitig erfolgt. Vgl. unten IV und Wochenschrift f. klass. Philol. 1908, Nr. 36 S. 989.

[3]) Vgl. hierzu Ribbeck, Geschichte der römischen Dichtung S. 24f.

die Klage der troischen Weiber und die Flucht der Geretteten auf dem einzigen vorhandenen Schiff, das Gott Mercurius gezimmert hatte, dargestellt haben. Nun folgte die Fahrt des Aeneas nach Italien, deren Einzelheiten später noch dem Vergil nachahmenswert erschienen. Juno galt als die Hauptfeindin der Troer. Sie war es, die mit mißgünstigen Augen das Entkommen des Aeneas verfolgte und den gefährlichen Meeressturm erregte, dem alle zum Opfer gefallen wären, wenn nicht Jupiter auf Bitten der Venus ein Einsehen gehabt hätte. Ausführlich wird namentlich die Fahrt des Aeneas längs der italischen Küste geschildert sein, sowie das, was er dort und nach seiner Landung in Latium erlebt hatte.

Jedenfalls hatten Naevius und sein jüngerer Zeitgenosse Ennius noch nicht eine Kunde von der Sage, welche den Aeneas zu Dido kommen ließ.[1]) Der Name der tyrischen Fürstin ist allerdings dem Naevius bekannt gewesen und er wird daher sicherlich auch die spätere Gründung von Karthago ausführlich geschildert haben. Aber mit Dido hat weder Naevius noch Ennius die Aeneassage kombiniert. Denn beide machten den Romulus, den Gründer Roms, zu einem Enkel des Aeneas.[2])

Es ist uns leider nicht mehr möglich zu bestimmen, welche Abschnitte der römischen Geschichte zwischen Romulus und dem 1. punischen Krieg von Naevius eingehender, welche mehr episodisch behandelt worden sind. In der Tat ist es wenig wahrscheinlich, daß von den 7 Büchern des bellum Punicum mehr als das erste der früheren Geschichte gewidmet gewesen ist. Immerhin ist aber die Zwischenzeit keineswegs völlig beiseite gelassen.

Naevius ließ, wie Homer, die Götter mitteilnehmen an den Kämpfen der Völker. Lange Schilderungen widmete er den Verhandlungen der Olympischen, von denen jeder einzelne in ausführlicher Rede und Gegenrede zu Worte kam. Und auch sonst wird das altgriechische Epos von ihm nachgeahmt sein, namentlich

---

[1]) So richtig Lucian Mueller „Quintus Ennius" S. 147.
[2]) Es war doch nichts natürlicher, als daß Naevius seiner Schilderung des 1. punischen Krieges auch eine genaue Ausführung über Karthagos Gründung voranschickte und dabei dann auch solche Einzelheiten der Gründungssage vortrug, welche einen mehr persönlichen oder romantischen Inhalt hatten.

wenn es galt, Schlachten zu schildern, Einzelkämpfe anzubringen, vor allem aber wenn er die Gefahren, welche die Flotten durchzumachen hatten, zu schildern hatte.

Für die Frage, wie eine Tradition über die ältere römische Geschichte entstanden ist, wäre des Naevius' Epos nur dann von Bedeutung, wenn etwas Näheres über die Art, wie er einzelne Episoden der Königszeit oder der älteren Republik behandelt hat, feststände. Leider ist das nicht der Fall, und wir müssen uns daher hier mit der Hervorhebung der Tatsache begnügen, daß Naevius durch sein noch in ciceronischer Zeit gern gelesenes und kommentiertes Gedicht zu dem größeren Epos von Ennius „Annales" die Anregung gegeben hat, sowie daß es für dieses durch die Nachahmung Homers[1]), durch die poetische Schilderung der Vorgeschichte und durch den weltgeschichtlichen Hintergrund, welchen er dem Kampf zu geben wußte, bahnbrechend gewesen ist, und neben dem größeren Dichter der Annales nicht vergessen werden darf.

In Ennius' erhielt er einen würdigen Nachfolger, der nicht wie ein Schulmeister, sondern wie ein wahrer Meister des Gesanges das angefangene Werk würdig fortsetzte. Nachdem Ennius in seinen Dramen bereits zahlreiche historische Stoffe der römischen Geschichte behandelt hatte, faßte er den kühnen Plan, die ganze frühere Geschichte Roms in einem Epos zu besingen. Wahrscheinlich hatte er sich übrigens vorher in einem kleineren epischen Gedicht versucht.[2]) Wenigstens gehört der in trochäischen Tetrametern gedichtete Festgesang über Scipio Africanus der epischen Gattung an.[3]). Dann aber wandte sich Ennius seiner Hauptaufgabe zu, die geschichtliche Entwickelung

---

[1]) Merkwürdigerweise hat Joh. Tolkiehn in seinem verdienstlichen Buche „Homer und die römische Poesie" (Leipzig 1900) viel zu wenig den Einfluß Homers auf Naevius und Ennius beachtet und gewertet.

[2]) Vahlen, Ennianae poesis rel. p. CCXVI. Die Ansicht von Lucian Mueller „Q. Ennius" S. 110, daß Ennius hierin auch den Tod des Africanus geschildert habe, ist sicher irrig. Wenn die Enniusfinsternis (Cic. de republ. 2, 25) ins Jahr 203 vC. gehört, so dürfte der Vers „Nónis Júniís solſ lunae óbstitit ét nox" (óboritur) diesem Gedichte zuzuweisen sein.

[3]) Über Einzelheiten vgl. Ribbeck 1, 32. Vahlen Ennianae poes. rel. p. 212 und oben S. 63f.

Roms in einem großen Epos zu schildern und damit den Römern einen Ersatz für das fehlende Volksepos zu bieten.

Dichterisches Leben konnte nur durch einen genialen Dichter oder durch die Nachahmung der Werke wahrer Dichter erzeugt werden. Bei Ennius traf beides zusammen. Er war eine gottbegnadete Dichternatur und er wählte sich für die Durchführung seines dichterischen Planes Homer als Vorbild und als steten Begleiter.[1]) Zu Anfang seines Epos erzählt er, wie ihm Homer selbst im Traum erschienen sei und ihn über die Natur der Dinge, über die Unterwelt und Seelenwanderung aufgeklärt habe. Homer soll ihm sogar die Mitteilung gemacht haben, daß seine eigene Seele jetzt in Ennius' Körper wohne. Einem so guten Zeugnis mußte Ennius Ehre zu machen suchen. Er konnte dieses nur, wenn er in Anlage und Einzelausführung den Schilderungen seines Vorbilds nachstrebte, ihn treu nachahmte.

So ließ er denn auch häufig Götter auftreten, Götter einen Rat über das Schicksal der Sterblichen halten und durch Träume und höhere Eingebungen die Taten seiner Helden bestimmen.

Eine Überschau über die Fragmente zeigt, wie sehr Ennius bemüht gewesen ist, mit dem homerischen Versmaß auch die homerische Diktion, die Bilder und die Kampfesschilderungen des griechischen Volksepos nachzubilden.

Zunächst mögen hier Bemerkungen hinsichtlich einiger Äußerlichkeiten in der Nachbildung Homers Platz finden.

Wie von Homer wird auch von Ennius die Hilfe der Muse angerufen; nicht nur zu Anfang, sondern auch bei wichtigen neuen Abschnitten, wie zu Beginn des 10. Buches beim 1. mazedonischen Krieg.[2]) In gleicher Weise wie Homer, läßt Ennius oft genug die Götter in die Geschicke der Menschen eingreifen.

Natürlich begünstigte Venus bei ihm wie bei Naevius den Aeneas und Rom, welches seinen Ursprung den Nachkommen des Aeneas verdankte. Juno dagegen, die Gönnerin der Griechen, wird als die Todfeindin Roms hingestellt, bis auch sie, durch die Überführung ihrer Statue aus dem eroberten Veji nach Rom

---

[1]) Lucian Mueller S. 143.
[2]) v. 326 V. Insece Musa manu Romanorum induperator Quod quisque in bello gessit cum rege Philippo.

versöhnt, den alten Haß aufgibt und endlich seit Cannae die römische Herrschaft überhaupt nicht mehr bekämpft[1]), gerührt durch die frommen Gelübde der Römer und ihre Standhaftigkeit.

Manches, was in der Aeneis (1, 12—22) von Junos Haß gegen Rom gesagt ist, oder wie Jupiter den Vorsitz im Götterrat führt und über die Geschicke der Menschen entscheidet, stand zweifellos schon ähnlich bei Ennius.

Die ganze Göttermaschinerie, welche das Drama der römischen Geschichte in Szene setzen sollte, war somit nach Naevius' Vorgang dem homerischen Gedicht entnommen und es müßte Wunder nehmen, wenn nicht auch auf die Ausdrucksweise das homerische Vorbild nachgewirkt haben würde. In der Tat ist das auch der Fall. Da kommt vor (175) divum pater atque hominum rex, oder (64) Juno Saturnia sancta dearum.[2]) Die Beschreibung des Himmels 60—61 erinnert an die homerischen Schilderungen Il. 1, 426; 5, 749 und vieles mehr.

Leider ist über des Ennius Einfluß auf die Bildung einer Tradition von Roms älterer Geschichte direkt nicht viel Sicheres zu sagen. Das lehrt ein Blick auf den Inhalt und die Ökonomie seines Werkes, namentlich auch die geringe Zahl der Fragmente, die über die ältere republikanische Periode handeln. Von den 18 Büchern, in welche Ennius seine Annalen eingeteilt hatte, sind die 6 ersten Bücher zuerst und allein herausgegeben worden. Das hat Lucian Mueller wohl unwiderleglich bewiesen.[3]) Diese schilderten die Geschichte Roms bis zum 1. punischen Krieg d. h. also bis zu dem Zeitpunkt, da des Naevius bellum Punicum einsetzte. Das erste behandelte die Vorgeschichte Roms, seine Gründung durch Romulus und dessen Taten. Die beiden folgenden Bücher beschrieben die Taten der Könige bis zur Gründung der Republik. Da nun das 6. fast ganz der Geschichte des Pyrrhuskrieges gewidmet war, einer Zeit also, über welche schon manche gleichzeitige Quellenangaben dem Dichter das Material boten, wie die größeren Werke griechischer Historiker von Hieronymus und Timaios, so blieben für die Geschichte der ersten beiden Jahrhunderte der Republik

---

[1]) Preller, röm. Mythologie S. 254 f. vgl. ferner Liv. 5, 22.
[2]) Vgl. Ilias 14, 184 wo sie δῖα θεάων genannt wird.
[3]) a. O. S. 129.

nur 2 Bücher übrig, von denen ein jedes die Vorgänge von über 100 Jahren behandelt haben muß.

Leider hat das Schicksal noch obenein gerade diese beiden Bücher recht ungünstig bedacht. Vahlen zählt in seinen Ennianae poesis reliquiae ganze 12 Fragmente auf, und von diesen gehören mindestens noch zwei nicht dorthin.[1]) Allerdings läßt sich auf anderem Wege die Zahl der ennianischen Überreste aus diesen beiden Büchern vergrößern. Aber sie bleibt immerhin so klein, daß man anfänglich jede Hoffnung auf eine inhaltliche Rekonstruktion aufgeben zu müssen glaubt.

Und doch ist die Sachlage nicht ganz so verzweiflungsvoll.

Ein Anzeichen dafür, welchen Einfluß des Ennius' Gedicht auf die Geschichtschreibung ausgeübt hat, liegt in der Tatsache daß fast alle diese Fragmente sich ungezwungen in die annalistische Überlieferung einreihen lassen. V. 160 ist nach Vahlen einer Rede des Quinctius Cincinnatus entnommen, welche Dionys 10, 24, 26 Kiessl. bietet. Zu v. 169 ist Liv. 7, 31 zu vergleichen, zu v. 170 wird die Bestrafung der Vestalin Liv. 8, 15, 7 zu stellen sein. V. 161 könnte sich sehr wohl auf die Einnahme Pedums im Latinerkrieg Liv. 8, 13, v. 162 auf die Einnahme von Anxur Liv. 4, 59 beziehen, wozu übrigens auch v. 161 passen würde.

Doch darf auf diese Übereinstimmung allein noch nicht allzuviel Gewicht gelegt werden, da der Inhalt der meisten Verse allgemeiner Art ist und leicht auch in andere Situationen eingefügt werden könnte.

Es gibt aber noch einen anderen, einen indirekten Weg, um die Spuren des Ennius in der annalistischen Überlieferung aufzudecken, welcher einen bessern Erfolg verspricht. Ennius hat, wie oben gezeigt ward, in ganz bewußter Weise dem Homer nachzueifern, seine Dichtungen nachzuahmen gesucht.

Selbstverständlich hatte Ennius dabei Geschmack genug, um nicht die homerischen Beiwörter und Bilder rein äußerlich in seine Dichtung herüberzunehmen. Er hat z. B. einzelne charakteristische Ausdrücke Homers nicht so oft „imitiert" wie das Vergil später getan hat. Es zeigt sich gerade bei Ennius eine

---

[1]) fr. IV (v. 163) gehört nicht ins 4. Buch, sondern in die Zeit des 2. punischen Krieges (Soltau, Prolegomena zu einer röm. Chronologie S. 89). Auch v. 166 stand schwerlich im 5. Buch.

bewundernswürdige Fähigkeit, ähnliche Begebenheiten verschieden auszuschmücken, eine fesselnde Mannigfaltigkeit des Ausdrucks, dank der reichen Phantasie und formellen Begabung des Dichters, so daß jede ermüdende Einförmigkeit der Darstellung vermieden ward (L. Mueller S. 260).

Dagegen wird er sicherlich bei der Schilderung von Schlachten und Einzelkämpfen sich durchweg den Homer zum Muster genommen haben, desgleichen bei den Ausführungen von Gesprächen und bei Erwägungen, welche die einzelnen Persönlichkeiten vor der Entscheidung beschäftigt hatten.

Die Rede, das Gespräch, die rhetorische Betrachtung: sie haben der Darstellung des Ennius eine Frische, ein Leben verliehen, welche noch heutigen Tages jeden Leser, den die Kämpfe der älteren Republik kalt lassen, erwärmen, ja für diesen großen Dichter begeistern können.

Zarncke hat demnach, nach Besprechung mancher Beispiele, hier den richtigen Maßstab aufgestellt[1]), um den Einfluß des ennianischen Epos auf die späteren Historiker zu bestimmen. „Wo wir", sagt er, „in Darstellungen der Geschichte jener Zeit, die auch Ennius in seinen Annalen schilderte, den Homer nachgeahmt finden, da haben wir in überwiegender Mehrzahl der Fälle den Ennius."

Aber Homer hat dem Ennius noch weiter Vorbilder für zahlreiche andere Situationen, als es die Kampfesszenen und manche Gespräche der Helden waren, geboten, sowohl in der Ilias wie namentlich auch in der Odyssee. Die Gefahren der Meerfahrt, die Schilderung der Naturmächte, welche bald durch gütige Götter dem Helden dienstbar gemacht werden, bald seine Ausdauer auf eine harte Probe stellen: sie finden sich bei Ennius wieder und haben so indirekt auch in der annalistischen Überlieferung und im Livius manche Spuren des Dichters hinterlassen. Vor allem ist sowohl die poetisch-anziehende Schilderung, wie Scipio Africanus mit seiner Flotte die Überfahrt nach Afrika wagt und — durchführt, wo bald die Natur sich aufbäumt und das Unternehmen zu verhindern droht, bald wieder in stiller Majestät

---

[1]) „Der Einfluß der Griechischen Literatur auf die Entwickelung der Römischen Prosa" in den Commentationes philologae quibus O. Ribbeckio, sexag. aetatis... ahnum congratulantur discipuli Lipsienses. Lipsiae 1888, S. 276.

dem Genius sich fügt, von Livius — wenigstens indirekt — dem Ennius entlehnt.¹)

Ähnlich hat die griechische Poesie, durch die Vermittlung des Ennius, später den zahlreichen rednerischen Darstellungen, welche die Geschichte einzelner Geschlechter und ihrer Hauptvertreter in Laudationen und sonstigen oratorischen Ausführungen zu erheben suchten, als Vorbild gedient und so indirekt auch hier die Annalenschreiber beeinflußt.

Der Annalist Claudius, welcher eine wichtige Quelle des Livius über die Gallierkatastrophe war, hat, wie ich Philologus 52, 689 f. zeigte, bei seinen Schlachtberichten über Gallierkämpfe die poetischen Schilderungen des Ennius reichlich ausgebeutet. Nur so erklärt sich auch die Ähnlichkeit von Liv. 7, 9, was aus Claudius stammt, und Il. 7, 73 f. (vgl. Zarncke a. O. S. 279). So kann ferner, wie Hiller und Zarncke treffend hervorhoben,²) die Verwandtschaft des Einzelkampfes in der Regillerschlacht Liv. 2, 20, 1 mit Il. 3, 15 f. nur durch Ennius vermittelt worden sein.

Diese und ähnliche Erzählungen verraten, auch wenn wirklich schon eine Familientradition von den Taten römischer Helden zu berichten wußte, doch daneben die dichterische Gestaltungskraft, wie sie ihnen nur der Nachahmer Homers zu verleihen vermocht hat.

Auch die Darstellung der Taten der Quinctier, die poetische Fassung der Coriolansage, sowie die Schilderungen, wie Romulus und Cossus die spolia opima gewonnen hatten, weisen durch ihre mannigfachen Anklänge an Homer auf Ennius hin. Das Urbild des beim Landbau beschäftigten und dann in den Krieg ziehenden Quinctius Cincinnatus ist Odysseus (vgl. Scholien zu Aristarch 1025 Hygin fab. 95), neben welchem auch die Schilderungen Od. 24, 205 f. über Laertes beachtet sein werden. In dem grollenden Coriolan. der nicht einmal durch die würdigsten Männer

---

¹) Im einzelnen kann hier nicht die Frage entschieden werden, welche jener poetischen Schilderungen Livius dem Caelius, welche er dem Claudius entnommen hat. Sicherlich folgten beide dem ennianischen Vorbild. Vgl. auch Zielinski, „Die letzten Jahre des 2. punischen Krieges" S. 150, ferner C. Pascal, quaestionum Ennianarum part. I (Turin 1897) S. 3.

²) Hiller in Commentationes in honorem Th. Mommseni p. 747; Zarncke a. O. S. 275.

von seinem unpatriotischen Entschlusse abgebracht, kaum von seiner Gattin beeinflußt, nur durch die Bitten seiner Mutter bezwungen werden kann, erkennt man unschwer den Peliden wieder,[1]) welcher weder von Nestors ernster Beredsamkeit noch von den schmeichelnden Worten der Briseis bewogen, nur von den Bitten seiner Mutter beeinflußt wird (vgl. Il. 18, 73f., 1, 350).

Eine Anzahl von Stellen, an denen indirekt Homer, direkt also Ennius die Quelle der annalistischen Tradition war, hat auch Zielinski[2]) mit Geschick zusammengestellt. Behandeln dieselben auch Darstellungen einer späteren Epoche, so sind sie doch auch für den vorliegenden Zweck von Bedeutung, da gerade sie besonders deutlich zeigen, wie wenig die Annalisten sich gescheut haben, die poetischen Erfindungen des Ennius direkt in ihre Geschichtsdarstellung mitaufzunehmen.

Am auffallendsten ist nach Zielinski die Übereinstimmung mit Homer in der Beschreibung, welche Appian Lib. 43f. bei der Schilderung der Schlacht von Zama gibt. Nach den Worten, welche den Kampf mit den Elefanten abschließen,[3]) entsprechen alle Einzelheiten „den Schlachten, wie sie dereinst vor den Toren Troias geschlagen worden sind." „Die Schlacht löst sich in Einzelzweikämpfe auf." „Masinissa erschlägt den Massathes und bringt dadurch die feindlichen Numider zum Wanken. Hannibal sprengt heran und ermutigt sie von neuem in den Kampf zu gehen. Ähnlich ist die Szene bei Homer Il. 7, 38f." Scipio, der zurückweichen muß, da sein Pferd scheut, nimmt ein anderes und wirft von neuem nach Hannibal, trifft aber statt seiner einen danebenstehenden Karthager „gerade so wie Ilias 8, 300f. Teukros nach Hektor wirft, καὶ τοῦ μέν ῥ' ἀφάμαρθ', ὃ δ'ἀμύμονα Γοργοθίωνα, υἱὸν ἐὺν Πριάμοιο, κατὰ στῆθος βάλεν". „Den weiteren Kampf verhindert Masinissa, der dem Scipio zu Hilfe kommt, gerade so wie Antilochos Il. 5, 565f. durch

---

[1]) Darüber Näheres noch in V S. 109f sowie Zeitschrift f. d. geschichtlichen Unterricht 1897 S. 66.

[2]) „Die letzten Jahre des zweiten punischen Krieges" 1880 S. 150f.; nur irrt Zielinski, wenn er glaubt, der römische Annalenschreiber habe unmittelbar dem Homer nachzueifern gesucht; Ennius ist auch hier der Vermittler.

[3]) καὶ γενομένης τῆς μάχης καθαρᾶς θηρίων ὁ ἀγὼν ἐγίγνετο μόνων ἀνδρῶν τε καὶ ἵππων.

seine Dazwischenkunft dem Kampf des Menelaos mit Aeneas ein Ende macht." Und so geht es weiter: „der Zweikampf Masinissas mit Hannibal verläuft wie der soeben erwähnte Scipios mit Hannibal."

Auch die zahlreichen Hinweise Appians d. i. des Caelius auf Opfer und Opferzeichen, Erscheinungen und Weissagungen verraten die dichterische Quelle. Derartige Einzelheiten waren selbst den meisten Annalisten sonst nicht geläufig.

Noch manche andere für Ennius' Schilderung charakteristische Züge, welche in der annalistischen Tradition wiederkehren, machen es klar, daß diese nicht nur in der äußeren Darstellung, sondern auch in sachlicher Beziehung von den poetischen Einfällen und Erfindungen des Ennius abhängig gewesen ist. Ennius ist vielfach geradezu der Urheber der Überlieferung, nicht etwa nur der Ergänzer und Interpret einer älteren Tradition gewesen.

Vor allem hat erst Ennius die Entscheidungen des delphischen Orakels, welche mehrfach in der älteren Geschichte Roms von Bedeutung gewesen sein sollen, in die geschichtliche Darstellung eingeführt. Das bekannte Orakel,[1]) welches nach Ennius dem Pyrrhus erteilt worden sein soll: Aio te, Aeacida, Romanos vincere posse (v. 179), ist sicherlich von Ennius erfunden, und ebenso fest steht, daß Herodot 1, 75 hierbei sein Vorbild war.

Bei dieser Sachlage aber wird die Vermutung schwerlich abgewiesen werden können, daß Ennius es war, welcher das Orakel erfand, das die Söhne des Tarquinius von Delphi mitbrachten und welches Brutus „der Törichte" so schlau zu seinen Gunsten benutzt hat. Erst hierdurch aber ist Brutus in ein näheres Verhältnis zur Königsfamilie gesetzt, erst hierdurch für die 1. Konsulatsstelle prädestiniert worden, während er nach der älteren Überlieferung, die Cicero de republica 2, 25, 47 bewahrt hat, primus in hac civitate docuit in conservanda civium libertate esse privatum neminem.[2])

Bekannt ist ferner, daß Ennius Träume, Wahrzeichen und

---

[1]) Cicero de div. 2, 56, 116: Herodotum an veraciorem dicam Ennio? num minus ille potuit de Croeso quam de Pyrrho fingere Ennius?
[2]) Vgl. oben II S. 38—40.

Hinweise auf die Zukunft mit Vorliebe zu verwenden suchte.¹)
Er teilte diese Vorliebe auch mit den andern Dichtern jener Zeit.
Derartige Dinge gehörten mit zu den beliebtesten Motiven der
römischen Tragiker. Accius hatte z. B. in seinem „Brutus" eine
größere Szene eingelegt, welche den ominösen Traum des Tarquinius Superbus und dessen Deutung behandelte. Vgl. v. 19
(Ribbeck): visum est in somnis pastorem ad me adpellere pecus
lanigerum eximia pulchritudine ... v. 31: sed di rem tantam haut
temere inproviso offerunt. Wahrscheinlich hat aber Accius derartige Motive nicht erfunden, vielmehr dieselben schon in Ennius'
Annalen vorgefunden. Das Verhältnis des frommen Königs
Numa, der schließlich doch nur pythagoreische Weisheit zu verkündigen wußte, zu der weisen Nymphe in der Grotte nahe der
Hauptstadt, war gewiß eingehend von Ennius behandelt. Ovid
hat im 15. Buch seiner Metamorphosen offenbar die Darstellung
des Ennius benutzt.²) Dieser aber hatte, wie v. 119 zeigt³), ausführlich die Gespräche der Egeria mit Numa behandelt.

Weit mehr als bisher angenommen ist, werden die ennianischen Schilderungen die Einzeldarstellung der Annalisten beeinflußt haben. So ist z. B. das reizende Bild der ehrbaren Lucretia,
umgeben von ihren Mägden, lüstern betrachtet von den jungen
Adligen, eine Nachbildung von Penelope mit den Freiern in
Homers Odyssee.

Wählen wir endlich noch ein einziges Beispiel, wo der unmittelbare Einfluß, den Ennius auf die annalistische Darstellung
ausgeübt hat, besonders bezeichnend zutage tritt und die ganze
Situation beherrscht hat.

Kürzlich ist es mir gelungen zu zeigen,⁴) daß die Vorgänge
bei der Einnahme Roms durch die Gallier, wie sie Livius 5, 40
bietet, der poetischen Schilderung des Ennius ihre Entstehung
verdanken. Dort heißt es: inde adhortationes ad agmen iuvenum,

---

¹) Durch einen Traum behauptete Ennius zu seinem Epos angeregt
zu sein. Vgl. Lucian Mueller, Q. Ennius S. 139f. Der Scholiast des
Persius bemerkt zum 2. Vers des Prologs: tangit autem Ennium, qui
dicit se vidisse somniando in Parnasso Homerum sibi dicentem (vgl.
Ennius fr. v. 6), quod eius anima in suo esset corpore.
²) 15, 16—489 handelt allein von Pythagoras und dem Einfluß
seiner Lehre auf Numa.
³) Olli respondit suavis sonus Egeriai.
⁴) Vgl. Philologus 1909, 2. Heft.

quos in Capitolium atque in arcem prosequebantur, commendantes virtuti eorum iuventaeque urbis, per trecentos sexaginta annos omnibus bellis victricis, quaecunque reliqua esset fortuna. Dies ist das Abbild jener berühmten Stelle des Ennius: septingenti sunt paulo plus aut minus anni; nur daß Ennius Roms Gründung nicht 753, sondern um 1100 vC. ansetzte.

Überhaupt haben die sehr zahlreichen Reden und rhetorischen Ausführungen des Ennius fruchtbar auf die Annalistik eingewirkt. Vielleicht noch mehr als seine Schlachtbeschreibungen boten den dürftigen Geistern unter den römischen Chronisten solche Reden des Dichters Stoff dar, um die Nichtigkeit ihrer Sachkunde zu bemänteln. „Wenn die Könige bauen, haben die Kärrner zu tun."

Es wird jetzt die Aufgabe der folgenden Untersuchung sein, im einzelnen zu zeigen, wo ennianische Erfindungen und Schilderungen die römische Geschichtschreibung, namentlich in materieller Weise, bestimmt haben. Zuvor ist noch der Einfluß zu berühren, den griechische Historiker auf die Bildung einer geschichtlichen Überlieferung in Rom ausgeübt haben.

IV.
Der Einfluss der griechischen Historiker auf die römischen Annalisten.

Bei der Erklärung des Problems, wie die späteren römischen Annalisten imstande gewesen sind, eine ausführliche Schilderung einzelner Ereignisse der älteren und ältesten römischen Geschichte zu geben, hat man schon seit einiger Zeit sein Augenmerk auf den Einfluß gerichtet, welchen griechische Geschichtschreiber auf die römischen Annalisten ausgeübt haben, und es kann schon hier als ein sicheres Ergebnis der verschiedensten Einzeluntersuchungen soviel festgestellt werden, daß die griechische Literatur in zahlreichen Fällen für die römische Historiographie, soweit sie die ersten Jahrhunderte der römischen Geschichte darzustellen gesucht hat, von großer Bedeutung gewesen ist. Es soll die Aufgabe der folgenden Erörterung sein, diese Behauptung im einzelnen zu begründen, die verschiedenen Arten der Nachahmung griechischer Schriftsteller durch römische Historiker schärfer zu präzisieren, und eine jede derselben auch zeitlich festzustellen.

Es ward oben (S. 8f.) gezeigt, daß die griechischen und sikulischen Schriftsteller des 4. Jahrhunderts vC., welche — wenn auch nur gelegentlich — einige Angaben über Roms Geschichte gebracht haben werden, nirgends eine Spur davon hinterlassen haben, daß ihre Berichte den Annalisten bekannt gewesen, von der römischen Annalistik beachtet worden sind.[1]

---

[1] Cato hat in seinen Origines, soweit er dort auf die Urzeiten und die sagenhafte Vorzeit eingeht, auch griechische Schriftsteller wie Timaios und sikulische Schriftsteller eingesehen (Pais, Storia di Roma 1, 52). Aber weder ist bei ihm viel von geschichtlichen Angaben griechischer Historiker zu finden (kein Fragment weist darauf hin und Nepos Cato 3 sagt von seinen Origines „nulla doctrina"), noch sind ihm die späteren Annalenschreiber in seiner verständigen Art den Stoff kulturhistorisch und ethnographisch zu ordnen, gefolgt.

Das könnte bei der geringen Zahl von Fragmenten, die von den westhellenischen Historikern des 4. Jahrhunderts vC. hierüber erhalten sind, Zufall sein.

Jedenfalls aber ist es nicht Zufall, daß von den Berichten des Livius über das 4. Jahrhundert vC. kein einziger eine Herkunft aus griechischen Historikern der gleichen Periode verrät.

Besonders beachtenswert ist der Bericht des Livius (10, 2) zu 452 d. St. über Kleonymos von Sparta, also über eine Zeit, da schon eine gleichzeitige Chronik einsetzte.

Diese Erzählung geht jedenfalls auf einen älteren griechischen Spezialbericht zurück.[1] Aber einerseits ist die Aufnahme eines derartigen Exkurses durch das besondere Interesse des Livius für seine Vaterstadt Patavium und einige persönliche Erinnerungen an die dortige Gegend bedingt,[2] andrerseits ist nicht zu bezweifeln, daß das ganze Kapitel 10, 2 erst nachträglich in Livius' Geschichtswerk eingeschoben ist.[3]

Von vornherein ist überhaupt davor zu warnen, daß nicht nach einer Seite hin der Einfluß der griechischen Literatur auf die ältere römische Geschichtsauffassung und Geschichtsdarstellung überschätzt werde.

Nirgends hat die griechische Mythenwelt die Phantasie der Römer[4] in lebhafte Erregung versetzt. Überhaupt kann, wie in I bemerkt ward, von einer Mythenbildung bei den Römern kaum ernsthaft die Rede sein.

Und sodann kann auch nicht daran gedacht werden, daß sagenhafte Erzählungen der Griechen in soweit für die römische Historiographie von Bedeutung gewesen wären, als nach ihrem Muster etwa historische Personen erfunden oder bedeutsame Vorgänge rein fingiert worden seien. Überall ist, abgesehen vielleicht von den Gründungssagen, sozusagen das Gerippe der geschichtlichen Tradition echt römischen Ursprungs. Ebenso sicher wie dieses, ist aber das andere, daß die Einkleidung des historischen Stoffes vielfach fremdartige Bestandteile enthält.

---

[1] Vermutlich auf Timaios.
[2] 10, 2, 14 f.
[3] Hermes 29, 615 f.
[4] Mit Unrecht spricht Ribbeck, Geschichte der römischen Dichtung 1, 8 „von einer reichen Sagenbildung der römischen Vorzeit." Priestermärchen und gelehrte Klügeleien sind doch keine Sagen!

Fleisch und Blut haben die römischen Helden der Vorzeit oft erst im Anschluß an die Schilderungen griechischer Schriftsteller erhalten.

Dem gegenüber steht allerdings das Urteil, welches Pais in seiner „storia di Roma" nicht nur ausgesprochen, sondern in zahlreichen Fällen auch zur Basis seiner Versuche gemacht hat, die Erzählungen über die ersten drei bis vier Jahrhunderte Roms herzuleiten.

Nicht nur einige jener dürftigen Sagen, welche die Lücke zwischen Troias Zerstörung bis zur Gründung Roms ausfüllen, sollen nach seiner Ansicht aus Mythen griechischer Herkunft[1]) in die Vorgeschichte Roms gelangt sein. Nein. Die ganze römische Königszeit und die Heroenzeit zu Beginn der Republik weisen nach Pais vielfältige Spuren mythischer Herkunft auf, bei der überall die griechischen Originale deutlich erkennbar sein sollen. Romulus ist ein Sonnengott, Numa eine Flußgottheit, Tullus Hostilius eine Art Kriegsgott, der mit Mars — wie Romulus mit Quirinus — identisch gewesen ist: das sind so die Fundamente jener Aftergelehrsamkeit! Wer auf diesen weiterbauen will, der kann auch zu der Einsicht gelangen, daß Servius und Virbius Sonnengottheiten waren, daß Tanaquil und Gaia Caecilia der Fortuna verwandt, daß Tarquinius die Schutzgottheit des tarpejischen Felsens, auch Lucretia und Brutus göttlichen Ursprungs gewesen sind. Wenn Pais endlich sogar noch manche Erzählungen der Republik für griechische Mythen ausgeben will, so spricht er damit über seine Theorien selbst das Todesurteil aus. Wer Horatius Cocles mit Vulcan, Coriolan mit einem Kriegsgott, Minucius mit dem Herakles $Μηνυτής$ kombiniert, der bewegt sich schon nicht mehr auf dem Gebiete wissenschaftlicher Vermutungen, sondern gerät auf Abwege, wohin ihm eine wissenschaftliche Erörterung nicht mehr zu folgen vermag.

Je klarer erkannt wird, daß sich die ältere römische Geschichtsüberlieferung unabhängig von griechischer Mythologie und Sagenbildung entwickelt hat, desto bestimmter wird man die unzweifelhaft griechischen Elemente, welche in der anna-

---

[1]) Die Erzählungen von Aeneas, Ascanius, Lavinia, von Diomedes und Odysseus, von Euander und Cacus sind allerdings aus griechischen Mythographen entnommen. Aber von einem volkstümlichen Mythus kann ja bei keiner Figur jener Erzählungen die Rede sein.

listischen Schilderung der altrömischen Verhältnisse enthalten sind, auf spätere literarische Übertragung und Entlehnung aus griechischen Historikern zurückführen dürfen, soweit sie eben nicht aus der dichterischen Welt der Römerdramen (II) und der Römerepen (III) stammen.

Eine nähere Erörterung über den Einfluß, welchen die griechischen geschichtlichen Darstellungen auf die römischen Annalisten ausgeübt haben, wird auch nach der vortrefflichen Abhandlung von Eduard Zarncke[1] „der Einfluß der griechischen Literatur auf die Entwickelung der römischen Prosa" nicht ganz überflüssig sein. Denn wenn ich auch glaube, daß Zarncke die verschiedenen Arten der Abhängigkeit römischer Historiker von griechischen Schriftstellern theoretisch genügend gesondert und in ihren Übergängen treffend geschildert hat, so scheint er mir doch weder die verschiedenen Epochen der Nachbildung, noch die mannigfaltigen Medien, welche der entlehnte Stoff durchlaufen hat, scharf genug geschieden zu haben.[2] Die Zeit, in welcher jene Nachbildungen vorgenommen worden sind, ist keineswegs so eng begrenzt, wie Zarncke (S. 313) meint, und Priester, Dichter und Redner haben an der Entlehnung einen mindestens ebenso großen Anteil gehabt, wie die eigentlichen Historiker.

Stellen wir zuerst, im wesentlichen Einverständnisse mit Zarncke, folgendes über die verschiedenen Arten der Nachahmung griechischer Muster fest.

Schriftsteller, welche sich nur etwas über den niedrigsten Grad von Chronikenschreibern erheben und einigen Wert auf die äußere Darstellung legen, werden, zumal wenn ihnen die Schätze einer reicheren Literatur eines Nachbarvolkes zu Gebote stehen, die mustergültigen Werke dieser in der Form, im Stile und in einzelnen Redewendungen nachzuahmen suchen. So bildeten sich im 18. Jahrhundert die deutschen Schriftsteller nach

---

[1] Commentationes philologae quibus O. Ribbeckio (s. oben S. 67[1]) S. 269—325. Vgl. daneben Leo, Hermes 1889 S. 76 und Zarncke Zentralblatt 1899 Nr. 30 S. 1034.

[2] Ergänzungen dazu bot mein Aufsatz „Der Einfluß der griechischen Literatur auf die römische Geschichtsschreibung" in Hettlers Zeitschrift für den geschichtlichen Unterricht 1897 S. 3f.

französischen Mustern, so im früheren Mittelalter die mönchischen Chronisten nach den klassischen Historikern der Römer; so auch in den letzten beiden Jahrhunderten vC. die Römer nach den Griechen.[1]) Bald beeinflußten einzelne Reminiszenzen aus diesen die Darstellung, bald suchte der römische Autor in bewußter Anlehnung an sein Original diesem ganze Schilderungen zu entnehmen und so seiner Rede Schmuck zu verleihen. Mit Recht aber hebt Zarncke (S. 308) hervor, daß die Übergänge von der einen Art der Entlehnung zur andern fast unmerklich seien, und andrerseits ist klar, daß, wenn auch nach dem Bildungsstandpunkte und dem Geschmack einer jeden Zeit oft recht verschieden über eine solche genaue stilistische Anlehnung gedacht werden mag,[2]) sie keineswegs seitens jener antiken Schriftsteller als eine moralisch-unzulässige Manipulation angesehen worden ist.

Caelius, der Verfasser einer Geschichte des 2. punischen Krieges, behandelte wie Thukydides einen einzigen welthistorischen Krieg in einer besonderen Schrift. Beide Kriege enthielten die Entscheidung in einem Wettkampfe zweier der mächtigsten Staaten. Kann es da Wunder nehmen, daß Caelius, in Erinnerung an die bedeutsamen Worte seines Meisters, ähnlich anhub?[3])

Aber nur gering ist der Schritt von hier bis zu einer **Nachbildung bei Schilderungen von Zuständen und Begebenheiten, welche den zu beschreibenden zwar verwandt, aber keineswegs kongruent gewesen sind.** Auch hier finden wir selbst bei guten griechischen Historikern eine genaue Anlehnung an berühmtere Muster. Wenn z. B. Livius 25, 26 bei der Schilderung der Pest in Syrakus dem Thukydides ähnlich erzählt, so ist es hier kein anderer als Polybius, welcher dem Thukydides folgend die verheerenden Wirkungen der Krankheit vor Syrakus mit denen zu Athen vertauscht hat.

---

[1]) Diese Abhängigkeit der Römer von der Literatur der Griechen ist besonders ins Auge zu fassen. Ohne fremden Einfluß hätte sich bei den Römern schwerlich sobald eine Kunstprosa ausbilden können.

[2]) Heutzutage würde man schon die wörtliche Entlehnung eines einzigen Satzes unpassend finden.

[3]) Aus ihm schöpfte Livius 21, 1 f., vgl. Soltau, Livius' Quellen in der III. Dekade (5. Abschnitt) S. 80.

Doch liegt es auf der Hand, daß schon hier, namentlich bei der Ausmalung von individuellen und eigenartigen Vorgängen, die Objektivität der Geschichtsdarstellung nicht unerhebliche Einbuße erleiden mußte.

Ein Beispiel, wie leicht der Übergang von einem Hinweise auf eine ähnliche Situation, von einer nur stilistischen Anlehnung, bis zu einer Umbildung des historischen Stoffes ist, zeigt der Bericht, welchen Appian (Libyka 27) über den Empfang des gefangenen Syphax durch Scipio bietet.[1]) Die Anrede Scipios an den gefangenen Syphax ist, wie ich „Livius Quellen in der III. Dekade" (S. 56) bewies, dem Empfange des Krösus durch Cyrus bei Herodot 1, 86 nachgebildet. Selbst wenn hier beide Male die Situation durchaus ähnlich gewesen wäre, was nicht feststeht, erscheinen doch die Charaktere der Sieger wie der Besiegten durch diese Entlehnung in eine solche Parallele gestellt, daß von da nicht mehr weit ist bis zu einer, den historischen Sachverhalt geradezu trübenden Herübernahme von historischen Zügen aus dem älteren in den jüngeren Bericht.

Doch wenn in den bisherigen Arten der Nachahmung immerhin ein historischer Kern vorhanden ist, welcher den Anlaß zur Entlehnung gab, so ist dies bei einer vierten Art der Nachbildung nicht mehr der Fall, ich meine bei dem Bestreben, die Lücken der Überlieferung durch die Nachahmung der Schilderungen älterer Historiker auszufüllen. Eine Tätigkeit, welche in der Absicht wie im Effekt gleich verwerflich, noch gefährlicher ist als die freie Erfindung von Märchen und Anekdoten!

Es hat sich nach den bisherigen Untersuchungen über den Einfluß der griechischen Historiographie auf die römische ergeben, daß an stilistischen Nachahmungen, bei der Nachbildung von Phrasen und Perioden, ja von ganzen Reflexionen und Schilderungen die römische Literatur fast zu keiner Zeit Mangel zeigt. Die ersten Annalisten, welche griechisch schrieben, haben sich zunächst deshalb dieser fremden Sprache bedient, weil es die Sprache der gebildeten Welt war[2]), und sie so allein hoffen durften,

---

[1]) Die vermittelnde Quelle ist Caelius gewesen. Vgl. Zielinski, die letzten Jahre des 2. punischen Krieges S. 136 f.

[2]) Vgl. M. Voigt, Römische Privataltertümer und Kulturgeschichte

ein größeres Publikum für ihre Schriften zu finden. Sehr bald mußten sie es aber auch empfinden, wie es ihnen leichter ward, in der reicheren Sprache, welche ihnen einen vielseitigeren Ideengehalt darbot, eine anschauliche Darstellung des zusagenden zu geben. Sie lernten dadurch allmählig von den Griechen auch ihre eigene Sprache besser gebrauchen. Dabei waren sie geradezu darauf angewiesen, die griechischen Schriftsteller in ihren Redewendungen und Schilderungen nachzuahmen. Diese Anlehnung in Stil und Gedankengang war aber auch später noch üblich, so bei den Historikern der Gracchenzeit, welche eine größere Lebendigkeit und Anschaulichkeit der Darstellung in ihrer Muttersprache zu erreichen suchten, und ähnliche Bestrebungen finden sich auch bei späteren. Claudius Quadrigarius[1]) suchte seine rhetorische Prosa in Anlehnung an Acilius und Polybius zu bilden. Sallusts Ausführungen zeigen zahlreiche Nachahmungen des Thukydides. Gleiche Beobachtungen sind übrigens auch bei Dionys und Livius zu machen.

Nach Flierles Untersuchungen (über Nachahmungen des Demosthenes, Thukydides und Xenophon) hat sich herausgestellt, daß Dionys seine Reden nach dem Vorbild von Demosthenes, Thukydides und Xenophon ausgearbeitet hat. Und ein Rhetor wie Livius hat auch in den 400 noch erhaltenen Reden, welche er meist frei komponierte, seine Studien der griechischen Redner nicht verleugnet.[2])

Finden sich daher breite rednerische Ausführungen, welche in ihrem Stil den griechischen Ursprung verraten oder gar derartige Abschnitte, die mit Thukydides oder Xenophon übereinstimmen, so wird mit Grund angenommen werden dürfen, daß die Berichterstatter diese Bestandteile nicht den älteren annalistischen Quellen entlehnt, sondern daß sie selbst diese als Schmuck der Darstellung ihren Quellenberichten hinzugefügt d. i. aus der Lektüre der griechischen Historiker in die Darstellung der römischen Geschichte eingeführt haben werden.

Namentlich auf die jüngsten Annalisten, auf Licinius Macer und auf Tubero, den Freund und Schwager Ciceros, sind solche

---

S. 246 und Holm-Deecke-Soltau, Kulturgeschichte des klassischen Altertums, S. 269.
[1]) Philologus Supplm. VI, 702f., 721f.
[2]) Vgl. Soltau, Livius Geschichtswerk S. 3f.

Fälle, welche Zarncke S. 298—303 erwähnt hat, zurückzuführen. So die merkwürdige Übereinstimmung, welche zwischen Liv. 7, 30 f. (die Rede der kampanischen Gesandten) und der Rede der Kerkyräer bei Thukydides 1, 32 f. besteht. Bei der Ausmalung der Geschichte des 2. Dezemvirats schwebten dem rhetorisierenden Annalisten die Zustände zur Zeit der 30 Tyrannen in Athen vor (Xenophon Hell. 2, 3, 23). Niebuhr, Thouret, Zarncke haben gezeigt, wie manche Parallelen zwischen der livianischen Darstellung der Eroberung Roms durch die Gallier und der Eroberung Athens durch die Perser bestehen.[1])

Natürlich waren in dieser Beziehung die gelehrten Antiquare des ciceronischen Kreises, Atticus und Varro, selbst etwas kritischer angelegt, als die Annalisten des voraufgehenden Menschenalters, ja auch als Cicero und sein Schwager Lucius Aelius Tubero. Cicero z. B. billigte es, daß Coriolans Tod so geschildert ward, wie Stratokles den Tod des Themistokles erzählt hatte. Aber er ließ sich doch, als er dieser Anschauung beizupflichten geneigt war, durch Atticus wegen seiner Leichtgläubigkeit verspotten.[2]) Außerdem aber war das Zeitalter des Cicero denn doch zu wenig naiv, als daß es haltlose griechische Sagen einfach in die römische Geschichtsdarstellung rezipiert haben sollte. Ein andres war es immerhin, einer solchen Fassung beistimmen, nachdem sie bereits mehrere Menschenalter hindurch Anhänger gefunden hatte.

Nachdem so zuerst die zu Beginn einer römischen Annalistik den griechischen Schriftstellern entlehnten formalen Elemente gekennzeichnet, sodann die gleichfalls mehr äußerliche Anlehnung an griechische Muster bei den späteren Annalisten hervorgehoben worden ist, wird jetzt der eigentlichen Hauptfrage näher getreten werden können, welche sachlichen Einzelheiten die römischen Annalisten aus griechischen Historikern entlehnt bzw. nach ihnen erst erfunden haben. Dabei handelt es sich, das sei ausdrücklich hervorgehoben, nur um eine bewußte und direkte Herübernahme von ganzen Erzählungen oder eigenartigen Berichten, und, da uns an dieser Stelle

---

[1]) Von Zarncke eb. S. 299 zusammengestellt. Vgl. auch die besonderen Beispiele am Schluß dieses Abschnittes S. 113 f.

[2]) Brutus 41. Näheres s. weiter unten S. 84.

selbstverständlich die Fälle einer tendenziösen Entstellung und Umgestaltung der späteren historischen Zeitverhältnisse nicht interessieren können, nur um solche Entlehnungen, welche die ersten fünf Jahrhunderte d. St. betreffen.[1])

Die trefflichen Historiker der Gracchenzeit, ein Fannius, Sempronius Asellio, Rutilius bis auf Catulus und Sulla, haben sich darauf beschränkt, ihre eigene Zeitgeschichte, Selbsterlebtes und Selbsterkundetes niederzuschreiben. Sie kommen also hierbei nicht in Betracht.

Anders ihre Nachfolger. Nachdem in den annales maximi eine ergiebige Sammlung des den geschichtskundigen pontifices erreichbaren Geschichtsstoffes vollendet worden war, war die folgende Generation bestrebt, den so gebotenen, noch höchst nüchternen Stoff in einer Weise zu überarbeiten und zu erweitern, daß er auch dem damaligen Lesepublikum zusagte.[2])

Allen voran Gellius und Valerius Antias. Schon die große Anzahl von Büchern, welche diese beiden Annalisten — und zwar sie zuerst — verfaßt haben, zeigt, wie dieselben bestrebt gewesen sind, das Material über die früheren Zeiten der republikanischen Geschichte zu vermehren. Durch diese Männer und ihre nächsten Nachfolger ist gar manches, was bisher mehr in den Dramen und Epen weitergelebt und nur im Bereich der Dichtung Anerkennung gefunden hatte, in die geschichtliche Darstellung selbst mit aufgenommen worden. Licinius Macer und Tubero wandten ihre Aufmerksamkeit vornehmlich der Ergründung der dunklen Zeit der beiden ersten republikanischen Jahrhunderte zu, und wenn auch Claudius, einen gewissen kritischen Sinn heuchelnd, das erste Jahrhundert der Republik beiseite ließ, so verweilte er doch mit um so größerer Ausführlichkeit bei den Kriegstaten der folgenden Jahrhunderte, deren Ereignisse im einzelnen nicht minder unhistorisch und unbeglaubigt waren. Bei allen dreien spielt das rhetorische Element eine wichtige Rolle.

Ist aber diese Methode, die ältere Römische Geschichte durch Aufnahme zahlreicher Elemente aus griechischen Histo-

---

[1]) Z. B. werden hier die tendenziösen Schilderungen des Theophanes, der Pompeius Taten nach dem Muster derjenigen Alexanders des Großen darstellte, beiseite gelassen werden.

[2]) Eingehender handelt hierüber VI und VII.

rikern und aus den Darstellungen dichterischer Werke zu ergänzen und zu beleben, auf die Annalisten der nachgracchanischen Zeit, auf die Schriften von Gellius-Caelius bis Macer-Tubero zeitlich zu beschränken?

Es wäre sicherlich verkehrt, wollten wir hier die Ergebnisse der Quellenforschungen nicht achtend auch den früheren Annalisten eine ähnliche Gleichgültigkeit gegen Unhistorisches und Erfundenes zuschreiben. Abgesehen von manchen alten Fabeleien über die Vorgeschichte Roms, über Roms Gründung und seine ersten Könige wird das nicht anzunehmen sein. Fabius wie Cassius, Cato wie Piso sind nicht, wie mehrere der späteren Annalisten, Schriftsteller gewesen, welche über die älteren Zeiten einen Geschichtsroman zu bieten gesucht haben, sondern welche — wenn nicht alles trügt — ehrlich bestrebt gewesen sind, über Roms frühere Geschichte die Wahrheit zu ergründen.

Gleichwohl ist nicht zu verkennen, daß manche der Erzählungen, welche, wie unten im einzelnen bewiesen werden soll, aus griechischen Historikern in die römische Geschichtsdarstellung aufgenommen sind, schon früher in Rom heimisch gewesen und von den Römern geglaubt worden sind. Namentlich in dem Abschnitt über die Laudationen und den Einfluß der Familientraditionen wird gezeigt werden, daß schon die Römer des 3. Jahrhunderts vC. vor und zu Beginn einer römischen Annalistik hierbei nicht gerade wählerisch gewesen sind und sich und ihren Familienmitgliedern manches Schmuckstück aus griechischen Schriftstellern zugelegt haben. Erzählungen wie die von den 300 Fabiern, von der Willkür der Tarquinier, von Lucretia und Coriolan sind älteren Ursprungs als die Werke der ältesten Annalisten, und es wird sich zeigen lassen, daß überall hierbei die griechische Literatur auf die Ausbildung der Tradition von Einfluß gewesen ist.

Allerdings ist die Herübernahme derartiger Erzählungen oft mehr in naiver Weise erfolgt, ohne die klare Erkenntnis, wie verwerflich und verderblich für die historische Wahrheit solche Manipulationen seien, und eine solche Entlehnung ist damals, bevor die Dichter hier das Feld urbar gemacht hatten, auf eine geringe Anzahl von Fällen beschränkt geblieben.

Zur Erklärung möge dabei noch folgendes dienen:

Die Römer haben schon früh, bereits vor Beginn der punischen Kriege das Bestreben empfunden, darzutun, daß ihre Taten an Bedeutung keineswegs hinter den Erfolgen der Griechen zurückständen. Wie wenig hatte Alexander von Epirus gegen die „Männer" Italiens (Justin. 12, 2, 1) auszurichten vermocht, und selbst der berühmte fürstliche Held, welcher später Italien und Sizilien zu bezwingen versucht hatte, war an der Größe Roms zuschanden geworden. Von dieser Idee, daß die Taten der Römer denen der Griechen nicht nur vergleichbar seien, sondern mit Recht an die Seite gestellt werden dürften, war die ganze literarische Tätigkeit des Naevius und Ennius erfüllt. Die griechischen Heroen und Helden sollten in den Römern, die ebenso Großes, wenn nicht Größeres durchgesetzt hatten, wiedererstehen, ihre Taten sollten denen der Griechen als gleichwertig anerkannt werden.[1])

Kein Wunder war es daher, daß schon die Römer des 3. Jahrhunderts vC., sowohl die gelehrten Pontifices als auch die auf ihren Familienruhm bedachten Staatsmänner, diesem Grundsatz huldigten, und manche Kriegsereignisse wie manche Charaktere der Griechen und Römer zusammen- oder gegenüberstellten.

Damit war aber eine formale und sachliche Gleichstellung nahegelegt, welche zu einer Assimilierung der historischen Vorgänge und Personen führte oder wenigstens führen konnte.

Die Vertreibung der römischen Könige fand nahezu gleichzeitig statt mit der Vertreibung der Pisistratiden. Damit war es gegeben, daß manche Züge der attischen und der römischen Tyrannen, manche Einzelheiten aus den Anfängen republikanischer Freiheit, miteinander verglichen und einander gleichgestellt wurden (vgl. S. 94f. 100).

Die Aufopferung der 300 Spartiaten bei Thermopylae war nahezu gleichzeitig mit der Fabierkatastrophe. Miltiades und Themistokles waren in Athen von dem undankbaren Volke verurteilt worden; ganz ähnlich hatten auch die Römer damals die Heldentaten Coriolans nicht genügend geachtet, und ihn in die Verbannung getrieben. Es lag dabei nahe, die Parallele zwischen griechischen und römischen Helden auch im einzelnen weiter durchzuführen. Wer nach Vergleichungspunkten suchte, der fand oder — erfand sie.

---

[1]) Vgl. hierzu die treffenden Ausführungen von Pais 1, 107f. Daneben auch Dionys 7, 70f.

Zahlreiche dieser Synchronismen sind zwar erst von Nepos so zusammengestellt, wie wir es jetzt noch aus Gellius N. A. 17, 21, 1 f. ersehen, und sind wohl noch nicht von den älteren römischen Annalisten berücksichtigt worden.

Aber es möge beachtet werden, daß schon Cato[1]) und Cassius[2]) solche Gegenüberstellungen geliebt haben, und so auch ihrerseits zu einer Verwendung mancher Elemente der griechischen Historiographie Anregung gegeben haben. Und gewiß haben beide in diesem löblichen Bestreben Vorgänger gehabt, wären es auch nur die griechischen Schulmeister gewesen, wie Livius Andronicus, oder griechische Mythographen, wie Diokles von Pepareth.

Zunächst mögen hier einige Musterbeispiele Platz finden, welche zeigen, wie **selbst in den Zeiten einer entwickelten Annalistik**, voraussichtlich also von den Annalenschreibern der sullanischen Zeit, skrupellos Berichte griechischer Historiker verwandt sind, um damit die von den älteren Annalen dürftiger berichteten Ereignisse auszuschmücken.

Bei der Coriolansage, welche ihre besondere Ausprägung dem Ennius[3]) verdankt, aber, wie ihre Erwähnung bei Fabius beweist (vgl. Livius 2, 40, 10) schon **vor Ennius** in der Familienüberlieferung geglaubt ward, kommen neben dieser einfachen älteren Tradition, welche ihn hochbetagt bei den Volskern sterben läßt, noch **zwei** andere Fassungen in Betracht. Nach der einen soll Coriolan sich selbst den Tod gegeben haben, nach der anderen von den Volskern gemartert und getötet[4]) worden sein. Ich lasse hier dahingestellt, inwieweit die letzte Version mit jenen tendenziösen Ausmalungen, welche Tuditanus und Tubero (fr. 9 vgl. Gellius N. A. 7, 4) über Regulus brachten, verwandt ist. Sicherlich verdanken die Erzählung von dem Selbstmord wie mehrere andere Züge **griechischen historischen Quellen** ihren Ursprung. Das ist gut von Ed. Zarncke a. a. O. S. 294 gezeigt; die Ähnlichkeiten zwischen dieser Fassung der Coriolansage und

---

[1]) Vgl. fr. 83, vgl. daneben fr. 50, 51, 56.
[2]) Gellius N. A. 17, 21, 3.
[3]) Vgl. III, S. 68 und V S. 108—112.
[4]) Diese zweite ist nach Dionys bald so gewandt, daß sein Feind Attius Tullius der Haupturheber seines Todes gewesen sein soll, bald so, daß die Volsker im allgemeinen genannt werden.

der Tradition über Themistokles sind in die Augen fallend.[1]) Die Ankunft des flüchtigen Coriolan bei Attius Tullius in Antium entspricht durchaus derjenigen des Themistokles bei dem Molosserkönig Admetos. In beiden Fällen wird von einer früheren grimmen Feindschaft gesprochen, von der die ältere Überlieferung nichts weiß. Ja, nach Dionys 8, 1 geht auch Coriolan wie Themistokles, gezwungen durch einen Volksbeschluß, in die Verbannung.

Ganz entsprechend ist das Verhältnis der älteren Tradition und der aus griechischen Berichten erweiterten Erzählung bei der Schlacht am See Regillus. Livius 2, 19 gibt einen ziemlich einfachen Schlachtbericht, bei dem der Tod einiger der Haupthelden, so des Marcus Valerius und des Mamilius besondere Erwähnung fand, der im übrigen aber in einer Weise gestaltet war, wie etwa Ennius derartige Vorgänge nach homerischen Vorbildern geschildert hatte.

Dagegen findet sich bei Dionys (6, 13 f.) die bekannte Erzählung von dem Eingreifen der Dioskuren, welches Motiv von Hiller und Zarncke[2]) mit Recht auf die Erzählung zurückzurückgeführt wird, welche Justin 20, 3 von dem Kampfe der Lokrer am Sagra bringt. Auch hier wieder sehen wir den hellenistischen Bericht in den älteren hineingearbeitet. Jener aber fand nur teilweise Anklang und vermochte den einfacheren nicht ganz zu beseitigen.

An einer dritten Stelle hat sich, da zufälligerweise dort die meisten der uns erhaltenen Quellen den jüngsten Annalisten folgen, die griechische Erzählung scheinbar schon volles Bürgerrecht in der römischen Chronik erworben. Und doch ist dort ihre Einführung so äußerlicher Art, daß man nichts vermissen würde, wenn die Einlage ganz fehlte. Ich meine die sonderbare Erzählung von der Einnahme Gabiis durch Tarquinius Superbus und den seltsamen Rat, welchen er seinem Sohn Sextus gegeben haben soll.[3]) Es wird nicht bestritten werden können, daß die zuletzt genannte Anekdote derjenigen von Thrasybul und Periander bei Herodot 5, 92, die voraufgehende der List des

---

[1]) Cicero Brutus 41.
[2]) S. 291.
[3]) Liv. 1, 54.

Zopyros bei Herodot 3, 154 entspricht, daß sie aber beide an der Stelle völlig ungereimt sind.[1])

Die hier noch weiter zusammengestellten Beispiele einer direkten literarischen Übertragung römischer Geschichtsdarstellungen aus griechischen Historikern gehören in eine frühere Epoche, in die Zeit kurz vor oder zu Beginn einer römischen Annalistik. Die Fälle, in denen die Dichtung mit im Spiele gewesen ist oder sein könnte, sind hier möglichst beiseite gelassen:

1\. Die Fabel, welche Menenius den ausgewanderten Plebejern erzählt haben soll, ist ein indisches Märchen. Vgl. Max Müller Essays II, 220. Natürlich ist dasselbe nicht ein Gemeingut der Indogermanen gewesen, das sich jahrtausendelang auch bei den Italikern erhalten hat, sondern es ist den hellenistischen Kreisen bekannt gewesen und so auch nach Italien gelangt. Wahrscheinlich hat Ennius es in die römische Geschichtstradition eingeführt, nachdem schon früher ein Schulmeister wie Livius Andronicus diese Fabel zu Nutz und Frommen der politisch-unruhigen Geister erzählt haben wird. Vgl. Crusius, Leipz. Studien II, 183.

2\. Livius 7, 6 erzählt die Geschichte vom Opfertod des Curtius in folgender Weise:

a) forum medium ferme specu conlapsum in immensam altitudinem dicitur;

b) neque eam voraginem ... expleri potuisse, priusquam deum monitu quaeri coeptum, quo plurimum populus Romanus posset;

c) tum M. Curtium ... castigasse ferunt dubitantes, an ullum magis Romanum bonum, quam arma virtusque esset, ... et manus nunc in caelum, nunc in patentes terrae hiatus ad deos Manes porrigentem se devovisse.

Dieselbe Geschichte wird von dem Sohne des Midas erzählt, als in Kelaenae ein Erdspalt entstanden war. Die einzelnen Abschnitte des von Plutarch parall. min. 5 erzählten Vorfalls entsprechen den obigen:

---

[1]) Zarncke a. O. S. 283—289 beweist klar, daß nicht etwa Dionys die Erzählung aus griechischen Quellen entlehnt hat, sondern daß Dionys, Livius, Dio-Zonaras sie aus einer gemeinschaftlichen lateinischen Quelle, vermutlich Antias, entnommen haben.

a) Κατὰ Κελαινὸν πόλιν τῆς Φρυγίας χάσμα μεθ' ὕδατος γενόμενον πολλὰς οἰκίας αὐτάνδρους εἰς τὸν βυθὸν εἵλκυσεν.
b) Μίδας δὲ ὁ βασιλεὺς χρησμὸν ἔλαβεν, ἐὰν μὴ τιμιώτατον ἐμβάλῃ, συνελεύσεσθαι ...
c) Ἄγχουρος δὲ υἱὸς τοῦ Μίδα λογισάμενος μηδὲν εἶναι τιμιώτερον ἐν βίῳ ψυχῆς ἀνθρωπίνης ... ἔφιππος εἰς τὸν τύπον τοῦ χάσματος ἠνέχθη.

Noch näher ist natürlich die Verwandtschaft zwischen diesem Bericht und der Curtiussage, wie sie parallel. 5 erzählt wird (μέσης τῆς ἀγορᾶς ... μέγιστον ἀπέρρηξε χῶμα καὶ πολλὰς οἰκίας ἐβύθισε κ. τ. λ.). Aber es liegt der Verdacht nahe, daß diese Erzählung, wie manche andere in Plutarchs parall. min., gefälscht ist.

3. Auch zu dem Kampf der Horatier und Curiatier könnte die Erzählung, welche Stobaeus nach älteren Quellen erzählt, als Vorbild gedient haben, wenn nicht wieder ihre Herkunft aus Plutarch parall. min. sie verdächtig machte. Dagegen ist, wie noch S. 104 f. gezeigt werden soll, die Erzählung Herodots 1, 82 die Fundgrube gewesen, aus welcher die Mythographen und Annalisten jene Zweikampfsepisode zusammengestellt haben. Dort wird ein Kampf von 300 Spartanern mit 300 Argivern geschildert, bei dem endlich der eine übrigbleibende Spartiate die Trophäen nach Hause trägt.

Das Motiv der Liebe der Horatia zu einem der Feinde ist — wie die verräterische Liebe der Tarpeia zu den Sabinern — gleichfalls ein Gegenstand, der ähnlich in griechischen Sagen wiederkehrt; wenigstens ist das letztere in Ennius' „Sabinerinnen" zweifellos griechischen Ursprungs.[1]) Endlich ist auch die Art, wie der Leichnam des Mettus Fufetius[2]) um das Lager geschleift wird, griechischer Sage entlehnt; die Art seiner Bestrafung wird aber wohl eher nach homerischer Schilderung ausgestaltet sein.

4. Die Erzählung von der Ermordung des Tarquinius Priscus (Liv. 1, 40) ist sicherlich der Ermordung des Jason von Pherae nachgebildet. Man vergleiche z. B. noch den Abschluß bei Livius: dum intentus in eum se rex totus averteret, alter elatam

---
[1]) Vgl. oben II S. 35 f.
[2]) Auch dieser spielt in Ennius' Epos eine bedeutende Rolle (v. 126).

securim in caput deiecit, relictoque in vulnere telo ambo se foras eiciunt, und Xenophon Hellen. VI, 4, 81 καὶ καθήμενος καὶ ἀποκρινόμενος . . . ὑπὸ νεανίσκων ἑπτὰ προσελθόντων ὡς διαφερομένων τι ἀλλήλοις ἀποσφάττεται καὶ κατακόπτεται.

5. Die Sage, daß Servius Tullius eine sanfte und eine wilde Tochter gehabt habe, von denen diese den milden Arruns, jene den grausamen Tarquinius Superbus geheiratet hätte, worauf dann sich die wilde Tullia mit Tarquinius zu verbinden gesucht und dieses Ziel nach Ermordung ihres Gemahls auch erreicht hätte, ist nichts als ein griechisches Märchen. So werden die gottlosen Töchter des Danaos mit milden Männern vermählt, deren sie sich dann zu entledigen suchen.

6. Dasselbe gilt nicht nur von der oben ausführlicher behandelten Episode von der Einnahme Gabiis, welche bei Livius ganz nach dem Muster von Herodot 5, 92 und 3, 154 f. gebildet, aber wohl erst später in die römischen Annalen geraten ist, sondern auch von mehreren anderen Anekdoten, welche über die Willkürlichkeiten und Grausamkeiten des Tarquinius erzählt werden. So ist Livius 1, 45 die Überlistung des Sabiners eine Erzählung, welche durchaus an die Orakel- und Opfergeschichten aus den messenischen Kriegen erinnert. Auch Livius 1, 50—52 bietet Anekdoten gleich unhistorischer Art.

7. Livius 2, 8 erzählt die Anekdote, der Konsul Horatius habe während der Dedikationsfeier des kapitolinischen Tempels die Nachricht vom Tode seines Sohnes empfangen, sich aber dadurch nicht stören lassen, den heiligen Akt zu vollenden: nihil abinde ad eum nuntium a prosposito aversus, quam ut cadaver efferri iuberet, tenens postem precationem peragit. Dieser Vorfall erinnert durchaus an das, was Diogenes Laertius (2, 55) von Xenophon erzählt. Auch Xenophon soll, als ihm der Tod seines Sohnes Gryllos beim Opfern gemeldet ward, gelassen die heilige Handlung zu Ende geführt haben.

8. Die Fabierkatastrophe ist durch irgendwelche tatsächlichen Verhältnisse gesichert. Vor derselben sind sieben Konsulstellen mit Fabiern besetzt, nach 277 d. St. fehlen die Fabier längere Zeit in den Fasten. Erst 297 d. St. (Diodor 12, 4) kommt wieder ein Fabier vor und verbürgt damit die Glaubhaftigkeit der annalistischen Erzählung, daß vorher ein größerer Teil des Geschlechtes in einer Schlacht umgekommen sei. Das eine Kind, welches von

dem ganzen Geschlecht übriggeblieben sein soll, ist natürlich nicht wörtlich zu nehmen; die Sage weist damit in nicht mißzuverstehender Weise auf den einen Fabius hin, welcher eine längere Zeit nach 277 d. St. zuerst wieder das Konsulat erlangt haben soll. Vor dem Dezemvirat ist Q. Fabius Vibulanus der Konsul von 298 der einzige Fabier, welcher diese Würde bekleidet hat.

Natürlich durfte man nicht erwarten, daß sich viele Einzelheiten des Kampfes im Gedächtnis der Nachwelt erhalten haben sollten. Auch wichen gerade hier die Erzählungen der Annalisten so voneinander ab, daß an eine solche Überlieferung nicht gedacht werden kann. Dagegen war man um so mehr geneigt, die den alten Berichten gemeinsamen Einzelheiten auf eine uralte Familientradition des fabischen Geschlechtes zurückzuführen, zumal alles dafür sprach, daß schon die ältesten Annalisten auch diese Erzählung gebracht haben.[1]) Gleichwohl ist das irrig. Die 306 Fabier, welche an der Cremera fürs Vaterland den Heldentod erlitten haben sollen, gehören ins Gebiet der Sage oder vielmehr, die 306 Fabier sind nichts anderes als die 300 Spartiaten, welche, bei Thermopylae geblutet, nach Rom hin übertragen. Cato fr. 83 (= Gellius N. A. 3, 7) stellte bei einer analogen Aufopferung einer Heldenschar (258 vC.) diese derjenigen des Leonidas gleich und bedauerte nur, daß der Ruhm dieses Mannes weltbekannt sei, während von dem Opfertod der Schar des Caedicius niemand rede. Diesem Mangel konnten die römischen Annalisten leicht abhelfen. Sie brauchten nur einige Einzelheiten des Thermopylenkampfes nach Rom hin zu übertragen. Wie sie später die Großtaten der Feldherrn des 2. Samnitenkrieges in Parallele setzten zu den Taten Alexander des Großen, so schon früh den Opfertod der Fabier zu dem der 300 Spartiaten. Ähnliches hat später Nepos in seinen Chronica systematisch getan, wie Gellius N. A. 17, 21 genauer ausführt. Aber, wie aus demselben Kapitel hervorgeht, hatte auch schon Cassius Hemina derartige Gegenüberstellungen geboten. 17, 21, 12 wird nun bemerkt, nachdem die Verurteilung des Miltiades und die Coriolans ziemlich gleichzeitig angesetzt worden waren:

---

[1]) Diodor 11, 53 überlieferte sie schon ausführlich. Im einzelnen vgl. meinen Aufsatz „Die 306 Fabier" in Wochenschrift für klass. Philol. 1908 Nr. 36 S. 989f.

post deinde paucis annis Xerxes rex ab Atheniensibus et pleraque Graecia Themistocle duce navali proelio . . . victus fugatusque est. Inde anno fere quarto, Menenio Agrippa M. Horatio Pulvillo consulibus, bello Veiente apud fluvium Cremeram Fabii sex et trecenti patricii cum familiis suis universi ab hostibus circumventi perierunt.[1]) Die Gleichzeitigkeit der Heldentaten im Perser- und Vejenterkrieg unterstützte die Herübernahme von Einzelheiten, um nur nicht den Ruhm der Römer in einem geringeren Lichte erscheinen zu lassen. Ja, die weitere Nachricht, daß im ganzen 4000 Römer neben den Fabiern gefallen seien, entspricht genau den Zahlen, welche Herodot 7, 228 über die Hilfsvölker des Leonidas bietet: ἐκ Πελοποννάσου χιλιάδες τέτορες.[2])

Die hier besprochenen Fälle gehören sämtlich zu denen, welche bereits vor dem Anfang einer römischen Annalistik in Kurs gebracht waren, schon im 3. Jahrhundert vC. bei den Römern eine gewisse Anerkennung gewonnen hatten. Einige hatten in die Familienüberlieferungen Aufnahme gefunden, andere wurden durch Dichter und Redner verbreitet, und so früh populär.

Die meisten legen Zeugnis dafür ab, daß dem römischen Publikum mancherlei Geschichtsstoff aus griechischen Historikern und Mythographen, schon bevor die älteren Annalisten schrieben, zugänglich gewesen ist.

Doch hat die Herkunft der Erzählung vom Opfertod der 306 Fabier zugleich gelehrt, daß nicht nur schriftstellerische Erfindung oder Fälschung, sondern auch ehrenwertere Erwägungen Anlaß gewesen sind, um derartige Motive griechischer Geschichtswerke in die römische Geschichtschreibung einzuführen.

Die Entwickelung der älteren römischen Geschichte bot, wie oben hervorgehoben ward, so manche Vergleichungspunkte zu der griechischen dar. Der solonischen Gesetzgebung setzte man das Verfassungswerk des Servius an die Seite, wogegen die tyrannische Regierungsweise des letzten Tarquinius und seine

---

[1]) Selbst die kleine Variante, 306 statt 300, ist leicht erklärlich. Denn die celeres, welche der spartanischen Schar von 300 nachgebildet waren, wurden von 3 centuriones und 3 succenturiones befehligt (Dionys 2, 13). Vgl. Wochenschrift f. klass. Philologie 1908 Nr. 36 S. 990.
[2]) Außerdem findet sich die gleiche Zahl von 300 bei den Spartiaten, welche nach Herodot 1, 82 für ihre Vaterstadt den Heldentod erleiden. Auch hier entkommt nur ein einziger!

Vertreibung[1]) ein unmittelbares Gegenbild zu der Vertreibung der Pisistratiden darboten.[2]) Andererseits wurden manche Versuche gemacht, die älteste römische Verfassung aus spartanischen Einrichtungen herzuleiten. Posidonius (bei Athenaeus VI p. 274) behauptete direkt, daß die Spartaner den Römern ihre staatlichen Ordnungen gegeben hätten. Auch Polybius scheint diese Verwandtschaft anerkannt zu haben, und ihm folgend hat Cicero de republica 2, 15 dem Romulus gleiche Grundsätze wie dem Lykurg (idem quod Spartae Lycurgus paulo ante viderat) bei der Stiftung der römischen Verfassung beigelegt. Man hielt früh[3]) die Sabiner für spartanischen Ursprungs, und glaubte auch durch dieses Medium die Verwandtschaft der Institutionen erklären zu können.

Wie in solchen und ähnlichen Fällen führte die Gegenüberstellung zum Vergleich, der Vergleich zur Gleichstellung griechischer und römischer Verhältnisse und gab so Anlaß, manche Züge des orginalen Vorgangs auch dem Bilde zu verleihen, welches der durch eine nur ungenügende Berichterstattung unterstützte Annalenschreiber zur Vervollständigung seines Berichtes besser gebrauchen konnte, als die dürftigen Angaben der Pontifikaltafel im Lapidarstil.

[1]) Hierauf macht Pais 1, 512 mit Recht aufmerksam.
[2]) Weniger sicher ist es, ob (wie Pais 1, 514 f. meint) eine Gegenüberstellung der Ereignisse der syrakusanischen Geschichte zu Zeiten Gelons und der inneren Wirren bei der ersten secessio plebis sowie der folgenden Zeit die römischen Annalenschreiber beeinflußt haben wird. Hier ist wohl keine literarische Entlehnung, sondern vielmehr eine direkte historische Beziehung anzunehmen, und zwar zwischen der Einführung des Cereskults durch Gelon und der folgeweise in Rom erbauten aedes Cereris Liberi Liberaeque, deren Dienst griechische Priesterinnen versahen.
[3]) Plut. Numa 1 Strabo V, p. 250, vor allem aber Cato fr. 51.

V.
Folgerungen aus den Ergebnissen von II—IV.

Es wurde bisher gezeigt, welche Bestandteile der geschichtlichen Tradition auf die von der Überlieferung erwähnten „Römerdramen", welche auf Ennius' Annalen zurückzuführen sind. Außerdem wurde dargetan, wie die römische Geschichtschreibung auf sehr verschiedene Weise durch griechische Historiker beeinflußt worden war und aus ihren Darstellungen manches entlehnt hatte.

Nachdem so ein Fundament gelegt ist, soll jetzt gezeigt werden, wo und wie diese verschiedenartigen Elemente zusammengewirkt haben, um auf jenem Grund ein weiteres Luftgebäude von Sage, Dichtung und Erdichtung zu errichten.

Es ist ja klar, daß die ersten Römerdramen des Naevius einen Dichter wie Ennius begeistert und angeregt haben, nicht nur seine eigenen dramatischen Werke über Roms Vorgeschichte zu schaffen, sondern daß sie ihn auch zu seinem großen Annalenwerk manches Material dargeboten haben werden. Nicht minder ist einleuchtend, wie umgekehrt dieses Epos wieder die Quelle geworden ist für mehrere spätere praetextae[1]), sowie für annalistische Erfindungen, welche sich an jene und an ihre griechischen Gewährsmänner anschlossen.

Erst aus dem Zusammenwirken dieser verschiedenen Faktoren sind viele der wichtigsten Berichte der frührepublikanischen Geschichte, so wie sie uns jetzt vorliegen, erklärlich.

Dabei wird es sich an manchen Punkten feststellen lassen, daß auch dort praetextae die Quellen gewesen sind, wo nicht

---

[1]) Vor allem für den Brutus des Accius und für die Dramen, welche des Camillus Taten sowie den Opfertod der Decier verherrlichen sollten.

ausdrücklich ein Titel derselben überliefert ist, während in anderen Fällen daneben die Einwirkungen der epischen Poesie oder der annalistischen Erfindung deutlicher hervortreten werden.

Erst wenn so in zahlreichen Einzelerörterungen die Kombinationen, welchen die Neubildungen auf dem Gebiete der römischen Geschichte ihre Entstehung verdanken, klargestellt sind, wird andrerseits auch das in seiner Eigenart erkannt und in seiner Entstehung erfaßt werden können, was Eigentum der römischen Annalisten und der einheimischen Geschichtskunde gewesen ist.

Lucretia und Verginia. Gehen wir, um dieses darzulegen, gleich auf zwei der bedeutsamsten Figuren römischer Geschichtsbildung näher ein: auf Lucretia und Verginia. Beide Charaktere scheinen spezifisch römischer Art zu sein. Eine Lucretia kennt keine volkstümliche griechische Sage,[1]) und ein Vater, welcher seiner eigenen Tochter den Tod gibt, um sie dem lüsternen Tyrannen zu entreißen, ist ebenfalls der griechischen Poesie fremd.

Es scheint hier also ein historischer Kern römischer Überlieferung zugrunde zu liegen, den man zur Motivierung der Befreiung von tyrannischen Machthabern sogar nötig hatte. Aber bei derartigen literarisch anziehenden Geschichten pflegt man leicht das für historisch zu halten, was durch die Poesie oder Rhetorik eine lebenswahre Gestalt erhalten hat.

Es ward oben (II), bei der Besprechung eines Römerdramas Brutus, welches zweifellos auf die Geschichtstradition von Einfluß gewesen ist, gezeigt, wie so manche Motive jener Episode des Befreiungskampfes nach dichterischen Vorbildern, namentlich nach Szenen griechischer Dramen, erfunden sind.

Die Erzählung von dem Einholen des Orakels von Delphi verleugnet ja in keinem Zug den griechischen Ursprung. Es ist nur ein Märchen, welches die frühen Beziehungen Roms zu Delphi dartun, den Sturz der Tarquinier auf eine Weissagung Apolls zurückführen, in seiner richtigen Deutung auf Roms Befreier, diesen ehren und hervorheben soll. Auch hat Accius, der Dichter des Dramas Brutus, dieses nicht erfunden, ja er hat

---

[1]) Eine gewisse Verwandtschaft zeigt vielleicht nur die Gründungslegende des Artemistempels zu Tegea (Pausan. VIII 47, 6). Auf diese wird daher noch zurückzukommen sein.

schwerlich dasselbe in die römische Überlieferung zuerst eingeführt. Der kurze Bescheid des Orakels (Liv. 1, 56, 10): „Herr über Rom sei der, der zuerst die Mutter geküßt hat", erinnert deutlich an ähnliche Aussagen der Pythia.[1]) Ennius hat hier, wie oben S. 70 gezeigt ward, ein solches Priestermärchen in die römische Überlieferung eingeführt.

Ebenso sicher aber ist es, daß Accius auf diese und ähnliche Wahrzeichen des nahen Untergangs der Tarquinier-Herrschaft ausführlicher eingegangen ist, ja daß gerade solche einen wichtigen Bestandteil seines Dramas gebildet haben. Von den 25 erhaltenen Versen seines Brutus handeln allein 22 von den Vorzeichen, welche dem Tarquinius das Ende seiner Herrschaft ankündigen sollen. Ausdrücklich warnt ihn der Deuter seines Traumes: proín vide, ne quém tu esse hebetem députes aeque ác pecus.

Der Tyrannensinn des Tarquinius wurde früh mit Hilfe der Anekdote, welche Herodot[2]) über Zopyros und den Tyrannen Thrasybul erzählt, geschildert. Daneben kommen hier die historischen Darstellungen über den Übermut der Pisistratiden, über des Hippias' Vertreibung und seine Wiederkehr mit einem feindlichen Heer in Betracht. Diese werden sogar schon vor der dichterischen Darstellung des Ennius die Bildner der Legende beeinflußt haben. Denn die Parallele dieser beiden fast gleichzeitigen Katastrophen in Athen und Rom gehört zu dem ältesten Bestand der literarischen Überlieferung.[3])

Bei der Schilderung, wie Lucretia von den lüsternen Augen der Königssöhne beobachtet und bedrängt, im Kreise ihrer Mägde fleißig spinnt, ward S. 71 die fleißige Penelope als Original wiedererkannt und somit wird hier Ennius als der Urheber dieser römischen Schilderung gelten dürfen.

Da so vieles in dieser ersten Episode des Brutusdramas den dichterischen Ursprung verrät, so scheint dann auch der Rest diesem Geschick verfallen zu müssen. Fraglich ist nur, aus welcher Quelle und zu welcher Zeit die Entlehnung vorgenommen ist.

---

[1]) Vgl. auch Hermann Diels, Sibyllinische Blätter (1890) S. 11 f.
[2]) 3, 154; 5, 92. Ausführlicher wurde hierüber oben in II und IV gehandelt.
[3]) Vgl. IV S. 83.

Bekanntlich wird von Aristoteles[1]) der Sturz der Tyrannis auf den frechen Übermut der Herrscher, vor allem auch **gegen weibliche Ehre**, zurückgeführt. Auch die Vertreibung der Pisistratiden war nach Aristoteles[2]) daraus herzuleiten, daß die übermütigen Fürstensöhne so in willkürlicher Weise ihre Herrschergewalt ausübten und mißbrauchten (Thukyd. 6, 54f.). Die Ermordung des Hipparch war veranlaßt durch die Entehrung einer attischen Jungfrau. Somit lag es auch hierbei wieder nahe, bei der Schilderung der Vertreibung der Tarquinier der verwandten gleichzeitigen Vorgänge in Athen zu gedenken.

Jedenfalls ist aber die romanhafte, fast raffinierte Darstellung, welche Livius gibt, eine Erfindung der Dichtung. Die Drohung des Sex. Tarquinius, die Leiche eines Sklaven neben Lucretia zu legen, um durch die Aussicht auf Offenbarung ihrer Schande sie seinen Gelüsten willig zu machen, stand wohl schon bei Fabius[3]), ist aber so absonderlich ausgedacht, daß selbst die Möglichkeit, eine alte ursprüngliche Überlieferung anzunehmen, in Wegfall kommt. Wie der eine erhaltene Vers des Accius (fr. V. Ribb.) zeigt, war die genaue Schilderung des Überfalls ein Werk des Dramatikers[4]), anderes hatte wohl schon Ennius hinzu erfunden.

Andrerseits ist aber die Grundlage der Erzählung sicherlich schon lange vor Accius und Ennius in die römische Tradition aufgenommen. Wir sind so glücklich, für dieses Hauptmotiv von Accius' Drama auf ein griechisches Original historischer Art hinweisen zu können, das vermutlich den Erfindern und Dichtern dieser Sage bekannt war, nämlich auf die Gründungslegende des Tempels der Ἄρτεμις Ἡγεμόνη in Tegea. Der Tyrann Aristomelidas von Orchomenos liebte[5]) eine Jungfrau

---

[1]) Polit. V, 2, 6f.

[2]) Ebenso Polit. V, 8, 9.

[3]) Weder Diodor 10 fr. 20 noch Dionys 4, 64f. kennen die Einzelheiten der Livianischen Version. Beide gehen indirekt auf Fabius, der Dionys 4, 64 zitiert wird, zurück. Vgl. Baader de Diodori rerum Romanorum auctoribus (Lips. 1890) S. 66.

[4]) Nocte intempesta nostram devenit domum. Dazu vergleiche man die Rede der Lucretia bei Liv. 1, 58, 8: Sextus est Tarquinius, qui hostis pro hospite priore nocte vi armatus mihi sibique, si vos viri (non) estis, pestiferum hinc abstulit gaudium.

[5]) Pausanius VIII, 47, 6. Sigwart „Römische Fasten und Annalen bei Diodor" S. 30 (Klio VI, 353) glaubte in dieser Erzählung das Vorbild der Verginiaanekdote zu sehen; siehe dagegen unten S. 101f.

aus Tegea. Er setzte sich in ihren Besitz und gab dem Chronios, einem seiner Helfershelfer, Befehl, dieselbe zu bewachen. Ehe er aber sein Vorhaben ausführte, tötete sie sich selbst „aus Furcht und Scham". Auch weiterhin erinnert diese Erzählung an die Vorgänge in Rom. Wie hier der dem Königshause nahestehende Brutus der Haupturheber des Sturzes des Tyrannen ist, so in Orchomenos jener Genosse des Königs: Chronios. Die Erzählung endigt mit einer Tempelweihe: in Tegea wird zur Sühne der Artemistempel gestiftet, in Rom wird die aedes Capitolina eingeweiht.

Während aber bei einer solchen Entstehung des Lucretiamotivs durch den Einfluß einer griechischen Priesterlegende ihr Ursprung vielleicht bis vor die Anfänge der römischen Annalistik zurückverlegt werden muß, verraten die weiteren Züge der Befreiungssage wieder die Tätigkeit des späteren dramatischen Dichters.

Die römischen Tragiker haben nicht selten Szenen aus verschiedenen Dramen kombiniert, ja mehrfach zwei Dramen miteinander kontaminiert, zu einer neuen Einheit verschmolzen. Bei dieser Voraussetzung wird es nicht schwer sein, selbst für die noch nicht erklärten Züge der Sage von Lucretia und Brutus, die Vorbilder in griechischer Dichtung nachzuweisen.

Es ward schon S. 38 darauf hingewiesen, daß die Art, wie Brutus und Arruns Tarquinius sich gegenseitig die tödliche Wunde beibringen, an den Tod von Eteokles und Polyneikes erinnere, sowie daß Kreon, der Herrscher, welcher mit unerbittlicher Strenge die staatlichen Gesetze hochhält, der selbst seine nächsten Verwandten nicht schont, der seinen eigenen Sohn Haimon[1]) in den Tod getrieben hat, sicherlich das Vorbild des finsteren Brutus war, welcher seine eigenen Söhne töten läßt, weil sie sich an den verräterischen Umtrieben gegen die Freiheit der Stadt beteiligt hatten.

So hat wohl auch der Charakter der Lucretia, welche lieber in den Tod geht, ehe sie sich den Geboten des Tyrannen beugt, manches von der idealen Hoheit der Antigone mitbekommen.

Die großen Charaktere des Freiheitskampfes, vor allem Lucretia und Brutus, haben so einen Glanz erhalten, wie sie

---

[1]) Vgl. hierzu die Schlußszenen von Sophokles' Antigone.

ihnen nicht die kümmerlichen Annalisten, sondern in letzter Instanz nur die Schöpfungen der großen griechischen Tragiker verleihen konnten.

Daß hernach für die Ausführung der Einzelheiten die römischen Annalisten auch Motive aus griechischen Historikern entlehnt haben, daß namentlich die Erzählung von Zaleukos dabei mit verwandt worden ist, ward oben S. 39 gezeigt.

Wenden wir uns jetzt noch einigen anderen sagenhaften Elementen zu, welche sich in der weiteren Ausführung des Befreiungskampfes finden. Auch sie führen uns wieder auf die Tätigkeit der Dichter zurück.

Sowohl die Heldentaten des Horatius Cocles, wie die patriotische Tat des Mucius Scaevola sind griechischen Vorbildern entlehnt, ohne Zweifel wohl durch Ennius[1]) so ausgestaltet worden, wie sie seitdem den Römern vertraut waren. Bei jenem waren homerische Schilderungen, namentlich die Abwehr des Telamoniers Aias (Ilias 15, 729), bei diesem Kodrus das Original.[2]) Aber auch die übrigen Motive der Porsena-Erzählung sind zweifellos mehr Gebilde der Poesie als historischer Herkunft. Alle Personen beider Parteien überbieten sich in Edelmut. Die tapfere Cloelia entkommt mit Hilfe einer List, wird aber von dem grundehrlichen Senat wieder zurückgesandt. Porsena ist anfangs zornig, dann sehr bald schon tief gerührt und weichherzig. Er läßt alle Geiseln frei und schließt mit den Römern einen ehrenvollen Frieden. Von einer Rückführung des Tarquinius ist nie die Rede. Porsena will lieber ein freies, als ein geknechtetes Rom. Für die Erzählung von der Cloelia, die mutvoll dem zürnenden Könige entgegentrat, könnten wohl manche Züge aus der Iphigeneia zum Vergleich herangezogen werden. Der Edelmut des Porsena würde ein treffliches Vorbild in dem Verfahren des Königs Thoas finden (vgl. Iphigen. Taur. v. 1432f.).

---

[1]) Horatius rettet sich bekanntlich durch einen Sprung in den Tiber. Sein Flehen „Tiberine pater, te sancte precor, haec arma et hunc militem propitio flumine accipias" scheint sogar unmittelbar aus Ennius genommen zu sein, dessen fast gleichlautender Vers fr. XXX. v. 54 (Teque pater Tiberine tuo cum flumine sancto) von Macrobius Sat. 6, 1, 12 wohl fälschlich ins 1. statt ins 4. Buch gesetzt wird.

[2]) Außerdem vielleicht die Anekdote Stob. Floril. 7, 63.

Die ganze Darstellung des Livius liest sich wie ein Drama oder wie ein mit Dialogen ausgestatteter Roman.

Die Rede, mit der Tarquinius die Beihilfe Porsenas gewonnen haben soll, die Übersicht, welche Livius 2, 9 über die Mittel gibt, durch welche der Senat in dem bevorstehenden Kampf die plebs bei gutem Mute zu erhalten sucht: — annonae inprimis habita cura et ad frumentum comparandum missi alii in Volscos, alii Cumas; salis quoque vendendi arbitrium in publicum omni sumptu ademptum privatis, portoriisque et tributo plebes liberata: — solche Dinge wären in einer Dichtung allenfalls passend gewesen, nicht aber in einer geschichtlichen Darstellung.

Nachdem dann (2, 11) ein Überfall auf die plündernden Feinde geschildert worden ist, endigt das Ganze mit einem heiteren Schwank, wie Porsena den von der Belagerung erschöpften Römern sein reich ausgestattetes Lager mit allen Vorräten überlassen habe, worauf dann alles ordnungsgemäß verteilt worden sein soll. Man muß wenig Sinn für historische Realitäten haben, wenn man in solchen Märchen den dichterischen Ursprung verkennen und sich der Einsicht verschließen will, daß hier geradezu dramatische Szenen die annalistische Darstellung beeinflußt haben.

Wahrscheinlich liegt hier also eine jener Prätexten zugrunde, welche ein heiteres Nachspiel zu den tragischen Hauptaktionen bieten sollten. Ein solcher Schwank wäre auf die gleiche Stufe zu stellen, mit den fröhlichen Festspielen, welche vom faliskischen Schulmeister und von der patriotischen Tutula S. 43f. handelten.

Fassen wir die Ergebnisse zusammen. Mutmaßlich hat sich die Bruteslegende in folgenden Stufen ausgebildet:

1. **Familientradition** über den Ahnherrn der Familie, anknüpfend an das cognomen Brutus („der Törichte"). Dieselbe feierte ihn als einen der ersten, welcher, obgleich privatus (Cic. de republ. 2, 25, 47), zum Freiheitskampf gegen die Tyrannis aufgerufen habe (vgl. III S. 40f.).

2. Ausmalung seines streng freiheitlichen Wirkens in der **Tradition vor Ennius**: Brutus betrieb die Verbannung der ganzen gens Tarquinia, also auch des Collatinus, ja verurteilte, dem Zaleukos an Strenge gleichend, seine eigenen Söhne, und starb endlich den Tod fürs Vaterland.

3. Ennius' annales feierten ihn dann weiter als Rächer der Lucretia, indem dabei die Sage des Artemistempels zu Tegea mitbenutzt ward, auch Motive des thebanischen Sagenkreises dem Dichter vorschwebten (Tod im Zweikampf wie Eteokles und Polyneikes).

4. Ferner wird eine praetexta des Ennius „Porsena" auch von dem voraufgehenden Befreiungskampfe der Römer unter Brutus' Leitung Schilderungen gegeben haben; so avancierte Brutus, gedeckt durch den Orakelspruch, daß einst „der Törichte" Herrscher sein werde, erst zum tribunus celerum, dann zum Konsul.

5. Die Aufnahme des Brutus in die Konsulliste, bzw. seine Stellung zu Anfang derselben war so genügend motiviert und wurde von den Annalenschreibern ausführlicher begründet.

6. Endlich hat der „Brutus" des Accius, den Anregungen des Ennius folgend, die Lucretiasage raffiniert ausgeschmückt und jenes Idealbild des Brutus geschaffen, wie es jetzt bei Dionys 4, 67f., Plut. Poplic. 1—9 zu finden ist.

Etwas anders ist zu urteilen über die Herkunft, welche die Schilderung des Dezemvirats und die Verginiaepisode gehabt haben. Dabei ist natürlich noch ganz abzusehen von den Einzelheiten der Gerichtsverhandlung, wie sie namentlich im Livius vorliegen. Diese gehen selbstverständlich auf einen römischen Annalisten, auf einen Advokaten wie Licinius Macer zurück. Die Frage der Vertagung — die Stellung von Bürgen, die schließliche Übertragung des Eigentumsrechtes an die Jungfrau auf den Klienten des Appius Claudius — haben diesen spezifisch römischen Ursprung, den selbst ein Prätextatendichter nicht hätte imitieren können.

Aber neben diesen Ausführungen der jüngeren Annalistik enthält die Verginiaepisode einen älteren Kern. Diesen gilt es zunächst festzustellen, und von anderen fremdartigen Beimischungen zu befreien, ehe über die Fabel selbst ein Urteil gefällt wird.

Die Geschichte des I. Dezemvirats ist auch bei Livius 3, 33 wie bei Cicero de republica 2, 36, 61 sehr einfach und sachlich gehalten.

Ganz verschieden dagegen ist bei ihm das II. Dezemvirat dargestellt. Schon die Wahlversammlung mit dem herrischen

Vorgehen des Appius Claudius gleicht bei Livius einem turbulenten concilium plebis der Gracchenzeit. Sodann aber werden, nach dem Amtsantritt der II. Dezemvirn, diese ehrenwerten Gesetzgeber Roms wie die schlimmsten Tyrannen geschildert. Mit 120 Liktoren sollen sie sich umgeben haben, ähnlich wie die Beamten, welche bei der Zusammenkunft der Triumvirn in Luca mit ihren 120 Liktoren zu imponieren suchten[1]). Das ist reine Geschichtskonstruktion, von poetischen Vorbildern kann hierbei keine Rede sein.

Die Schilderung der willkürlichen Akte der zweiten Dezemvirn erinnert in ihrer Allgemeinheit und Phrasenhaftigkeit durchaus an die Art und Weise, wie Xenophon Hellenika 2, 3, 11f. das Treiben der 30 Tyrannen beschreibt. Man lese z. B. Xenophons Worte: Οἱ δὲ τριάκοντα . . . αἱρεθέντες ἐφ᾽ ᾧτε συγγράψαι νόμους, καθ᾽ οὕστινας πολιτεύσοιντο, τούτους μὲν ἀεὶ ἔμελλον ξυγγράφειν τε καὶ ἀποδεικνύναι, βουλὴν δὲ καὶ τὰς ἄλλας ἀρχὰς κατέστησαν ὡς ἐδόκει αὐτοῖς . . . 14 οὓς ἐβούλοντο ξυνελάμβανον οὐκέτι τοὺς πονηρούς τε καὶ ὀλίγου ἀξίους, ἀλλ᾽ ἤδη, οὓς ἐνόμιζον ἥκιστα μὲν παρωθουμένους ἀνέχεσθαι, ἀντιπράττειν δέ τι ἐπιχειροῦντας πλείστους ἂν τοὺς ξυνεθέλοντας λαμβάνειν.

Und daneben halte man Livius 3, 36, 5: decem regum species erat, multiplicatusque terror non infimis solum sed primoribus patrum, ratis caedis causam ac principium quaeri, ut . . . statim virgae securesque etiam ad ceterorum metum expedirentur. Das Vorgehen gegen die plebs 3, 37, 8 (s. auch 3, 36, 7[2]) entspricht weiter demjenigen, was Xenophon 2, 3, 12 erzählt.

Die Einigkeit der Dreißig ist das Vorbild für die Art und Weise, wie das Zusammenhalten der Dezemvirn von den römischen Annalisten dargestellt worden ist[3]).

Endlich ist die hochverräterische Absonderung des Appius

---

[1]) Appian b. c. 2, 62.
[2]) paulatim totus (terror) vertere in plebem coepit, abstinebatur a patribus; in humiliores libidinose crudeliterque consulebatur.
[3]) Liv. 3, 36, 8 iudicia domi conflabant, pronuntiabant in foro. Si quis collegam appellasset, ab eo, ad quem venerat, ita discedebat, ut paeniteret non prioris decreto stetisse, opinio etiam sine auctore exierat, non in praesentis modo temporis eos iniuriam conspirasse, sed foedus clandestinum inter ipsos iure iurando ictum etc. Vgl. auch 3, 36, 2.

und seine Führerrolle dem Verfahren des Kritias nachgebildet, während Marcus Horatius (Liv. 3, 39), das Haupt der gemäßigten Opposition, eher dem Theramenes vergleichbar ist. Auch für die Niederlagen im Felde, welche die „Dreißig" erlitten, fehlt es im liviamischen Bericht (3, 42) nicht an entsprechenden Vergleichsmomenten.

Älter aber als alle diese den griechischen Historikern nachgebildeten Schilderungen sind zwei Episoden, welche auch Cicero de republica bietet, und welche nicht so einfach als schriftstellerische Erfindung abgetan werden dürfen. Es sind dieses die zwei Erzählungen von Gaius Julius und von Verginia, die offenbar schon früh einander gegenübergestellt worden sind, nicht um dichterisch zu schildern, sondern um juristisch zu exemplifizieren und den rechtlichen Sachverhalt klarzulegen[1]).

Ihr Zweck ist, deutlich zu machen, welch ein Gegensatz bestehe zwischen loyalen Oberbeamten, wie es die ersten Dezemvirn waren, die unter dem Gesetz standen und die Berufung an das Volk gestatteten, und den zweiten Dezemvirn, welche als Tyrannen, ohne Provokation zuzulassen, das Volk knechteten.

Als leuchtendes Vorbild für jene ersten, die gesetzesfreundlichen Dezemvirn führten Livius und Cicero[2]) den C. Julius an, der bei einer erwiesenen Mordtat des P. Sestius doch dem Volke die Aburteilung überließ. Dieser Handlungsweise wird der Verginiafall gegenübergestellt, um zu zeigen, daß „horum ex iniustitia subito exorta est maxima perturbatio et totius conmutatio reipublicae". Diese Behauptung deutlich zu machen, ist der Zweck der Fabel. Sie ist also, wie das Vorgehen des C. Julius, bei dem dieses augenscheinlich ist, nichts anderes, als ein Musterbeispiel. Sie soll zeigen, was selbst unter dem Gesetz der XII Tafeln bei tyrannischen Beamten, gegen die keine Provokation zulässig war, möglich

---

[1]) Vielleicht gehört auch die Siccius-Anekdote (Liv. 3, 43) hierher; diese lasse ich jedoch hier noch beiseite. Man vergleiche über diesen „Achilles Romanus" Gell. N. A. 2, 11.

[2]) Der Dezemvir C. Julius gehörte zum Kollegium der ersten Dezemvirn. Bei Ciceros kurzer Schilderung de republica scheint er dem 2. Kollegium zugewiesen zu sein. Das ist ein Versehen, keine Variante.

sei, vor allem zu einer Zeit, da noch nicht eine familienrechtliche Gleichstellung von Patriziern und Plebejern hergestellt war.

Ist nun der erste Fall fiktiv, so auch der zweite. Es geht nicht an, allein den zweiten für historisch zu halten, zumal gerade bei ihm nach Cicero der besondere Anlaß zu seiner Erfindung vorliegt. Der Hauptvorwurf, welchen Cicero de republ. 2, 37, 62 gegen die von dem II. Dezemviralkollegium vorgebrachten Gesetzestafeln vorbringt, war ja der, daß „etiam quae diiunctis populis tribui solent conubia, haec illi ut ne plebei cum patribus essent, inhumanissima lege sanxerunt, quae postea plebei scito Canuleio abrogata est!"

Solange die Plebejer in familienrechtlicher Hinsicht nicht den Patriziern gleichgestellt waren, solange die volle Freiheit einer Klientin beanstandet werden durfte, konnten bei willkürlich waltenden Oberbeamten derartige Angriffe auf die Ehre der Familie möglich werden, bei denen es nur einen letzten Ausweg für die Freiheit gab: den Tod der keuschen Jungfrau, die Selbsthilfe des Volkes!

Es verdient beachtet zu werden, daß weder bei Diodor (12, 24) noch bei Cicero die Person des Appius Claudius besonders hervortritt. Die Erzählung hält sich bei ihnen streng in den Grenzen eines historischseinwollenden, aber ungeschichtlichen Musterbeispiels, bei welchem die jungfräuliche Tochter (virgo Verginia) allein mit Namen genannt wird.

Die Verginiaepisode gehört somit zu den ätiologischen Mythen, welche allerdings weniger Mythen, als vielmehr spätere Gelehrtenfiktion sind. Ätiologische Mythen werden bekanntlich solche Erdichtungen genannt, welche im Anschluß an einen Namen oder eine Einrichtung zur Erklärung oder Herleitung derselben gebildet sind. Oft hat die Volksetymologie ihren Anteil daran, häufiger noch die gelehrte Spekulation oder die gelehrtseinwollende Aftergelehrsamkeit von Küstern und Unterbeamten. Ein solcher ätiologischer Mythus ist z. B. die Erzählung von der Weihe des kapitolinischen Tempels durch Horatius, welche zeigen sollte, mit welchem Ernst dieser Mann die heilige Feier vorgenommen, und gerade deshalb auch diese hohe Ehre verdient habe (vgl. S. 88).

In dem Falle der Verginia sind es die gelehrten Erwägungen juristischer Art gewesen, welche den Gegensatz zwischen den ersten und zweiten Dezemvirn, zwischen loyalen und provokationslosen Magistraten, an einem packenden Beispiel deutlich machen sollten.

Ausgezeichnet hat über das eigentliche Wesen der Verginiasage G. Voigt[1]) geurteilt. Voigts Entscheidung über ihre Herkunft ist dabei um so gewichtiger, als er bei seinen Untersuchungen von anderen Erwägungen ausgegangen und doch zu dem gleichen Schlußurteil gelangt ist.

Auch bei den Griechen ist, wie Voigt treffend bemerkt, die heroische Wahrung der Frauenehre keineswegs ein Stoff, dessen sich die Dichter oder Romanschreiber mit Vorliebe angenommen hätten. „Im Roman wie unter den Schulthemen der Rhetoren kommen wohl Fabeln vor, die in ihrer erotischen und sentimentalen Färbung auf einen solchen Ausgang hinzudrängen scheinen, aber es fehlt mit der sittlichen Voraussetzung der Sinn dafür." Die Griechin Hippo[2]), die um der Entehrung in der Gefangenschaft zu entgehen, sich ins Meer stürzte, um so ihre Keuschheit zu retten, „steht einzig da in der antiken Welt". „Die Tat des Verginius, der seiner Tochter die Brust durchbohrte, um sie nicht dem Gelüste der Dezemvirn anheimfallen zu lassen, ist zwar auch eine Rettung der Keuschheit". „Aber die Fabel, wie sie durch Livius' Erzählung vulgär geworden, hat **einen ganz andern Kern als die Tat der Griechin Hippo. Hier greift das sittliche Recht im Widerstreit gegen Gewalt und Rabulisterei zur letzten furchtbaren Zuflucht. Der Held ist hier der Vater, während Verginia nur als willenloses Rechtsobjekt erscheint und passiv ihr Schicksal über sich ergehen läßt!**"[3]).

Aber ein poetischer Schimmer ruht trotz alledem auf dieser Verginiaepisode. Das, was bei dieser Sage die größesten Dichter gefesselt hat, ist nicht durch die Rechtslehrer in die Annalen gekommen, sondern es hat höchst wahrscheinlich doch seinen Ursprung in dem Herzen eines Dichters gehabt. Die

---

[1]) Berichte über die Verhandl. der Kgl. sächs. Gesellschaft der Wissenschaften 1883 S. 2f.: „Über die Lucretia-Fabel und ihre literarischen Verwandten."

[2]) Valer. Max. 6, 1 ext.

[3]) Es ist daher (s. auch oben S. 94f.) eine Herleitung dieser Erzählung aus Pausanias 8, 47, 6 abzulehnen.

Schilderung eines römischen Dichters, welcher selbst wieder von dem größeren griechischen Dichter geleitet und inspiriert worden war, hat unverkennbar auch dieser Erzählung den „Charakter indelebilis" wahrer Poesie aufgedrückt.

Allerdings wäre es vergeblich, wollte man für diese ursprünglich römische Anekdote ein ganz ähnliches Modell in der homerischen Sagenwelt suchen. Aber ich denke, daß doch das Grundmotiv in der Verginiaepisode das gleiche ist wie im ersten Buche der Ilias. Der tyrannische Oberfeldherr fordert die Herausgabe der Geliebten eines andern und läßt sie durch seine Untergebenen zwangsweise abholen. Diese Verwandtschaft der Motive konnte den Dichtern, welche mit Vorliebe Stoffe aus dem Leben des Agamemnon und Achilleus zu ihren Dramen wählten, schwerlich verborgen bleiben, am allerwenigsten dem Ennius, dem Nacheiferer Homers.

Der Dichter Accius hatte in einem Dutzend von Tragödien Stoffe der Ilias behandelt. In seinen „Myrmidones" trat zunächst die Gesandtschaft an den zürnenden Achill auf, die diesen zu besänftigen suchte. Es werden gewiß scharfe Worte über den herrischen Agamemnon und seine Begehrlichkeit, über sein rücksichtsloses Vorgehen bei der Auslieferung der Briseis gefallen sein. Wer die Willkür der Dezemvirn und das Bestreben ihres Führers, die Herausgabe der Geliebten von einem andern zu fordern, dramatisch schildern wollte, fand hier ergreifende Momente genug, mit welchen er seiner Darstellung Schmuck verleihen konnte.

Auch für die Tötung der Jungfrau durch den eigenen Vater fehlte es keineswegs an Vorbildern bei den griechischen Tragikern. Erinnert sei hier nur an Erechtheus, der seine eigene Tochter für die Freiheit des Staates geopfert hatte[1]).

Nur allerdings muß stets das eine beachtet werden, daß der Ursprung der ganzen Verginiaszene ein echtrömischer ist. Der Erfinder war geleitet von dem Gedanken, die Entstehung des römischen Freiheitskampfes aus politischen und staatsrechtlichen

---

[1]) Es wird somit eine praetexta des Accius, wenigstens hypothetisch, anzunehmen sein, welche den Sturz der II. Dezemvirn, die Katastrophe der Verginia, wie auch das rechtzeitige Einlenken der Wohlgesinnten, der Valerier und Horatier, behandelt hat.

Erwägungen zu begründen. Poetische Ziele verfolgte er nicht, diese kamen erst später in die Erzählung hinein.

Daß die Darstellung, wie die gemäßigten Aristokraten Valerius und Horatius den Streit mit der revoltierenden Plebs beilegen, den definitiven Sturz der Tyrannen herbeiführen, ein Thema war, was der Persönlichkeit des Accius ganz besonders entsprach, ist deutlich genug,[1]) wie auch, daß Liv. 3, 56—64 vielfach auf einer poetischen Darstellung beruht.

Alba Longas Fall. Horatier und Curiatier. In III war darauf hingewiesen, daß die Kämpfe um Alba Longa in manchen Einzelheiten die Hand des epischen Dichters verraten. Schon die Idee, daß ein Zweikampf über das Geschick der Stadt Alba Longa entscheiden solle, erinnert an homerische Verhältnisse: an den Zweikampf zwischen Menelaos und Paris, Ilias 3, 66f., 3, 314f., und ist daher auf die Rechnung von Ennius zu setzen, worauf auch einige Einzelheiten des Streites — man denke an das Opfer vor dem Zweikampf, Il. 3, 292, an den Sieg des Menelaos trotz anfänglichen Mißgeschicks — hinweisen.

Auch daß die Schwester des einen Kämpfers durch Liebe mit einem der Feinde verbunden ist, ist ein Motiv der griechischen Sagenwelt. Antigone, welche den Tod des gegen die Vaterstadt feindlich heranziehenden Polyneikes beweint, hat hier wohl dem Dichter vorgeschwebt, oder er folgte einer ähnlichen Erzählung wie bei der Tarpejaanekdote[2]).

Wichtiger ist, daß wahrscheinlich gemacht werden kann, daß auch dieser Gegenstand in einer praetexta behandelt worden ist[3]). Die Idee, daß der den Tod verdient habe, welcher es mit dem Feinde halte, hatte schon der Dichter des Romulusdramas verwandt, um so die Ermordung des eigentlich recht überflüssigen zweiten Stadtgründers zu begründen.

Derselbe Gedanke bildet das Thema der Horatiatragödie: abi hinc cum immaturo amore ad sponsum, oblita fratrum mortuorum vivique, oblita patriae; sic eat quaecumque Romana lugebit hostem! Schon damit dürfte die gleiche dichterische Herkunft wahrscheinlich gemacht sein. Was Naevius in seinem

---

[1]) Näheres s. weiter unten zu Sp. Cassius und Sp. Maelius.
[2]) s. oben II, S. 36, histor. Zeitschrift 59, 498.
[3]) Wochenschrift f. klass. Philologie 1908 Nr. 46 S. 1269f.

Drama zur Rechtfertigung des Brudermordes vorgebracht hat, ist hier zur Verteidigung des Schwestermordes wiederholt.

Und in welch einer dramatischen Situation wird dieses alles erzählt! Horatius „trigemina spolia prae se gerens" zieht dem Heere voran, die Schwester eilt ihm bis vor die porta Capena entgegen, nicht um ihren Bruder freudig zu begrüßen, sondern cognito super humeros fratris paludamento sponsi, quod ipsa confecerat, solvit crines et flebiliter nomine sponsum mortuum appellat. Die Klage reizt den Jüngling, die vaterlandsfeindliche Gesinnung verdient Ahndung und der siegreich heimkehrende Horatier erschlägt die eigene Schwester. Nun folgt das Gerichtsverfahren, natürlich so, wie es in Rom Rechtens war: duumviri perduellionis werden vom König eingesetzt und verurteilen ihn dem Gesetz gemäß zum Tode. Aber Horatius provoziert ans Volk. Der Vater nimmt in bewegten Worten für den Sohn Partei und das Volksgericht spricht ihn frei: non tulit populus nec patris lacrimas nec ipsius parem in omni periculo animum, absolveruntque admiratione magis virtutis quam iure causae!

Das ist nicht Geschichte, nicht annalistische Klügelei, das ist Poesie und zwar nicht wie der Kampf der Drillingspaare, welcher einer homerischen Kampfszene glich, epischer Art, sondern ein Drama von ergreifender Wirkung.

Man erinnere sich nun, daß Ennius ein Drama „Eumenides" geschrieben hat, sicherlich eine Nachbildung von Aeschylus' Eumeniden. Auch in dieser palliata wird berichtet, wie ein grauser Verwandtenmord verübt ist, der nach Gesetz und Recht den Tod verdient hat; zugleich aber wird hier geschildert, wie höhere Mächte Gnade verheißen und endlich durch das Volksgericht die Begnadigung rechtskräftig wird. Was dort die Götter vertreten, wird im römischen Volksgericht durch den greisen Vater befürwortet. Apoll schildert in Aeschylus' Drama, was Agamemnon getan, „der Großtaten ausgeführt, die kein Ruf erreicht" (v. 618) und schließt daraus, daß der Sohn ein Recht gehabt habe, einen solchen Vater höher zu achten, als alles andere, als selbst die Mutter, die er zur Sühnung des am Vater verübten Frevels gemordet hatte. Ähnlich entscheidet der Vater Horatius bei der Frage, ob der Mord der Schwester oder die Ehre des Vaterlandes schwerer in die Wagschale falle. Er stellt das für die Rettung des Vaterlandes geleistete höher: quo enim ducere hunc iuvenem potestis, ubi non sua decora eum a tanta foeditate supplicii vindicent?

Und wie die Götter dort die Herzen des Areopags erweicht haben, so hier die Worte und die Tränen des Vaters: das Volksgericht in Rom stellt auch hier das für das Vaterland Geleistete höher als alles andere und spricht den parricida frei.

Der Konflikt zwischen der strengen Rechtssatzung und dem höheren Recht des Vaterlandes war wahrlich ein Stoff, welcher dem Genius eines Ennius entsprechen mußte. Er konnte hier ein prächtiges Gegenstück zu dem Meisterwerk des Aeschylus schaffen.

Allerdings nur eine Vermutung! wird man sagen. Aber eine solche, die auf einem Gebiet, wo alles durch das Mißgeschick der Zeiten hinweggefegt und vernichtet ist, wohl wert ist, ausgesprochen zu werden, da sie eine Lösung gibt für das Rätsel, wie ein hochdramatischer Vorgang in die dunkle Vorzeit Roms hineinverlegt werden konnte.

Noch aber sind die wenigen Spuren einer antiquarischen und gentilicischen Überlieferung darzulegen, welche diesem herrlichen Dichtergebild als Ausgangspunkt gedient haben. Sie sind dürftig genug, aber immerhin nicht wertlos.

Vor allem existierte ein Grab der Horatia an der Stelle, wo sie einst tödlich getroffen sein soll, als Wahrzeichen, daß irgend ein wirklicher Vorgang den Ausgangspunkt bilde. Nicht minder zeugt dafür, daß in den sacra gentilicia der Horatier das sororium tigillum, ein Balken, unter welchem ein schuldiges Mitglied der gens Horatia sich beugen mußte, eine Rolle spielt: „id hodie quoque publice semper refectum manet" fügt Livius hinzu. Durch dieses tigillum war der Sage nach der begnadigte paricida geführt worden. Es gab also eine Familienüberlieferung der Horatier, daß einst ein Ahnherr seine Schwester getötet, aber wegen seiner Verdienste um die Vaterstadt auf väterliche Fürsprache begnadigt worden war. Um aus diesen geringen Elementen eine Handlung zu rekonstruieren, wie sie jetzt uns Livius zu schildern weiß, hätte selbst ein Genie wie Ennius nicht die obige Episode bilden und erdichten können, wenn ihm nicht die größeren Meister das Original geboten hätten. Die griechische Volkspoesie und der große tragische Dichter, der sie so meisterhaft zu deuten gewußt, sie haben in Rom neues Leben gewonnen und dem Römervolk eine Vergangenheit hingezaubert, welcher selbst die priesterlichen Fachkundigen sich beugten und Glauben schenkten, wenn wirklich Cicero de republica 2, 31, 54 mit Recht behauptet hat: provocationem etiam a regibus fuisse declarant pontificii libri, significant nostri etiam augurales.[1]

Noch verdient Beachtung, daß demjenigen, welcher diese Erzählung zuerst in die römische Überlieferung eingeführt hat, Erzählungen griechischer Historiker vorgelegen, welche ähnliche Vorgänge berichtet hatten, wie es der Zweikampf um Alba Longas Selbständigkeit gewesen ist.

Es ward in IV gezeigt, daß dabei Herodot 1, 82f. als Vorbild gedient hat. Bei einem Streit zwischen Argos und Sparta beschlossen beide Parteien, daß der Kampf durch zwei Elitekorps von 300 Mann entschieden werden solle. Das Resultat war folgendes: von den Argivern blieben zwei am Leben, von den Spartanern nur einer. Während jene aber zu den Ihrigen eilten, um den Sieg zu verkünden, sammelte der Spartiate die Trophäen. Der neuausbrechende Streit wurde hier allerdings schließlich durch einen allgemeinen Kampf[2]) entschieden, in welchem Sparta siegte. Im übrigen aber ist es augenscheinlich, daß Herodots Erzählung hier den ersten Anstoß geboten hat zu der Anekdote, daß der Streit der beiden Nebenbuhler — Rom und Alba — durch einen Zweikampf mehrerer Kämpferpaare entschieden werden sollte.

Auch hier wieder sind die Stufen bei der Entwicklung der Tradition deutlich erkennbar. Zuerst eine dunkle Familienüberlieferung vom Schwestermord des Horatius und von seinen Heldentaten, sowie die Ausbildung dieses Motivs mit Hilfe der Erzählung von Herodot 1, 82. Dann die homerische Ausschmückung des Zweikampfs in Ennius' annales, endlich seine praetexta „Horatius", welche in die tragische Episode einen versöhnenden Abschluß einfügte.

Coriolanus. Eines der belehrendsten Beispiele, wie Dichtung und schriftstellerische Erfindung zusammengewirkt haben,

---

[1]) Zur Familientradition vgl. Liv. 1, 26, 14 Horatiae sepulcrum, quo loco corruerat icta, constructum est saxo quadrato.

[2]) Auch bei der Bestrafung des Mettus Fufetius haben dichterische Vorbilder die Darstellung mitbestimmt. Ennius war ausführlich hierauf eingegangen. Vgl. v. 126 Metto Fufetioeo (Quintil. I, 5, 12).

bietet die Coriolansage, welche in so breiter und lebensvoller Weise von Dionys und Plutarch geschildert ist. Selbst in der kürzeren Fassung des Livius verleugnet sie nicht ihre dichterische Herkunft. Die Beschaffenheit des Gegenstandes — Roms Demütigung und die Erfolge der Volsker — war allerdings an und für sich weniger geeignet für eine Prätexta. Die Fabel kann schwerlich durch eine solche zuerst geschaffen sein.

Dagegen ist klar, daß der heldenmütige Kämpfer, der unbeugsame Aristokrat, welcher auf das niedere Volk herabsah, der leidenschaftliche Jüngling, welcher eher die Sache seines Vaterlandes verläßt, als daß er eine Demütigung hinnimmt: daß dieser Charakter der gleiche wie derjenige des Achilleus ist. Der trotzige Held, der alle an Tapferkeit übertrifft, der nachdem er tödlich beleidigt ist, den Feinden den Sieg wünscht (Il. 1, 225f.), der durch kein Zuraten der angesehensten Männer sich erbitten läßt, Il. 9, 643f., auf den nur die Worte der Mutter Einfluß haben (Il. 1, 413f.): dieser von Homer so unvergleichlich geschilderte Peleiade Achilleus hat überall das Herz und die Worte des Dichters beseelt, und dieser Dichter kann kein anderer gewesen sein, als Ennius, der Dichter der Annalen.[1]

Selbst in manchen Einzelheiten der livianischen Darstellung)[2] glaubt man noch den Schwung des homerischen Gedichts zu erkennen. Man vergleiche z. B. Liv. 2, 39, 10: si Volscis ager redderetur, posse agi de pace: si praeda belli per otium frui velint, memorem se et civium iniuriae et hospitum beneficii adnisurum, ut appareat exsilio sibi irritatos, non fractos animos esse und Ilias 9, 344f. Man braucht nur für die „praeda belli", für das volkische Gebiet, welches weggenommen war, den Beuteanteil Achill's d. i. die geraubte Briseis zu setzen, und man spürt die Einwirkung von Achilles Zornesworten Ilias 9, 344f.:

Nun er mir aus den Händen den Siegeslohn raubte mit Arglist,
Nie versuch er hinfort mich kundigen. Nimmer ihm trau ich ...
Böt er mir auch soviel, wie des Sandes am Meer und des Staubes;

---

[1] Vgl. III, S. 68.
[2] Diejenige des Dionys (7. Buch) ist zu sehr durch rhetorisches Beiwerk und durch breite Reden, bei denen zum Teil sogar Lysias und Demosthenes Vorbild waren, verunziert.

Dennoch nimmer hinfort bewegte mein Herz Agamemnon,
Eh' er sie ganz mir gebüßt, die seelenkränkende Schmähung!

Coriolan ist der gleiche starrsinnige Held, der kein Paktieren kennt. Auch als die Priester kommen, fügt er sich nicht. Nur seine Mutter vermag ihn zu begütigen.

Wie Achilleus (Il. 18, 75) zu den Göttern gefleht hatte, daß um die Schiffe zusammengedrängt, die Männer Achaias trostlos schmachtend nach ihm, unwürdige Dinge erleiden möchten, so war auch Coriolans Gesinnung gleich rachsüchtig nach Livius 2, 35, 6: damnatus absens in Volscos exsulatum abiit, minitans patriae hostilesque iam tum spiritus gerens.

Natürlich knüpfte diese poetische Verherrlichung eines Marciers an die ja vielfach ausgeschmückte (Vgl. VI) Familientradition der gens Marcia an, welche von einem Ahnherrn wußte, der als Führer der Junkerpartei die Plebs bekämpft hatte. Und historisch ist auch wohl, daß die Volsker einmal siegreich bis dicht vor die Tore Roms gedrungen sind. Aber schon die Kombination dieser beiden Motive ist schwerlich geschichtlich und alles, was den Charakter des Coriolan zu einer Art geschichtlichen Lebens verholfen hat, verdankt sein Dasein der Dichtung. Auch hier ist also unzweifelhaft das Genie jenes Mannes tätig gewesen, welcher selbst den Geist Homers in seiner Person zu verkörpern erklärte. Er hat aus dem dürftigen Sagenmaterial eine Erzählung gemacht, welche den größesten Dichter der Neuzeit zu seinem unsterblichen Werk angeregt hat.

Bemerkenswert ist daneben übrigens, daß die Coriolansage, soweit sie die Beseitigung des Tribunats als Preis für die Getreidespende fordert und so seine Verurteilung und Verbannung herbeiführt, neben ihrem poetischen Gehalt auch eine gewisse staatsrechtliche Bedeutung gehabt hat.

Dieser Teil der Sage ist, wie Mommsen klar bewiesen hat,[1]) eine Art ätiologische Fabel. Der Prozeß des Coriolan soll „das Strafverfahren vor der Versammlung der Plebs vor dessen Einschränkung durch die XII Tafeln darstellen." Diese Erzählung ist aber hierin nicht einmal Original, sondern nur die Nachbildung einer noch älteren. Sie ist nur eine Umbildung der Sage von Kaeso Quinctius 293. „In beiden Fällen ist die Klage kapital, der

---

[1]) Röm. Forschungen 2, 147.

Angeklagte Patrizier, die Ankläger die Volkstribunen, die entscheidende Versammlung die plebejische; in beiden Fällen weicht der Angeklagte dem Todesurteil durch das Exil aus." „Nun ist die Erzählung von des Quinctius Sturz nicht nur die strengere und juristisch vorzüglichere," sondern auch sachgemäßer, „als der Prozeß des Kaeso zeitlich und sachlich mit dem terentilischen Antrag auf Revision des Landrechts zusammenhängt, also die politisch wichtigste Neuerung des revidierten Landrechts, die Aufhebung der plebejischen Kapitalgerichte, dadurch eingeleitet wird." Diese Familienlegende der patrizischen Quinctier ist das Vorbild gewesen für die Verherrlichung des Coriolan, des Vorkämpfers der plebejischen Nobilität — eine Familienfälschung also der plebejischen Marcier, um ihrem Stammbaum patrizische Ahnen mit hocharistokratischer Gesinnung zu verschaffen! „Man versteht nun," sagt Mommsen treffend, „warum Coriolanus eingeführt wird als Cn. Marcius patriciae gentis adulescens, Anci regis clara propago."[1])

Im übrigen aber hat die Poesie ihren Hauptanteil an der Ausbildung der Coriolansage. Nicht unwahrscheinlich ist es sogar, daß neben Ennius' Annales später auch Accius die Coriolansage in einer praetexta behandelt hat.

Allerdings wird, wie oben bemerkt wurde, schwerlich ein Römerdrama den Landesverräter Marcius gefeiert haben. Wohl aber scheint die Gestalt des volksfeindlichen Marcius derjenigen des populären Sp. Cassius gegenübergestellt zu sein. Sie könnte so in einer Dichtung, welche die Errungenschaften der plebs in des Cassius 1. Konsulat gefeiert hatte, diesem volksfreundlichen Staatsmann den hochmütigen Volksverächter Marcius gegenübergestellt haben (Liv. 2, 41). Beider Sturz ist übrigens verknüpft mit Monumenten: der Abfall des Marcius mit der Gründung des Tempels der Fortuna muliebris (2, 40), der Tod des Cassius mit der Aufstellung der Ceres-Statue vor dem Tellustempel (2, 41).

Kaum an einem andern Beispiel läßt sich so klar zeigen, auf welche Weise und in welchen Absätzen eine Legendenbildung entstanden ist, wie bei der Coriolansage. Scharf unterscheidbar sind hier folgende **sechs** Phasen:

1. Ätiologische Erzählung vom Sturz des Quinctius, wie sie

---

[1]) Valer. Max. 4, 3, 4. S. auch Mommsen, Röm. Forsch. 1, 104.

die Familientradition der patrizischen Quinctier mit Stolz aufbewahrt enthielt (relativ historisch).

2. Bestreben der plebejischen Marcii, ihre Ahnen unter die Patrizier einzureihen (gentilicische Fälschung der Marcii).

3. Die Quinctierlegende nachahmend erzählten die Marcier dann schon vor Beginn einer Annalistik, wie auch sie einen patrizischen Ahnherrn, den tapferen Eroberer von Corioli, gehabt, welcher die demokratischen Wühlereien der Plebejer bekämpft habe und dann verbannt worden sei (weitere Stufe der gentilicischen Fälschung der Marcii).

4. Diesen Stoff verherrlichte Ennius in seinen Annalen, indem er Coriolan vielfach nach dem poetischen Vorbild Achills, seinen Groll und seine Rache mit den Farben des homerischen Gedichtes ausschmückte (Ennius' annales).

5. Das so schnell beliebt gewordene Thema griffen die Annalisten mit Feuereifer auf. Sie glichen seine Todesart bald mit der des Regulus, bald mit der des Themistokles (Vgl. IV, annalistische Weiterbildung).

6. Andererseits aber wurde die um Coriolan sich ansammelnde Tradition in die Geschichte der 1. secessio plebis mit verflochten. Ihm gegenüber wurde der Volks- und Bundesgenossenfreundliche Konsul Spurius Cassius, unter dem das Tribunat gestiftet und der Latinerbund abgeschlossen war, in den Vordergrund gestellt, wahrscheinlich sogar in einer praetexta des Accius gefeiert.[1]) In ihr war auch Raum für die Erzählung von Coriolans Verbannung (Accius' praetexta).

Camillus. Auch bei der Camillussage ist es möglich, wenn auch nicht gleich leicht, die vielfach verschlungenen Fäden, welche von der griechischen Literatur aus zu der römischen Überlieferung hinüberführen, zu entwirren und auseinander zu halten. Derartige Beziehungen sind auch hier zahlreich genug, aber mit einheimischen Sagenmotiven untermischt.

Beginnen wir mit den spätesten Ausschmückungen, welche in den rhetorischen Schilderungen der jüngeren Annalisten, namentlich bei Liv. 5, 40—50, niedergelegt sind.

Bekannt ist der Gegensatz, welcher zwischen älterer und

---

[1]) Die Existenz derselben kann erst am Ende von V, S. 121f. in einem andern Zusammenhange erwiesen werden.

jüngerer Annalistik besteht hinsichtlich des Schicksals, welches die Stadt Rom nach der Einnahme durch die Gallier erfahren haben soll. Nur die jüngeren Berichte kannten einen Brand Roms. Danach können sogar die Quellen des Livius geschieden werden; 5, 41, 10—43, 1 folgt zuerst einer Quelle, welche, wie mehrere der älteren Annalisten, die Schrecknisse der Okkupation und des gallischen Brandes in mäßigen Grenzen ausmalten, vielleicht diesen letzteren gar nicht einmal erwähnt hatten. Dann ging Livius zu einer zweiten Quelle über, die, wie Claudius Quadrigarius, den Brand Roms ausführlich geschildert hatte.[1])

Wenn ich mit Recht Claudius als diese zweite Quelle angesetzt habe, so ist es leicht erklärlich, wie dieser zu seiner Schilderung von Roms Brand gekommen ist. Er ahmte gern griechische Schriftsteller nach und grade in der Schilderung der Zerstörung, welche der Brand herbeigeführt hat, ist, wie in der entsprechenden Beschreibung des Wiederaufbaues die Darstellungen berücksichtigt, welche Thukydides 1, 89 und Herodot 8, 51 f. von der Katastrophe Athens gegeben haben.[2])

Die überraschenden Ähnlichkeiten zeigen sich namentlich in fünf Motiven:

1. in der Schilderung der Verheerung, welche der Brand hervorgebracht hat;
2. in dem wohl für Athen, nicht aber für Rom passenden Sturme der Feinde gegen die Burg, der anfangs an beiden Stellen erfolglos war;
3. in der Angabe, daß die Feinde später von der entgegengesetzten Seite einen Angriff auf die Burg gemacht haben sollen. Das versuchen ja auch die Gallier, als sie bei Nacht von einer andern Seite (von Westen her) (Liv. 5, 47, 2) das Kapitol ersteigen wollen, aber durch die Wachsamkeit der Gänse daran gehindert werden. Vorher hatten sie den Angriff vom Forum aus vorbereitet (43, 2);
4. ist die Ähnlichkeit der Wunder, welche nach Abzug des Feindes beobachtet werden, bemerkenswert. Trotz des Feuers, welches den heiligen Ölbaum im Tempel des

---

[1]) Vgl. Soltau, Livius Geschichtswerk S. 180. Thouret, Über den gallischen Brand in Fleckeisens Jahrb. Suppl. XI, 93 f.
[2]) Zarncke a. O. S. 298.

Erechtheus zerstört hat, sprießt ein neues Reis aus demselben hervor. In Rom ist trotz des Brandes der Auguralstab des Romulus unter Schutt und Asche unversehrt geblieben;

5. endlich erscheint auch Camillus wie ein zweiter Themistokles eifrig den Wiederaufbau betrieben zu haben.

Dahingestellt muß es bleiben, ob nicht der achtmonatliche (Juli—Februar) Aufenthalt der Gallier in der verödeten Stadt — d. h. bis zum Frühling des nächsten Jahres — eine spätere Erfindung ist. Nach Herodot wird auch ein ähnliches Intervall zwischen der ersten Besetzung Athens durch Xerxes und der zweiten durch Mardonius angegeben (Herodot 9, 3), allerdings dort auf zehn Monate angesetzt. Jedenfalls hat die Hervorhebung dieses Zeitraums die Annalisten, welche die griechischen Historiker nachahmten, zur Betonung der Zeitdauer gebracht. Auch wird auf die Nachbildung der Schilderung Herodots wohl die wichtige Abweichung zurückzuführen sein, daß die Gallier schon am Tage nach der Schlacht, nicht etwa wie die älteren Berichterstatter angeben, drei Tage nachher die Stadt besetzt hatten.

Dabei sind es nicht etwa nur die jüngsten Annalisten, welche ähnliches erzählen, sondern auch Diodors Bericht zeigt unzweifelhaft Anklänge an die griechischen Vorbilder. Es werden also vermutlich schon einige der ältesten Annalisten, welche griechisch schrieben, die Schilderungen des Herodot und des Thukydides nicht unbeachtet gelassen haben, ohne daß sie dabei große Gewissensbisse zu empfinden brauchten. Denn gerade für sie, die noch mit dem sprachlichen Ausdruck rangen und nach einer passenden Form der Darstellung suchten, mußten analoge Schilderungen der griechischen Geschichte sehr erwünscht sein, um das dürftige Detail der Pontifikaltafel und einiger Chronikenreste lebensvoller zu gestalten (vgl. IV S. 77).

Neben den griechischen Vorbildern haben auch einheimische Anekdoten und Erfindungen die Geschichte des Camillus mit beeinflußt.

Diese hat namentlich Hirschfeld in seinem Aufsatz „Zur Camilluslegende" aufgedeckt, indem er die einzelnen Punkte der Anklage, welche gegen Camillus vorgebracht wurden, und die zu seiner Verbannung geführt haben, aus späteren Erzählungen herleitete.¹)

Es ist zwar gewiß unwahrscheinlich, daß die Nachricht Diodors, Camillus habe vor allen Dingen deshalb den Groll des Volkes erregt, weil er in übermütiger Weise auf einem Viergespann von Schimmeln den Triumpheinzug gehalten habe, erst unter Berücksichtigung gleichzeitiger Triumphe in die Geschichtserzählung gekommen ist. Denn durchaus mit Unrecht vermutet Hirschfeld,²) daß „diese Version erst in Caesars Zeit als ein literarischer Protest gegen die übermenschlichen ihm zugestandenen Ehren in Kurs gesetzt sei." Das wäre zwar hinsichtlich Diodor denkbar; denn er hat neben seiner alten Hauptquelle sicherlich auch einige minderwertige Ergänzungen aufgenommen.³) Wahrscheinlich ist jedoch selbst dieses nicht; um eine solche Angabe zu erklären, genügte eine Notiz seiner Fasten, die etwa ähnlich lautete, wie diejenige, welche nach entsprechenden Angaben Victor (v. ill. 23, 4) erzählte: „est crimini datum, quod albis equis triumphasset et praedam inique divisisset."

So jung, wie Hirschfeld meint, kann diese Quelle jedenfalls nicht sein, da deren Angaben auch Livius gekannt hat, und ihren Bericht Victor und Diodor an erster Stelle gebracht haben.

Dagegen zeigen sämtliche Einzelheiten, welche über die Schuld des Camillus auch in den älteren Annalen bei Piso bis Antias standen, daß die Verfasser der Geschichtsbücher vielfach in höchst naiver Weise zahlreiche Vorgänge erfunden oder frei ausgestaltet haben. Die Angabe des Plinius (34, 7, 13) und des Plutarch (Camill. 12), Camillus habe aus der Beute eherne Türen entnommen, gehen wahrscheinlich auf Piso⁴) zurück. Diese Angabe kann somit auf historische Tatsachen zurückgehen, sicherlich ist aber die Person des Anklägers Sp. Carvilius (obiecit Sp. Carvilius quaestor ostia quod aerata haberet in domo) unecht. Dieser Name ist „mit einer für unsere Anschauung verblüffenden Ungeniertheit", dem gleichartigen Prozeß des betrügerischen

---

¹) In der Festschrift zu Ehren von Friedländer. Er folgt darin mehrfach dem Vorgang von Burger, Sechzig Jahre aus der älteren Geschichte Roms (418—358) Amsterdam 1891, S. 217f.
²) a. O., S. 130.
³) Vgl. Sigwart, Röm. Fasten und Annalen bei Diodor, Klio VI, 342f.
⁴) a. O. S. 132.

Armeelieferanten M. Postumius Pyrgensis im J. 542 entnommen, in dem zwei Tribunen mit Namen Sp. und L. Carvilius als Ankläger fungieren.[1])
    Bei keinem andern Helden der älteren römischen Geschichte hatte aber das römische Kunstepos mehr vorgearbeitet, als bei Camillus. Ennius hatte zweifellos, wie S. 40f. gezeigt ward, in seinen Annalen gerade diesen Mann und die um ihn sich gruppierenden Ereignisse in den Vordergrund gestellt.
    Allerdings fehlen Fragmente, um einen direkten Nachweis im einzelnen zu führen. Aber, daß schon früh, seit der Zeit des Ennius die Gegenüberstellung des Scipio Africanus und Camillus, eine Parallele zwischen beiden berühmten Rettern Roms, in der römischen Literatur sich eingebürgert hatte, wird nicht bezweifelt werden können, und es ist daher Hirschfelds Urteil[2]) durchaus beizustimmen, wenn er sagt: „Kein anderer als Ennius ist es gewesen, der in seinen Annalen der Camillus-Legende bereits die Züge verliehen hat, die sie, mit mancher späteren Ausschmückung im einzelnen dauernd bewahrt hat. Tritt uns doch in Camillus unverkennbar das Abbild des Freundes und Gönners des Dichters, des älteren Scipio entgegen: beide Retter des Staates aus schwerer Kriegsgefahr, beide mit Undank vom Volke gelohnt und durch die gleiche schmähliche Beschuldigung in ein freiwilliges Exil getrieben." Wie Camillus bei Livius 5, 19, 2 „vielleicht mit einem ennianischen Ausdruck", fatalis dux heißt, so Scipio 22, 53, 6 und 30, 28, 11. Auch noch ganz andere Spuren dieser Parallele lassen sich nachweisen.
    Nach der Schlacht bei Cannae wollten manche aus Italien auswandern und sich eine neue Heimat suchen (22, 53). Scipio soll dieses verhindert haben. An der Spitze der Mutlosen stand der L. Metellus, der später als Tribun die früheren Zensoren, die ihn aus dem Senat hatten stoßen wollen, angeklagt hat. Die Szene, bei welcher Livius den Scipio „iuvenis fatalis dux huiusce belli" erwähnt, verrät durchweg die poetische Quelle von Ennius' Annalen. Von Camillus erzählt Livius 5, 49 das Gleiche: servatam deinde bello patriam iterum in pace haud dubie servavit, cum prohibuit migrari Veios et tribunis rem intentius agentibus

---

    [1]) Weiteres über ähnliche Fälschungen der Annalisten s. in VII.
    [2]) a. O. S. 137.

post incensam urbem, et per se inclinata magis plebe ad id consilium.

Auch zu Beginn der Belagerung Roms ist, wie ich oben S. 71 bemerkt hatte, die Hand des Ennius deutlich erkennbar. Liv. 5, 39 gibt eine stilistisch meisterhafte Schilderung von der Lage der in Rom zurückgebliebenen Greise und ihrer Entschlußfassung, die Priester in Sicherheit zu bringen, im übrigen aber die Stadt den Galliern einzuräumen, allein das Kapitol zu halten. Während aber in 5, 39 derartige Betrachtungen zwar in rhetorischer Weise, aber doch sachgemäß geboten werden, setzt 5, 40, 1 eine poetische Schilderung ein, welche ausführt, wie die zum Kapitol hinaufziehenden Krieger von den zurückgebliebenen Greisen und Weibern geleitet werden: „versae inde adhortationes ad agmen iuvenum, quos in Capitolium et in arcem prosequebantur, commendantes virtuti eorum iuventaeque urbis, per trecentos sexaginta annos omnibus bellis victricis, quaecumque reliqua esset fortuna. Ein ähnlicher Hinweis auf die Dauer der römischen Macht findet sich bekanntlich auch bei Ennius in den Versen:[1]

septingenti sunt paulo plus aut minus anni,
augusto augurio, postquam incluta condita Roma est.

Es ward vorher hervorgehoben, wie Ennius bestrebt gewesen war, seinen Haupthelden P. Cornelius Scipio Africanus indirekt auch dadurch zu verherrlichen, daß er in Camillus gleichfalls einen Helden darzustellen suchte, welcher der Retter des Staates gewesen war und doch von dem Volke mit Undank belohnt worden war. Aber natürlich fehlte es bei Ennius daneben auch nicht an homerischen Vorbildern.

Wie S. 42 ausgeführt war, stellte Ennius zwischen Camillus und Achill mannigfache Parallelen auf. Vor Veji lag das Heer der Römer zehn volle Jahre, ehe die Entscheidung fiel: ebensolange also, wie die Griechen vor Troia. Die einander feindlichen Konsulartribunen, die vor der Stadt lagern, erinnern (wie Zarncke

---

[1] Vgl. Philologus 1909 Heft 2. Einen ähnlichen Gedanken läßt Livius den Camillus in seiner Rede 5, 54, 5 aussprechen: trecentesimus sexagesimus quintus annus urbis, Quirites, agitur; inter tot veterrimos populos tam diu bella geritis. Vgl. S. 71. Ennius setzte Roms Gründung ins 12. Jahrhundert, daher die abweichende Zahl.

gut hervorhebt) nicht nur oberflächlich an die hadernden Fürsten Achilleus und Agamemnon. Man vgl. Liv. 5, 8, 4. Wird doch auch vor Veji das Lager des einen angegriffen, während der andere ruhig zusieht, ohne ihm zu Hilfe zu kommen: Liv. 5, 8 forte ea regione, qua M.' Sergius tribunus militum praeerat, castra adorti sunt, ingentemque terrorem intulere; una spes erat, si ex maioribus castris subveniretur ... sed castris praeerat Verginius, privatim Sergio invisus infestusque.

Auch wird man bei dem Anzünden der römischen Befestigungen durch die Belagerten (Liv. 5, 7, 2) „an das Vordringen des Feuers bis an die Schiffe der Griechen und die Anzündung eines Schiffes erinnert" und wird dort schwerlich das homerische Original verkennen können.

Daß die Vorfälle bei der Einnahme Vejis einem Römerdrama entnommen sind, welches vielfach an die Handlung griechischer Dramen erinnert, ward in II ausgeführt. Auch hier waren es meist Motive, welche den Dramen des troischen Sagenkreises entlehnt waren.

Auch weiterhin ist den Schicksalen des Achill die Erzählung über die Verbannung des Camillus nachgebildet, sowie seine Rückberufung, als die Not am größten war.

Allerdings ist Camillus nicht unversöhnlich wie Achill. Aber er zögerte lange, bis er dem Drängen nachgab. Nach Plutarchs Camillus 24 (= Zon. 7, 23) schlug er anfänglich die Bitte wieder zurückzukehren ab. Erst als dieselbe durch eine neue Gesandtschaft im Auftrage des Senats wiederholt wurde, gab er nach. Es wird daher wohl keinem Zweifel unterworfen sein können, daß es in letzter Instanz Ennius war, der seinem Helden die vorhergehende Bitte an die Götter eingab, daß seine Landsleute ihn recht vermissen möchten, wenn ihm Unrecht geschehen sei. Das entspricht dem Gebet des Achill Ilias 1, 240:

Möchte doch einst die Achäer Sehnsucht nach Achilles ergreifen!

Diese Ähnlichkeit mußte jedem Griechen auffallen und Plutarch hebt ausdrücklich hervor[1]),

ἐκεῖνος μὲν οὖν, ὥσπερ ὁ Ἀχιλλεύς, ἀρὰς θέμενος ἐπὶ τοὺς πολίτας ... οὐδεὶς δ' ἐστὶ Ῥωμαίων, ὃς οὐ νομίζει τὰς εὐχὰς

---

[1]) Camillus 13.

τοῦ Καμίλλου τάχυ τὴν Δίκην ὑπολαβεῖν, καὶ γενέσθαι αὐτῷ τιμωρίαν τῆς ἀδικίας. Und wörtlich fast gleicht dem Flehen des Achill der Wunsch des Camillus (12, Ende): ταχὺ ʿΡωμαίους μετανοῆσαι, καὶ πᾶσιν ἀνθρώποις φανεροὺς γενέσθαι δεομένους αὐτοῦ, καὶ ποθοῦντας Κάμιλλον.

Es braucht weiter kaum besonders betont zu werden, daß fast alle einzelnen Züge, durch welche der epische Dichter die Person des Camillus hoch über die Masse der sonstigen römischen Feldherren erhoben hat, keine geschichtliche Grundlage gehabt haben können.

Mag zehn Jahre mit den Vejentern Krieg geführt sein. Sicherlich ist Veji nicht wie Troja zehn Jahre lang belagert worden, und nicht ist die Stadt Winter wie Sommer blockiert gewesen. Die Anekdote mit dem Minengang ist ebenso sicher unhistorisch, wie das Kopfnicken der Junostatue. Die Einzelheiten über die Veruntreuung der Beute und von dem Übermut des Camillus sind als späte Geschichtskonstruktion dargetan worden. Sie sind aber wenigstens so erfunden, daß sie der Wirklichkeit einigermaßen entsprechen. Dagegen die auf Ennius zurückgeführten Einzelheiten gehören nicht in die Wirklichkeit; sie sind poetische Gebilde, welche eben deshalb auch bedeutend anziehender sind, als irgendeine vereinzelte Notiz über die wirklichen Vorgänge.

Der Aufzug der jungen Mannschaft aufs Kapitol, die Ermahnungen der Greise, die Wiederberufung des Camillus und sein Revanchefeldzug sind ebenso hübsch erdacht, wie historisch unhaltbar.

Noch nicht aber ist in diesem Zusammenhang der oben (S. 44) besprochenen Römerdramen gedacht, welche den Sieg des Camillus über die Gallier zu feiern bestimmt waren. Und doch ist das dort Ausgeführte nicht nur als Ausgangspunkt für die ganze Camilluslegende anzusehen, sondern es kann jetzt noch durch einige bedeutsame Beobachtungen ergänzt werden.

Wie die Taten des Camillus vor Veji, so war auch des Camillus 3. Diktatur durch eine praetexta gefeiert worden: eine solche ist direkt von Varro überliefert, die Einzelheiten derselben sind, wie S. 43f. dargetan wurde, von Plutarch, Macrobius und andern ausführlich geschildert worden. Es ist die teils patriotisch erhebende, teils heiter parodistische Darstellung, wie die

Römer nach der Gallierinvasion ihrer unbotmäßigen Nachbarn Herr wurden.

Sollten, so muß man unwillkürlich fragen, nur die erste und dritte Diktatur des Camillus dramatisch dargestellt sein? Sollte allein die zweite Diktatur, die Befreiung der Stadt von den Galliern fehlen?

Vor allem muß hier betont werden: ein Drama, welches die mutige Opfertat der römischen Sklavinnen feierte, die unter Tutulas Führung ins Lager der Feinde gingen und dann den Römern das Signal zum siegreichen Ansturm gaben, wird nicht für sich allein gestanden haben. Als heiteres Nachspiel einer ernsten praetexta war es dagegen gewiß vortrefflich am Platz. Dieser Schwank setzt also die Existenz einer praetexta voraus, die Roms Befreiung darstellte, durch die Tutulaepisode nur einen fröhlichen Abschluß erhielt.

Außerdem bietet die Überlieferung Angaben genug, welche nicht etwa nur als vereinzelte tendenziöse Entstellungen des Sachverhalts, sondern als dichterische Erfindungen zu gelten haben.

So vor allem in dem, was über die Besiegung der Gallier durch Camillus gefabelt worden ist.

Kein Römer würde die Geschichte, daß die Römer den Abzug mit Gold erkauft hätten, erfunden haben. Nach Polybius erhalten die Gallier nicht nur das Gold, sondern bringen es auch unbehelligt nach Hause. Auch die lokale Tradition von Caere,[1] daß die Caeretaner den Galliern das Gold abgenommen hätten, bezeugt indirekt die oben genannte Tatsache und schließt eine Wiedergewinnung des Goldes durch die Römer aus. Zum Überfluß erzählt Trogus[2] nach griechischer Überlieferung, die Massalioten hätten den Römern Gold und Silber als Ersatz gesandt.[3]

Wenige Dinge über jene Zeit stehen also so gesichert da, wie die, daß die Römer nur durch eine hohe Summe Goldes

---

[1] Strabo V, 2, 3, Diodor 14, 117, 7.
[2] bei Justin 43, 5.
[3] Weiteres s. Hirschfeld a. O. S. 135f., der auch sehr gut die Entstehungsursachen der späteren gefälschten Überlieferung dargelegt hat.

den Abzug der Gallier erkauft, und daß sie ihnen das Gold nicht wieder abgenommen haben.

Andrerseits ist es bei den jüngeren Annalisten, auf denen Livius, Plutarch, Victor beruhen, allgemeine Annahme[1]), daß Camillus den noch feilschenden Galliern das Gold wieder abgenommen und die Gallier dann besiegt und vertrieben haben soll.

Die Erklärung dafür, daß eine solche Erfindung bezw. Fälschung so allgemeinen Glauben gefunden und die historische Wahrheit verdrängt hat, ist darin zu suchen, daß eben eine Dichtung von allgemeiner Beliebtheit, die in aller Munde und Herzen fortlebte, ein Drama, wie Camillus Rom befreit hat, die Ursache dieses Glaubens gewesen ist. Veii capti, Roma a Gallis liberata, dazu das humoristische Roma a Tutula et ancillis servata sive Nonae Caprotinae: das sind die Dramen, welche die Geschichte jener Epoche weniger verdrängt, als vielmehr erst geschaffen haben. Ja, vielleicht wird sich im Verlauf der Untersuchung noch die Existenz einer vierten praetexta wahrscheinlich machen lassen, welche diesen Zeitereignissen gewidmet gewesen war.[2]) Darüber mehr S. 125.

Cassius, Maelius, Manlius[3]). Noch werden hier einige Fälle besprochen werden müssen, da Römerdramen, auch ohne daß ihr Titel überliefert worden ist, als die eigentliche Hauptquelle für die geschichtliche Darstellung der Annalisten angenommen werden müssen.

Ganz gewiß sind die Einzelheiten über die demagogischen Umtriebe eines Sp. Cassius, eines Sp. Maelius, eines M. Manlius nicht der Berichterstattung der ältesten Annalistik entnommen.

---

[1]) Liv. 5, 49, 1 nam forte quadam priusquam infanda merces perficeretur, per altercationem nondum omni auro appenso dictator intervenit, auferrique aurum de medio et Gallos summoveri iubet. Plut. Camill. 23—30; Front. Strat. 3, 15, 1; Zon. 7, 23.

[2]) Neben 1. Veii capti, 2. Roma a Gallis liberata, 3. Nonae Caprotinae wird, wie sogleich gezeigt werden wird, auch das 5. Militärtribunat des Camillus und der Sturz des M. Manlius in einer praetexta dargestellt sein. Als 5. praetexta würde in diesen Kreis vielleicht eine dramatische Darstellung gehören, welche als Nachspiel zur Einnahme Vejis die Übergabe Faleriis geschildert hatte (Liv. 5, 27) Vgl. S. 44 A. 3.

[3]) Vgl. die ähnlichen Ausführungen in Wochenschrift für klass. Philologie 1908 Nr. 21, S. 585f.

Andrerseits sind sie schwerlich erst Erfindungen der Annalisten der sullanischen Zeit.

Wer die Berichte durchliest und den Geist, welcher sie alle durchzieht, zu erfassen sucht, der wird sich dadurch in die Zeit der Gracchischen Unruhen versetzt glauben.

Spurius Cassius wird wie Gaius Gracchus geschildert. Er ist der Mann, welcher den richtigen Ausgleich zwischen Römern und Latinern, zwischen verarmten Plebejern und darbenden Bundesgenossen gefunden zu haben glaubte. Man erinnere sich hier nur der wenigen Leitsätze bei Livius 2, 41: dimidium Latinis, dimidium plebi divisurus consul Cassius erat; adiciebat huic numero agri aliquantum, quem publicum possideri a privatis criminabatur. id multos quidem patrum, ipsos possessores, periculo rerum suarum terrebat. sed et publica patribus sollicitudo inerat, largitione consulem periculosas libertati opes struere. tum primum lex agraria promulgata est. Und zum Schluß: adeo propter suspicionem insitam regni, velut abundarent omnia, munera eius in animis hominum respuebantur.

Schon dieses macht wahrscheinlich, daß das Bild des Spurius Cassius, so wie ihn die jüngeren Annalen und nach ihnen Livius und Dionys geschildert haben, unmittelbar in die Zeit gehört, da die demagogischen Umtriebe der Gracchen bekämpft werden sollten.

Aber es kommt noch etwas anderes hinzu. Bei der Schilderung der Tätigkeit des Cassius haben auch griechische Vorbilder mitgewirkt, um dasselbe auszugestalten. Gelon hatte ungefähr zu derselben Zeit, da in Rom die 1. secessio plebis stattfand, in Syrakus die vertriebenen Aristokraten zurückgeführt[1]), gestützt auf den Demos dann die Herrschaft von Syrakus gewonnen. Er wird der Begründer der syrakusanischen Hegemonie, wie Cassius der Urheber von Roms Vormachtstellung im Latinerbund.

Seine Vorfahren waren stets Priester der Demeter und der Persephone gewesen. Cassius weihte nicht nur den Cerestempel ein, sondern es soll auch aus seinem Vermögen eine Ceres-Statue gemacht sein „et inscriptum ex familia Cassia datum" (Liv. 2, 41).

Hier sind die Ähnlichkeiten mit Händen zu greifen. Der nach der Tyrannis strebende Cassius ist mit dem gleichzeitig lebenden

---

[1]) Herod. 7, 155. Pais, storia di Roma 1, 511f.

Tyrannen Gelon verglichen und geglichen worden, nicht gleich
in der Geschichtsschreibung, sondern zuerst in der Poesie;
natürlich ist aber hier in jener Zeit nur an eine praetexta, nicht an
eine epische Darstellung zu denken.

Weniger deutlich tritt in der livianischen Darstellung von
Sp. Maelius die dramatische Quelle hervor. Allerdings, die
Schilderung, welche er 4, 12 von den Wirkungen der Hungersnot
gibt, gehören auch dort mehr in das Gebiet der Dichtung, als in
das der Wirklichkeit. So namentlich 4, 12, 11: multi ex plebe spe
amissa potius quam ut cruciarentur trahendo animam capitibus
obvolutis se in Tiberim praecipitaverunt. Tum Sp. Maelius: rem
utilem pessimo exemplo peiore consilio est adgressus. Es wird
dann rhetorisch geschildert, daß er nach der Königsherrschaft
getrachtet habe (de regno agitare). Aber wenn auch hernach die
Wahl des anfangs widerstrebenden Quinctius, die Tätigkeit des
energischen Servilius Ahala, der Versuch des Maelius sich der
Verhaftung zu entziehen, sehr dramatisch geschildert werden, so
reicht doch dieses noch nicht hin, um die Existenz eines Dramas
wahrscheinlich zu machen. Auch manche der späteren Annalisten haben rhetorisch und anschaulich darzustellen verstanden.
Das Gleiche gilt von der Darstellung der Bewegung, welche
M. Manlius (Liv. 6, 14—20) gegen das bestehende Regiment eingeleitet haben soll. Wir glauben es zwar vor Augen zu sehen,
wie der Diktator einen tapferen Centurio, der zu einer Geldstrafe
verurteilt ist, diese aber nicht zahlen kann, ergreifen lassen will.
Nur die Beihilfe des M. Manlius rettet ihn vor dem Gefängnis.
Eine solche hatte Manlius nur durch den Verkauf eines Ackers
in der vejentischen Mark ermöglicht. Es ist dieses eine dramatische Szene. Aber genügt das, die Existenz eines Dramas anzunehmen?

Da ist nun weiter vor allem eins zu beachten:

Alle drei Materien haben eine unmittelbar politische, eine
aktuelle Bedeutung gehabt. Sie haben sich nicht an die gelang-
weilten Leser einiger Annalen, sondern an das ganze römische
Volk gewandt.

Die Katastrophe des Maelius ist eine dramatische
Rechtfertigung der Ermordung des Tiberius Gracchus
gewesen. Die agrarische Motion des Sp. Cassius war nichts
als eine getreue Nachbildung der Absichten des Gaius

Gracchus. Und endlich, der Sturz des Manlius, trotzdem er einst der Retter der Stadt gewesen war, sollte die bei den beiden Demagogen gegebene Lehre einschärfen, daß auch der mitfühlende Volksfreund den Tod verdient habe, wenn er wie ein Gracchus die Freiheit der Republik antaste.

Allerdings hat man bei der Katastrophe des Manlius mit einigem Grunde vermutet, daß die Person des Manlius mehrfach auch in Parallele gesetzt sei zu dem älteren Scipio Africanus. Aber, genau genommen, führt dieser Umstand erst recht darauf hin, daß dichterische, nicht historische Motive vorliegen.

Manlius will das gallische Gold antasten, Scipio hat die syrische Beute veruntreut. Beide kommen ins Gefängnis, werden aber bald wieder entlassen.[1] Beiden wird dann von den Volkstribunen der Prozeß gemacht.[2] Beide wollen nicht an die Gesetze gebunden sein und streben nach einer Allgewalt, wie sie in einem Freistaat nicht geduldet werden kann.[3]

Beide entziehen sich zunächst der Verurteilung unter Hinweis auf die Rettung der Stadt. Den Manlius kann das Volk im Angesicht des geretteten Kapitols nicht verurteilen (6, 20, 10f.), und dem Scipio folgt das Volk, anstatt ihm den Prozeß zu machen, im festlichen Zug auf das Kapitol, um den Göttern für die Rettung des Staates zu danken.

Es ist also nur wahrscheinlich, daß schon Ennius in seinen Annalen manche Ähnlichkeiten in dem Auftreten beider Männer hervorgehoben hat. Aber die Tendenz, welche die jetzige Darstellung des Livius beherrscht, ist eine andere, ist völlig dieselbe, wie sie die Episode von Spurius Maelius beherrscht: „auch der edelste Volksfreund hat den Tod verdient, wenn er nach der Tyrannis trachtet". Der Diktator Quinctius hat nach dieser Theorie mit Grund erkannt „Maelium iure caesum" (4, 15, 1). Er hat damit das gleiche Urteil ausgesprochen, wie es die Gegner der Gracchen, vor allem also ein Scipio Aemilianus gefällt hat: Ti. Cracchum sibi videri iure caesum (Cic. de orat. 2, 26, 106) und damit war auch das Todesurteil gegen Manlius gerechtfertigt: nihil minus populare quam regnum est (Liv. 6, 19, 7).

---

[1] Liv. 6, 16, 4; 17, 6.
[2] Liv. 6, 19.
[3] Liv. 6, 20, 4.

Wenn es gestattet ist, Vermutungen über die Zeit jener Dichtungen zu äußern, so würden die Katastrophen von Cassius und Maelius auf praetextae des Accius (nach Gaius Gracchus' Tod) zurückgeführt werden müssen, jenes starren Republikaners, welcher in seinem „Brutus" das Idealbild eines wahren Freiheitshelden geschildert hat. Als der eigentliche Urheber der dichterischen Schilderung, welche den Sturz des Manlius feierte, würde zwar zunächst Ennius anzusehen sein, welcher mehrfach bemüht war, die Geschichte der Vorzeit zu schildern, indem er daneben sein Idealbild den Scipio Afrikanus vor Augen hatte. Natürlich muß aber auch hier die weitere Ausmalung seiner demagogischen Wirksamkeit und die Parallele mit derjenigen der Gracchen einer späteren Periode, einem andern Dichter, angehören.

Mommsen hat in seiner trefflichen Untersuchung über Sp. Cassius, M. Manlius, Sp. Maelius es klar herausgefühlt, daß trotz der gleichen Tendenz und der ähnlichen Überarbeitung der drei Erzählungen sie „keineswegs aus gleichartiger Quelle hervorgegangen sind."[1]) In der Tat zeigt die Version der Maelius-Sage bei Piso fr. 24, daß eine ältere Überlieferung, wie sie sich vielleicht in der Familie der Servilier erhalten haben wird, durch die spätere dramatische Schilderung verdrängt bzw. umgestaltet worden ist. Bei Cassius und Manlius dagegen existierte eine ausführliche Familientradition nicht. Man wußte im wesentlichen nur, daß beide Männer nach der Tyrannis gestrebt hatten[2]).

Daneben bleibt es aber noch zu erwägen, ob nicht eine ältere Dichtung, wie bei der Manliustragödie, so auch bei der Cassiussage dem Dramatiker Accius vorgearbeitet hat. Auch das ist in der Tat sehr wahrscheinlich. Es ward oben darauf hingewiesen, daß die poetische Gestalt Coriolans zwar nicht in einer eigenen praetexta behandelt sein wird, daß sie aber sehr wohl mit den sonstigen Ereignissen der 1. secessio und dem Wirken des Sp. Cassius (namentlich auch während seines 1. Konsulats) kombiniert, einen trefflichen Vorwurf für einen Prätextatendichter geboten haben wird. Dann müßte der „Cassius" des Accius, welcher das Wirken und den Sturz dieses Volksfreundes nach dem Vorbilde

---

[1]) Röm. Forschungen 2, 218.
[2]) Cicero de republ. 2, 35, 60 Sp. Cassium de occupando regno molientem ... pater morte mactavit, Diodor. 11, 37.

des C. Gracchus behandelt hatte, eine Überarbeitung und Weiterführung eines älteren dramatischen Werkes gewesen sein, welches den Sieg des Volks in der ersten secessio plebis, die Verbannung Coriolans und die vermittelnde Tätigkeit des volksfreundlichen Cassius, nicht seinen Sturz geschildert hatte.

Die ältesten Dichter — wohl schon Naevius und Ennius — haben die Gestalten des Marcius und Manlius eindrucksvoll zur Darstellung gebracht, und zwar so, daß sie jenem den Cassius, diesem den Camillus gegenüberstellten, dagegen des Cassius tyrannische Bestrebungen beiseite gelassen hatten.

Da stellte denn nach der revolutionären Bewegung des Gaius Gracchus der Dichter Accius diese Seite der Tätigkeit eines Cassius und Manlius sowie ihren Sturz zu Nutz und Frommen der Konservativen in den Vordergrund, nachdem er schon in der Ermordung des Spurius Maelius ein Gegenstück zum tragischen Sturz des Tiberius Gracchus geschaffen hatte.

Das ist voraussichtlich die Entwicklung, welche die Überlieferung hierüber durchgemacht hat.

Fabricius. Kurz muß hier noch ein Exkurs in ein hypothetisches Gebiet gemacht werden, weil dabei die Verschiedenartigkeit der Elemente, welche die spätere annalistische Tradition gebildet haben, besonders deutlich exemplifiziert werden kann. Gemeint ist die Zusammensetzung und der Ursprung der Überlieferung über den Pyrrhus-Krieg. An dieser Stelle stoßen die verschiedenartigsten Bestandteile der Überlieferung zusammen, und können, wie das verschiedenfarbige Wasser mancher Nebenflüsse, noch eine Zeitlang in dem Hauptstrom der Geschichtskonstruktion verfolgt werden.

Sicherlich geht einiges, vor allem die Schilderung von dem ersten großen Sieg, den Pyrrhus auf Italiens Boden errungen hat, auf gute griechische Schriftsteller, vor allem auf Hieronymos von Kardia zurück. Dieser Mann hat, wie seine Zeitgenossen, natürlich auch der Rhetorik einen Anteil an der historischen Schilderung eingeräumt, und er hat gewiß seinen Parteistandpunkt nicht verleugnet. Aber er bietet uns doch in der Wüstenei der geschichtlichen Unkenntnis eine Oase, bei der man das Gefühl erhält, mit tatsächlichen Verhältnissen in Berührung zu kommen[1]).

---

[1]) So bei Plutarchs Pyrrhus 15—18.

Außerdem sind es nur noch einige gute, aber sehr dürftige Angaben der alten Annalen, welche uns über Beamte, Verträge, Unterhandlungen, Siegesnachrichten glaubwürdige Auskunft erteilen.

Daneben setzt nun die Poesie ein. Nicht eine volkstümliche Balladenpoesie, sondern die romantische Schilderung des Ennius, welche den Pyrrhus zu einem Helden nach Art der Racineschen Tragödien zu machen bestrebt ist: halb ein Heros wie Achill und Alexander, halb ein von Edelmut zerfließender Moralheld: beides aber nur, damit er als ein Mann erscheine, welcher als Gegner der Römer würdig, als Bewunderer der Größe Roms unerreichbar dastehe, und so der beste Herold ihrer Großtaten zu sein vermöge.

Leider ist nun dieser teils wertvolle teils anziehende Stoff ganz von den spätesten annalistischen Überarbeitungen von Claudius und Antias, von Livius und Dionys überwuchert.

Aber unter diesen Berichten befinden sich einige, wenn auch nicht historisch wertvollere, so doch ganz besonders geartete Erzählungen und Anekdoten, welche nicht erst den letzten Überarbeitungen ruhmrediger Annalisten angehören, sondern mehr individuelles Leben verraten. Vor allem alles das, was über die Gesandtschaften von Kineas und Fabricius überliefert wird.

Die ehrenhafte Weise, wie Fabricius den Antrag des Arztes, welcher gegen Bezahlung Pyrrhus vergiften will, zurückweist, gehört zwar eigentlich in ein moralisierendes Lesebuch, nicht in die Geschichte. Und auf so plumpe Schmeicheleien, wie sie Kineas dem Senat gegenüber angewendet, wäre der damalige römische Senat gewiß nicht hereingefallen.

Dennoch sind sie älteren Datums und gehören zu dem festen Bestande dessen, was so ein jeder Römer von der glorreichen Epoche des Pyrrhuskrieges wissen mußte.

Gerade hier liegt es nahe, an eine dramatische Behandlung zu denken, vielleicht an eine solche, bei der auch der Elefant, der den Fabricius erschrecken sollte, eine passendere Rolle erhalten würde, als er sie in der Wirklichkeit besitzt. „Noch ein solcher Sieg und ich bin verloren." Dieses Wort hat nicht der heroische König selbst gesprochen, sondern sein alter ego, welcher auf der Bühne in Rom den Helden leibhaftig darstellte.

Schlußergebnis. — Fassen wir kurz zusammen, was

diese Dichtungen der Römerdramen und des Römerepos stofflich zu der historischen Überlieferung beigetragen haben.

Soweit sie die Königszeit behandeln, gebührt ihnen allein die Ehre, die Geschichte erst konstruiert und geschaffen zu haben. Die Gründungslegende ist eine Nachbildung von Sophokles „Tyro". Die uralte Sitte des Frauenraubs gab dem Ennius Anlaß, in seinen „Sabinae" einige theatralische Szenen zu erfinden, die natürlich nicht den geringsten historischen Untergrund haben. Seine rationalistischen, euhemeristischen Anschauungen ließen ihn in seinen Annalen die Egeria zu einer Geliebten Numas machen, in ihnen wußte er auch die Weisheit Numas von Pythagoras herzuleiten. Was über die Horatier und Curiatier, über den Schwestermord des Horatius und seine Provokation erzählt ist, beruht auf griechischer Dichtung. Und dasselbe gilt von allen dem, was an lebensvollen Einzelheiten über die Tarquinier, ihr Verhältnis zu König Servius und ihre schließliche Vertreibung erzählt ward. Was von der Herkunft des Königs Tarquinius Priscus gefabelt ward, ist aus Schriften griechischer Literaten herübergenommen, die Erzählung von seiner Ermordung stammt aus Xenophons Hellenika. Die Vorgänge, welche zum Sturz des Königs Servius führten, beruhen — wie die Geschichte der Befreiung Roms — größtenteils auf dramatischen Darstellungen, soweit nicht Ennius mit seinen episch-homerischen Schilderungen den Faden der Überlieferung weiter gesponnen hatte. Ihm verdanken wir wohl die Sagen von Horatius Cocles, Mucius Scaevola, die Lucretiafabel und die Fahrt des Brutus zum delphischen Orakel. Daran setzten dann Römerdramen an, welche den Feldzug des Porsena und seinen Abzug schilderten. Römerdramen haben auch die I. secessio plebis und den Gewinn der Volksrechte, des Coriolanus und des Cassius' Umtriebe dargestellt, nicht selten auch hier im Anschluß an griechische Vorbilder.[1]

---

[1] Es verdient besonders hervorgehoben zu werden, daß die Quellen, welchen Dionys für die ältere römische Geschichte bis zum Dezemvirat folgt, gerade an den Stellen überaus breit sind, und die Einzelheiten anschaulich schildern, an denen die Römerdramen den spröden Stoff der Phantasie und dem Herzen der Römer nahegebracht haben. Vor allem so Romulus et Remus, Dionys 1, 76—84; Sabinae, Dionys 2, 30—52; Horatii, Dionys 3, 2—22; Brutus, Dionys 4, 54, 5, 18; Coriolanus, Dionys 7, 21—67; 8, 1—60; Sp. Cassius, Dionys 9, 68—73; 76—82; 93; Verginia, Dionys 11, 28—37.

Kleinere Episoden des 5. Jahrhunderts vC. sind durch Ennius' Epos anschaulich dargestellt worden, vor allem auch der Tod der Verginia, die Undankbarkeit des Volks gegen Cincinnatus und der Sieg des Cossus. Dagegen sind erst durch spätere Dramen der Sturz der Dezemvirn sowie die Taten des Spurius Maelius und Marcus Manlius verherrlicht worden, vor allem aber die Person des Camillus. Sein Sieg über Veji und seine Rettung Roms boten den Prätextatendichtern eine reiche Ausbeute, namentlich seitdem Ennius diesen Mann nach den herrlichsten Vorbildern der Ilias, vornehmlich nach Achill, geschildert, außerdem aber in ihm ein Gegenbild zum älteren Scipio geschaffen hatte. Die Dramen, welche die Einnahme Vejis und Faleriis, die Befreiung Roms von den Galliern und den feindlichen Nachbarvölkern feierten, ließen ihn als zweiten Gründer Roms, als Vater des Vaterlandes in dem Gedächtnis der Nachwelt fortleben.

Es scheint mir wichtig zu sein, schon hier hervorzuheben, wie durch den Nachweis eines so bedeutenden Einflusses der griechischen Literatur auf die Bildung einer Tradition über die ältere republikanische Geschichte der Inhalt von zwei Büchern des Livius größtenteils in seiner ungeschichtlichen Herkunft klargestellt worden ist. Schon nach diesen Ergebnissen muß anerkannt werden, daß der materielle Inhalt von Livius' 5. und 6. Buch[1]) größtenteils auf Motiven aus griechischen Dichtungen aufgebaut, nach griechischen Historikern weiter ausgestaltet worden ist.

Beide Bücher schildern die Lebenszeit und die Lebensarbeit des Camillus.

Der Krieg gegen Veji (5, 1—13) beruht, abgesehen von den rednerischen Einlagen (5, 3—6), in zahlreichen Einzelheiten auf Ennius' Annales. Der zehnjährige, auch im Winter nicht unterbrochene Feldzug, der Streit der Feldherrn (5, 8—9), die Bedrängnis des römischen Lagers (5, 7), die Befragung des delphischen Orakels (5, 15—16): alles ist Ennius' Werk, der hier überall seinem „alter ego" dem Homer folgte. Die Einzelheiten der Einnahme Vejis (5, 20—22), die Überführung der Juno nach Rom sind daneben noch durch die Darstellung einer praetexta

---

[1]) Vom 1. und 2. Buch ist dieses, nach den zahlreichen praetextae über jene Epoche ohne weiteres klar. Vgl. S. 39, 99, 104.

dem Gemüte der Römer nahegebracht worden; auch ihr Verfasser kann kaum ein anderer als Ennius gewesen sein (vgl. S. 40f.).

Der Undank des Volkes gegen Camillus, seine Verbannung wie Rückberufung verraten wieder den epischen Dichter, der hierin mit den homerischen Darstellungen von Achill wetteiferte. Dagegen das heitere Intermezzo des faliskischen Schulmeisters verdankt einer dramatischen Erfindung sein Dasein, wie sein Fortleben in der römischen Chronik (Liv. 5, 26—27).[1])

Sogleich nach der Verbannung des Camillus (5, 33, 1 expulso cive, quo manente, si quicquam humanorum certi est, capi Roma non poterat) beginnt der Exkurs über die Gallier (5, 33—35), dann der Gallierzug auf Rom, der nach Ennius' Annalen wie nach einem Römerdrama dargestellt, aus lauter dichterischen Elementen zusammengestzt ist. Wo diese versiegten, da sind griechische Historiker — so bei den Schilderungen von Roms Brand und Wiederaufbau — das Vorbild gewesen.

Auch das 6. Buch ist zum Teil aus Überlieferungen ähnlicher Art zusammengesetzt. An manchen Stellen[2]) sind, wie schon 5, 51—54, rednerische Ausführungen eingelegt. Auch wird kein Verständiger die ganz ins Wilde laufenden Angaben über des Camillus' „letzte Taten" (6, 42) ernst nehmen, nachdem die relativ historischen Vorgänge seiner früheren Diktaturen schon so rhetorisch ausgeschmückt worden waren. Die deutlicher hervortretenden Fakta sind ohnedies sicher falsch. Weder hat er im Jahre 387 gegen die Gallier gekämpft noch einen Concordientempel eingeweiht. Dasselbe gilt von dem ruhmredigen Bericht über das 4. und 6. Militärtribunat des Camillus (6, 6—9 und 6, 22, 5f.).

Auf praetextae geht der Inhalt von 6, 2—3 und 6, 14—20 zurück, auf Ennius Annales und spätere Laudationen, was weiterhin über die genannten Siegestaten des Camillus berichtet wird.

Nur das noch fehlende Viertel[3]) des Buches hat einen relativ

---

[1]) Liv. 5, 28, 1, Camillus meliore multo laude, quam cum triumphantem albi per urbem vexerant equi, insignis iustitia fideque! Wer merkt in diesem Wort nicht den Schalk des frohen Festschwankes!

[2]) So vor allem der phrasenhafte Bericht des Licinius Macer über die licinische Gesetzgebung 6, 34—41 und manche rhetorische Partien aus der manlianischen Katastrophe (6, 14—20 und schon 6, 11), deren Grundlage allerdings hier die obenerwähnte praetexta gebildet hat.

[3]) So die cc. 1, 4—5, 11, 21—22, 27, 30—33.

historischen Hintergrund, indem derselbe teils auf den Angaben der Fasten beruht, teils Sachliches über Wiederaufbau der Stadt und Wiederherstellung ihrer Macht über die benachbarte Landschaft zu erzählen weiß. Doch kommen selbst von diesen wenigen bessergearteten Abschnitten noch die rhetorischen Berichte über die Siegestaten des Diktators Quinctius (6, 12—14, 6, 28—29[1]) in Abzug, da diese sicherlich den übertriebenen Laudationenberichten angehören, welche im nächsten Abschnitt gekennzeichnet und — aus der Geschichte eliminiert werden sollen.

In den folgenden Abschnitten soll jetzt gezeigt werden, wie der von den Dichtern nach griechischen Vorbildern geschaffene Stoff durch die römischen Familientraditionen, durch rednerische Ausführungen und durch direkte Fälschung weiter ausgestaltet worden ist. Wenn bei der Schilderung der Vorzeit die Einzelheiten vielfach griechischen Vorbildern nachgedichtet waren, so wurden die Darstellungen der historischen Vorgänge der späteren Zeit von den Annalisten mehrfach dann zugrunde gelegt, wenn sie die Ereignisse der frührepublikanischen Epoche darstellen und statt der trockenen Angaben im Lapidarstil anschaulichere Geschichtsbilder bieten wollten.

---

[1]) Es wird in VI S. 139 f. gezeigt werden, daß auch 6, 23—26 einen verwandten Ursprung hat.

VI.
Die Laudationen.

Auch bei anderen Völkern hat die Poesie Einfluß auf die Geschichtstradition der Vorzeit gehabt. In Griechenland gingen die poetischen Schilderungen der Kykliker, die „genealogischen" und „landschaftlichen" Epen hesiodischen Charakters, den Logographen voran und waren z. T. die unmittelbaren Quellen dieser letzteren. Jahrhundertelang sind im Mittelalter prosaische Chroniken und Reimchroniken nebeneinander hergegangen. Was Peter von Duisburg über die älteste Geschichte des deutschen Ordens erzählt hat, das brachte Nicolaus von Jeroschin in einer mittelhochdeutschen Reimchronik vor, und erst nach ihr, nicht nach Peter von Duisburg, erzählte die Chronik von Oliva um 1350, was über die frühere Ordensgeschichte wissenswert war.

Auch mancher spätere Historiker ist mehr ein Poet als ein Realist, wie ihn die wahre Geschichtschreibung erfordert, gewesen. Nichtsdestoweniger aber hat doch bei den meisten höherentwickelten Völkern sich der Sinn dafür geschärft, welch ein Gegensatz zwischen Dichtung und Wirklichkeit, zwischen poetischer Erfindung und geschichtlichen Tatsachen besteht.

Sollte ein solcher den Römern des 2. Jahrhunderts vC. gefehlt haben?

Und wenn wirklich ein gewisses Gefühl dieses Gegensatzes in den gebildeten Römerkreisen bestand: Wie konnte so bald das von den Römerdramen und den Annalen des Ennius entworfene Bild, das noch dazu vielfach mit naiver und absichtlicher Fälschung durchsetzt war, so sehr die Herrschaft gewinnen, daß

---

[1]) Vgl. Stahl, Über den Zusammenhang der ältesten griechischen Geschichtsschreibung mit der epischen Dichtung (Vortrag auf der Philologenvers. 1895). Neue Jahrb. 1896. S. 369. Ferner O. Seeck, Die Entwickelung der antiken Geschichtsschreibung (Berlin 1898), S. 14f.

dem gegenüber alle Opposition, welche von seiten des historischen Gewissens und von staatsmännischer Einsicht erhoben wurde, niedergekämpft und zum Schweigen gebracht worden ist?

Eine Antwort hierauf kann allein dann gegeben werden, wenn die Beschaffenheit der römischen Laudationen und ihre Bedeutung für die Geschichtsbildung und Geschichtsschreibung klargestellt ist.

Die praetextae wurden oft an den Gedenktagen der Familie oder bei Leichenfeiern aufgeführt, und haben so einen unmittelbaren, einen bestimmenden Einfluß auf die Laudationen ausgeübt, welche die Taten eines angesehenen Mannes und der Vorfahren seines Geschlechts zu rühmlichem Andenken bringen wollten. Indem aber die Laudationen ihrerseits früh schon als wichtige Quellen angesehen wurden, aus denen die Darsteller einer vorgeschichtlichen Zeit Aufschluß gewinnen könnten, haben gerade sie den Gebilden der Poesie Eingang in die Annalen verschafft.

Die Beschaffenheit und der Zweck der Laudationen — das kann gezeigt werden — war derart, daß sie die ruhmvollen Schilderungen der Römerdramen nicht vernachlässigen konnten.

Polybius 6, 52—54 gibt uns in erwünschtester Weise Auskunft über die Einzelheiten der Bestattung vornehmer Männer.[1]) Die Leiche wurde unter großem Gefolge auf das Forum gebracht. Dort hielt, vor versammeltem Volke, der Sohn oder ein naher Freund eine Rede, welche in eindringlicher Weise die Taten des Verstorbenen pries. Wichtiger selbst als diese rednerische Verherrlichung der Taten des eben Verstorbenen war der Teil der Laudatio, welcher die Taten der Ahnen schilderte. Die Ahnenbilder sämtlicher berühmter Vorfahren des Verstorbenen wurden im Leichenzuge mit vorgeführt, und zwar wurden, um die Wirkung noch zu erhöhen, die porträtähnlichen Masken Sklaven oder Schauspielern aufgesetzt, welche mit der dem Eigentümer zukommenden toga triumphalis oder toga censoria bekleidet, die Täuschung erwecken sollten, als ob jene längst verstorbenen Männer leibhaftig in der Versammlung anwesend

---

[1]) Über diese handelte mein Aufsatz „Die römischen Laudationen" in der deutschen Zeitschr. f. Geschichtswissenschaft 1898 II, S. 105, dem ich im folgenden manches entnehme.

wären. Diese so im Leichengefolge einherziehenden oder auf Wagen einherfahrenden Ahnherren des Geschlechts gaben nun dem Redner Anlaß genug, nach der Lobrede auf den Bestatteten auch die Großtaten seiner Vorfahren zu besprechen. Vom ältesten anfangend, schilderte er die Taten eines jeden, dankbar gedachte das Volk seiner Wohltäter und gelobte sich dabei, ihren Taten nachzueifern.[1])

Um die Bedeutung dieser Laudationen für die Annalistik zu erfassen, ist es notwendig, sich zu vergegenwärtigen, welche Vorkehrungen getroffen werden mußten, um solche Leichenfeiern vornehmer Männer gebührend ins Werk setzen zu können.

Vor allen Dingen war es nötig, die Ahnenreihe, die Imagines, in gehöriger Ordnung und jene Ahnenmasken selbst mit den entsprechenden Inschriften über ihre Ämter und Taten verwahrt zu haben. Die Unterschriften der Imagines mußten in möglichster Vollständigkeit alle die Ehren und Ehrentitel enthalten, auf welche der Verstorbene nach Ansicht seiner Geschlechtsgenossen Anspruch erheben konnte. So entstanden die elogia,[2]) zunächst natürlich innerhalb des Hauses bei den Wachsmasken der wichtigsten Ahnherrn angebracht — später, wie die auf dem forum Augusti aufgestellten Fälle zeigen — zu Nutz und Frommen für jedermann die fingierten Ehrentitel verkündend.

Weiter mußten es sich die Mitglieder eines angesehenen Geschlechts angelegen sein lassen, in fraglichen Fällen die ihren Ahnen zukommenden Ehren festzustellen, was naturgemäß oft in einseitiger und parteiischer Weise erfolgt sein wird. Bekannt ist ja die Klage des Livius (8, 40, 4): Vitiatam memoriam funebribus laudibus reor falsisque imaginum titulis, dum familia ad se quaeque famam rerum gestarum honorumque fallenti mendacio trahunt, und Cicero (Brutus 16, 62) klagt ebenfalls über die falsi triumphi, plures consulatus, genera etiam falsa, welche auf diese Weise in die Geschichte eingeführt worden seien. Daneben mußten die vornehmen Familien, welche von Zeit zu Zeit in die Lage kamen, durch einen glänzenden Leichenzug und eine an diesen anknüpfende Lobrede ihr Geschlecht zu

---

[1]) Vgl. F. Vollmer, laudationum funebrium Romanorum historia (Lips. 1891).
[2]) C. J. L. I, p. 277. Hirschfeld Philol. 34, 85 f.

heben und zu verherrlichen, darauf bedacht sein, möglichst viele Dokumente, welche Bezug auf die Familiengeschichte hatten, zu sammeln. Von einer solchen Sorge für das Familienarchiv spricht Festus p. 356, und Plinius N. H. 35, 7 sagt: Tabulina codicibus implebantur et monimentis rerum in magistratu gestarum. Das Resultat der Untersuchungen über die Familiengeschichte wurde dann in einem Stammbaum (stemma) zusammengestellt.[1]

Bei weitverzweigten Familien bedurfte es wohl gründlicher Studien in den Familienarchiven und in den früher niedergeschriebenen Laudationen, um die historischen Schwierigkeiten, welche sich bei der Feststellung der Einzelheiten ergaben, zu beseitigen. Auch ward natürlich früh das Bedürfnis rege, eigene Familiengeschichten zu erhalten. Leider wissen wir einzelnes hierüber erst aus späterer Zeit. So hat z. B. Atticus „M. Bruti rogatu" „Juniam familiam a stirpe ad hanc aetatem ordine" hergeleitet und hergezählt, qui a quoque ortus, quos honores quibusque temporibus cepisset. Um dieselbe Zeit schrieb M. Valerius Messala (Konsul 53 vC.) eine Schrift de familiis (vgl. Plin. N. H. 35, 8), aus welcher Plinius manche Angaben über die Cornelier, Pomponier und Valerier entnommen hat.

Schon früh mußte es endlich erwünscht sein, die Taten der Vorfahren so geordnet und behandelt zu besitzen, wie sie gegebenenfalls bei einem neuen Todesfall in der Familie verwandt werden konnten. Das führte zu schriftlichen Aufzeichnungen der Laudationen und zur Verwahrung solcher „laudationes scriptae" im Familienarchive. So hat z. B. Augustus in der Leichenrede auf seinen Schwiegersohn Marcellus manche Einzelheiten über die letzten Schicksale des berühmten M. Claudius Marcellus (546 = 208 vC.), welche den Historikern fremd waren, aus der älteren laudatio jenes Feldherrn des hannibalischen Krieges in seine eigene laudatio herübergenommen.

Die verderbliche Wirkung solcher niedergeschriebener Laudationen für die Geschichtsschreibung hebt Cicero (Brutus 16, 62) hervor. Es entstand bald ein gewisser Wetteifer unter den angesehenen Geschlechtern, den Ursprung ihrer Ahnenreihe bis

---

[1] Hermann Peter, Veterum Historicorum Romanorum relliquiae p. XXXII. Nepos, Atticus 18, 4.

in eine graue Vorzeit hinaufzuführen. Bekannt ist es,[1]) wie zahlreiche römische Familien später ihre Herkunft von trojanischen Geschlechtern herzuleiten suchten, und wenn auch nicht alle derartige Versuche allgemeine Anerkennung bei den Geschichtskennern fanden, so scheuten sich doch selbst vorsichtige Leute nicht, solche Erfindungen in den Laudationen vorzubringen. C. Julius Cäsar z. B. führt in der laudatio seiner Tante das Geschlecht der plebejischen Marcii auf den König Ancus Marcius, das der Julier auf die Göttin Venus zurück.[2]) Auch sonst strotzten sie, wie die erhaltenen Laudationen-Fragmente zeigen,[3]) von Übertreibungen und von direkt unhistorischen Angaben.

Quintus Metellus hob in seiner Leichenrede auf den Pontifex L. Metellus zehn Dinge hervor, welche die Weisesten für das Höchste und Beste hielten, und betonte, daß in allen zehn Punkten L. Metellus das Höchste erreicht habe: haec contigisse ei nec ulli alii post Romam conditam (Plin. N. H. 7, 43, 139)! Der Sohn des 208 vC. gefallenen Marcus Claudius Marcellus hatte eine Erzählung über die Todesart seines Vaters in der oben erwähnten Leichenrede geboten, welche von mehreren anderen glaubwürdigen Berichten bedenklich abwich. Es ist daher nicht zu bezweifeln, daß das Bestreben, die Taten der Vorfahren früherer Jahrhunderte zu erheben, zu nicht minder großen Verstößen gegen die historische Wahrheit geführt hat. Ja, je mehr sich hier die Rhetorik einmischte, je größer der Wetteifer zwischen einzelnen Geschlechtern ward, je dürftiger die echte Tradition war, und andrerseits je häufiger die Taten der Vorzeit nach dem Vorbilde späterer Ereignisse geschildert wurden, desto mehr wuchs die Gefahr, daß die Laudationen zu romanhaften Schilderungen der Vergangenheit, zu wirklichen Fälschungen der geschichtlichen Wahrheit führten.

Um so bedenklicher für die historische Wahrheit und für die römische Geschichtsschreibung war es, daß diese Art von Literatur, die Laudationen und ihre Grundlage, der Inhalt der Familienarchive, später je mehr und mehr die Spuren der älteren Annalistik verdunkelt und an die Stelle einiger weniger glaub-

---

[1]) Auch Varro schrieb mehrere Bücher de familiis Troianis (Serv. ad Aen. 5, 704).
[2]) Sueton Julius Caesar 6.
[3]) Vgl. Vollmer a. O., S. 480f.

hafter Berichte der nüchternen Stadtchronik eine Sammlung von rhetorisch geschmückten Familienberichten gesetzt haben.

Der Zeitgeschmack und das Interesse der Leser in Rom beförderte diese Entwicklung außerordentlich.

Seit der Gracchenzeit und ihren heftigen politischen Kämpfen hatte das Interesse für die Entstehung und Erkämpfung der Rechte des Volkes lebhaft zugenommen. Über die Rechte des Tribunats, die Geltung der Plebiszite, über die Bedeutung des Senats und die Befugnisse der Konsuln wurde in der Kurie wie auf dem Forum gestritten.

Dieser Richtung konnten sich die folgenden Annalenschreiber um so weniger entziehen[1]), je heftiger in den sullanischen Wirren die Rechte des Volkes von der Aristokratie bestritten wurden. So sind denn die Annalenwerke der sullanischen Zeit und der nachfolgenden demokratischen Wiedererhebung, namentlich soweit sie ein Bild des alten römischen Ständekampfes zu geben suchten, reine Tendenzschriften geworden, welche die Vergangenheit mit den Farben ihrer Zeit romanhaft auszustatten suchten.

Bei der Absicht dieser Skribenten, ein möglichst historisch scheinendes, lebensvolles Bild der früheren Staatsmänner zu bieten, wurden sie dazu geführt, die Darstellung jener vorgeschichtlichen Zeiten mit mancherlei Detail, namentlich aus den Familienarchiven auszustatten. Die Kämpfe zur Wiedererlangung der tribunizischen Rechte nach Sullas Tode boten jenen Tendenzschriftstellern reichen Stoff dar, um danach die Kämpfe zur Erweiterung der tribunizischen Rechte im 5. Jahrhundert vC. zu rekonstruieren,[2]) und dabei den Vorfahren auch minder angesehener Geschlechter ein Ehrendenkmal zu setzen.

Alle jene jüngeren Annalisten haben in der Tat, wie das im einzelnen nachweisbar ist, in reichem Maße die Laudationenliteratur berücksichtigt.

Es möge zuerst gezeigt werden, an welchen Stellen des Livius dieses der Fall gewesen ist, und sodann, welcher Herkunft

---

[1]) Vgl. Neue Jahrb. 1897, S. 417f.

[2]) So sind die agrarischen Streitigkeiten aus der Zeit des Ständekampfes vielfach nach dem Muster der gracchischen Unruhen geschildert worden. Näheres siehe in VII und oben V, S. 122f.

die von Livius gebotenen Laudationenberichte sind und aus welcher Zeit sie stammen.

Meine Abhandlungen über „die annalistischen Quellen in Livius", IV. und V. Dekade (Philologus 52, 664f.), und „Livius' Quellen in der III. Dekade" (S. 130f.) haben nachgewiesen, daß Livius dort, wo er in der III. bis V. Dekade dem Claudius folgte, fast durchweg rhetorische, meist inhaltlich wertlose Berichte vorfand und benutzte, welche die Claudier[1]), Fulvier und Scipionen zu feiern suchten, am meisten M. Claudius Marcellus und Scipio Africanus, sowie auch die dem Hause des letzteren nahe verwandten Gracchen.

Während in allen sonstigen Abschnitten Claudius' Berichte wenigstens eine Kunde der Laudationen jener Geschlechter verraten, ist es bei der Darstellung der Taten des Africanus bei der ungemeinen Ausdehnung dieser Berichte[2]) — durchaus wahrscheinlich, daß Livius' Ausführungen sogar einer Spezialschrift des Claudius, einer literarischen Lobschrift zu Ehren des Africanus, entnommen sind, welche nach Berichten des Polybius und Acilius die Taten des Scipionengeschlechtes und vor allem die Verdienste des Africanus in übertriebener Weise geschildert hatte.[3])

Wenn ferner zwei Männer wie Claudius Marcellus und Scipio selbst nicht die Kenntnisse und Fähigkeiten besaßen, um ihre Familiengeschichte zu eruieren, und den Atticus baten, daß

---

[1]) Nicht nur die plebejischen Claudier, wie ungenau in „Livius' Quellen" S. 130 steht. Auch die patrizischen Claudii Nerones wurden hervorgehoben.

[2]) ca. 40. Kapitel! Aus ihr dürfte auch die der Scipioneninschrift (C. J. L. I. p. 16) direkt widersprechende, völlig unhistorische Schilderung der Taten des L. Scipio Barbatus (eos. 456) stammen, Liv. 10, 11. Vgl. „Livius' Geschichtswerk" S. 126. Einzelheiten vorher (10, 5) erinnern sogar an die polybianische Darstellung der Schlacht bei Zama!

[3]) Nepos Atticus 18, 3 sagt von Atticus: M. Bruti rogatu Iuniam familiam a stirpe ad hanc aetatem ordine enumeravit, notans qui a quoque ortus, quos honores quibusque temporibus cepisset. Pari modo Marcelli Claudii de Marcellorum, Scipionis Cornelii et Fabii Maximi Fabiorum et Aemiliorum. Die Geschichte des fabischen und aemilischen Geschlechtes ist von Atticus vorzugsweise mit Rücksicht auf die nahe Verwandtschaft dieser beiden Geschlechter mit den Scipionen bearbeitet worden. Die beiden Söhne des Aemilius Paulus traten durch Adoption in die cornelische und fabische gens ein.

er Einzelheiten über ihre Vorfahren feststellen solle, so wird auch hierdurch aufgeklärt, wie ein Skribent wie Claudius gerade ihre Geschlechter durch lobende Schilderungen erhoben hatte. Denn dann werden sich jene Aristokraten auch nach gewerbsmäßigen Literaten umgesehen haben, welche ihre rhetorischen Fähigkeiten bereitwillig in den Dienst der adligen Herrschaften zu stellen bereit waren. „Ein solcher gesinnungsloser Schönredner scheint Claudius Quadigarius[1]) (d. i. der „Jockey") gewesen zu sein, der in allen Sätteln gerecht bald das Schlachtroß des einen Ahnherrn, bald das des anderen tummelte, je nachdem ihm das aufgetragen war. So allein sind die frei erfundenen Schlacht- und Siegesberichte der III. und IV. Dekade hinreichend zu erklären."

„Auch in der I. Dekade fehlt es nicht an solchen claudischen Schilderungen, doch sind sie einerseits hier weniger breit und andrerseits heben sie sich nicht so scharf ab von den rhetorischen Partien anderer Annalisten, wie Macer und Tubero, deren Berichte gleichfalls vielfach auf Laudationen beruhen. Hier kommen eben weniger Cornelier und Claudier als vielmehr Licinier, Fabier, Decier, Quinctier, Servilier und Volumnier in Betracht."

Der Bericht über die leges Liciniae Sextiae 6, 34—42 ist der Art, daß er nur unter Berücksichtigung der licinischen Familientraditionen niedergeschrieben sein kann. Da werden 6, 34, 5—7 die verwandtschaftlichen Beziehungen der Licinier und Fabier erwähnt; 6, 36, 7 tritt ein „Fabius quoque tribunus militum Stolonis socer" auf; 6, 36, 10; 6, 37, 8 wird P. Licinius Calvus als erster plebejischer Militärtribun genannt. Vgl. ferner 6, 39, 3. Ähnlich herrscht die licinische Familientradition 7, 18; 5, 18 bis 20 vor.[2])

Weit eingehender sind im Livius die Überreste einer späten fabischen Laudation. Dieselben stammen direkt gleichfalls aus Macer,[3]) dessen Geschlecht ja seit den Zeiten seines berühmten Ahnherrn zu dem fabischen Geschlecht engere Beziehungen hatte. C. Licinius Stolo hatte eine Fabia zur Gemahlin, und schon die

---

[1]) Näheres über ihn: „Claudius Quadrigarius" im Philologus 1897, S. 418f. und „die römischen Laudationen" S. 115f.

[2]) Ich folge auch hier den Ausführungen meines Aufsatzes über „die römischen Laudationen" S. 117f. und Soltau, Livius' Geschichtswerk (1897), S. 95f.

[3]) Vgl. Neue Jahrbücher 1897 S. 409f., (Macer und Tubero).

oben erwähnte Licinierepisode berührte eingehend die fabische Tradition (6, 34). 8, 18 handelt von der curulischen Ädilität des Q. Fabius Maximus, 8, 30—37 von seinem Verhältnis zum Diktator Papirius Cursor, 9, 38—40 von seinem siegreichen Vordringen nach Etrurien. Ganz offenkundig wird die dem fabischen Geschlechte günstige Fassung — und zwar zweimal unter Bezugnahme auf Macer und Tubero — erzählt (10, 9, 10 und 10, 11, 9). Es wird danach auf sie 10, 9, 7—10; 10, 11, 7—10; 10, 13—14, ja wenn auch mit einem anderen (dem L. Volumnius günstig gestimmten) Bericht gemischt, 10, 15, 7—12 zu beziehen sein; außerdem 10, 17, 11 huius oppugnatarum urbium decoris pars maior in quibusdam annalibus ad Maximum trahitur. Ferner 10, 24—26 die Erzählung von den Taten von Fabius und Decius, sowie manches aus dem Berichte der Schlacht bei Sentinum 10, 27—28.

An diesen letzten Stellen begegnen uns aber Berichte, welche zugleich in der ruhmredigsten Weise die Taten des Decius und des Volumnius hervorheben, der erstere nach Tuberos Annalen, der letztere, wie auch die den Volumnius besonders hervorhebenden Kapitel 10, 40—42, aus Claudius[1]). Aus einer Laudation des decischen Geschlechtes stammt jedenfalls auch der Bericht des Livius über die Todesweihe der beiden Decier (vgl. auch 8, 9f. und 7, 34f.).

In den früheren Büchern des Livius sind es vor allen Dingen die Erzählungen über die Quinctier, welche die Benutzung eines ausführlichen Familienberichtes verraten, welcher in breiter rhetorischer Weise die verschiedensten Mitglieder dieses Geschlechtes hervorhob. Gerade solche Ausführungen müssen es gewesen sein, welche bei einem feierlichen Leichenbegängnisse das Material darboten, um die früheren Ahnen dieser Familie in einer dem Geschlechte würdig erscheinenden Weise zu preisen. Man vergleiche z. B. über die Quinctier 2, 64, 3—65, 7; 3, 25—29; 3, 66 bis 70; 4, 17—18; 4, 26; 4 37—44; auch wohl schon 3, 11, 6—13, 10, ferner 6, 12—13 und 7, 39—41.

Auch die Familiengeschichten einiger anderer Gentes haben wichtige Spuren in den annalistischen Quellen hinterlassen. Bekannt ist dies vor allem von derjenigen der Valerier, deren be-

---

[1]) Dies zeigte ich in „Livius' Geschichtswerk", S. 118f., 126f.

rühmter Ahnherr P. Valerius Poplicola nebst seinem Bruder
M. Valerius als der Begründer der römischen Freiheit in hohen
Ehren stand, diese Ehre aber mehr noch der Familientradition
und dem Verkündiger derselben Valerius Antias als seinen Taten
verdankte.[1]) Nicht minder werden viele Einzelheiten über M.
Valerius Maximus den Familiennachrichten dieses Geschlechtes
ihre Entstehung verdanken. Während aber die Erzählungen des
Livius über die Valerier nur selten einen größeren Raum ein-
nehmen, sind manche Berichte über die Postumier und Servilier
wieder derart, daß ihnen offenbar eine ausführliche Laudatio
zugrunde gelegen haben muß. So vor allem die Erzählung von
den Taten des Postumius bei Livius 10, 32—37, welche noch dazu
sowohl mit Claudius wie mit Fabius in Widerspruch steht.[2]) Auf
eine solche Laudation der Servilier geht die Erzählung zurück,
welche Livius 4, 12—15 über Spurius Maelius und Servilius
Ahala im Gegensatz zu der einfachen Tradition bei Piso fr. 24
geboten hatte;[3]) indirekt, wie gezeigt werden wird, beruht dieselbe auf einer praetexta des Accius (s. oben S. 123f.).

Die hier gebotenen Ausführungen haben aber nicht nur
wahrscheinlich zu machen gesucht, daß in ganz anderer Weise,
als früher angenommen wurde, größere Abschnitte der annalistischen Tradition auf den Laudationen einiger der bekanntesten
Familien beruhen,[4]) sondern sie haben auch dargetan, welcher
Art diese Laudationen gewesen sind.

Die auf Grund der imagines und laudationes entstandene rhetorisierende Geschichtsschreibung, welche eine gewisse Realität
ihrer Erfindungen fingierte, ist die Hauptquelle jener Geschichtsdarstellungen bei Livius, welche die glaubwürdigen An-

---

[1]) Bei Livius 2, 1f., der dort nicht dem Antias folgte, treten seine
Taten auch nicht im entferntesten so sehr hervor wie bei Dionys oder
gar in Plutarchs Poplicola. Vgl. Soltau, Die Quellen Plutarchs in der
vita des Poplicola (Zaberner Progr. 1905).

[2]) Vgl. 10, 37, 13—16.

[3]) Weitere Berichte über die Servilier finden sich z. B. bei Livius 2,
24; 4, 46—47; 4, 57; 5, 9. Über die Furii Camilli s. Liv. 6, 23f.

[4]) Das entsprach dem Geschmack Ciceros, wie das hervorgeht
aus de leg. 1, 2, 5 abest enim historia litteris nostris, ut et ipse
intellego et ex te persaepe audio. Potes autem tu profecto satisfacere
in ea, quippe cum sit opus, ut tibi quidem videri solet, unum hoc ora-
torium maxime.

gaben der älteren Annalistik in Vergessenheit gebracht und eine ungeschichtliche Darstellung an ihre Stelle gesetzt haben.

Solche Laudationen haben natürlich auch bereitwillig das aufgenommen, was durch die epische und dramatische Poesie allgemeine Verbreitung und Berühmtheit erlangt hatte, und sie haben nachweislich jene Erfindungen in die Ruhmesberichte der von ihnen gefeierten Geschlechtshäupter eingefügt.

Wenden wir uns von dieser spätesten Zeit einer ausgebildeten Laudationen-Literatur, welche den Familientraditionen von Roms erlauchten Geschlechtern gewidmet war, zurück zu den älteren Laudationen. Es muß hier vor allen Dingen vor der Annahme gewarnt werden, daß schon für die Zeit vor Beginn einer Annalistik eine lebhafte Fälschertätigkeit seitens der einzelnen römischen Geschlechter bestanden habe. Weder die ältesten Annalisten, wie Fabius, Cato, Cassius, noch das ehrsame Pontifikalkollegium des 3. Jahrhunderts, noch gar Flavius haben eine Tätigkeit ausgeübt, welche darauf schließen ließe, daß sie selbst absichtliche Fälschungen gemacht oder geduldet hätten.

Wohl aber sind einige jener Bestrebungen, durch eine weiter ausgebildete und vielfach hypothetisch rekonstruierte Familiengeschichte bei den Ereignissen der Königszeit, ja selbst der ersten Jahrhunderte der Republik die Lücken der Tradition auszufüllen, bis in die Zeit des 3. Jahrhunderts vC. hinauf zu verfolgen.

Die Ergebnisse solcher Bestrebungen sind dann aber erst später, nachdem sie in den Familienarchiven ein achtbares Alter gewonnen, nachdem sie mehrfach in Laudationen öffentlich verkündet und vielfach weitererzählt worden waren, von den pontifices und Annalenschreibern gebilligt und dann auch in die Chronik aufgenommen worden.

Keineswegs handelt es sich bei solchen unhistorischen Erfindungen um Fälschungen über historische Persönlichkeiten, sondern lediglich um vorhistorische Verhältnisse, um Personen und Geschlechter aus den ersten Jahrhunderten einer römischen Geschichte, über eine Zeit also, da jede sonstige geschichtliche Überlieferung fehlte.

Das wichtigste Beispiel derartiger Familienerfindungen bietet sich in den Gentilnamen der römischen Könige dar.[1]) Daneben aber kommen auch noch einige gefälschte Konsulnamen aus dem Anfang der Republik in Betracht.

Varro behauptet bekanntlich[2]): „die Namen des alten Italien seien einfach gewesen, dafür sprächen die Benennungen der Zwillinge Romulus und Remus und des Faustulus." Auch hatte Varro Amulius und Numitor als Einzelnamen denen gegenüber festgehalten, welche von einem Silvius Numitor und Silvius Amulius[3]) geredet hatten. Auch zwei andere Personen der Romuluslegende — Tarutius und Tarquitius — tragen nur einen Namen.[4])

Dieser eine Name ist also vor allem für die Genesis der Erzählung von den römischen Königen wichtig, nicht der Geschlechtsname. Und nun vergleiche man folgende Zusammenstellung:

Roma, Romulus	(Romilius)
Numa	Pompilius
Tullus	Hostilius
Ancus	Marcius
Servius	Tullius

Dazu kommen die Einzelnamen
Amullus, Amulius,
Numitor.

Alle Familiennamen sind dieselben, welche bekannten Geschlechtern Roms angehören und zwar sind es, da ja die Romilier in der Sage nicht vorkommen, lediglich plebejische Geschlechter.

Dagegen sind sämtliche praenomina etruskischer Herkunft, und alle sind in Rom verschollen mit der alleinigen Ausnahme von Servius.

---

[1]) Die folgenden Ausführungen gab ähnlich schon mein Aufsatz in der Wochenschrift f. klass. Philologie 1908, Nr. 8, S. 219f.
[2]) Varro de praenom. (Anfang): Varro simplicia in Italia fuisse nomina ait.
[3]) Auch die Namen Amullus und Amullius kommen in etruskischen Inschriften vor. Ersterer ist der ältere, ursprüngliche.
[4]) Rea Silvia kommt hier nicht in Betracht. Die ältesten Dichter nannten sie Ilia (d. i. die Troerin). Silvia ist sie erst nach dem Aufkommen der Sage von den Königen Alba's genannt; rea (d. i. die Schuldige) ist ihr Beiname erst nach Ennius geworden.

Was über diese von Schulze in seinem Buche „Römische Eigennamen" festgestellt ist, möge hier Platz finden.

Roma oder mit lateinischer Endung Romus ist ein tuskischer Eigenname. Nach ihm hat die Stadt den Namen bekommen. Die Tribus Romilia und die gens Romilia sind von diesem Stadtnamen unzertrennbar (Schulze, S. 580). „Die etruskische Sitte gestattete ohne Unterschied in der Sache eine gewisse Freiheit des Wechsels zwischen einfacher und erweiterter Form." Daß das Geschlecht der Romilii oder doch sein Geschlechtsname in Etrurien tatsächlich Heimatsrecht hatte, lehrt die Inschrift der rumlnas sethres aus Volcii (Fabretti 2171 vgl. Schulze S. 368). Auch Ramnes, Tities, Luceres sind etruskischer Herkunft und Remus, mit den Lokalen von gleichem Stamme Remonia, Remoria, hat in den remne (Remnii) Etruriens seinen Ursprung (S. 197).

Numa, ein aus dem Lateinischen vollständig verschwundener Vorname, ist sehr oft auf etruskischen Inschriften verzeichnet. Von diesem tuskischen Namen ist dann u. a. das Geschlecht der Numenii (C. J. L. II, 4559 III, 4452) und auch der Name Numitor abgeleitet.

Dasselbe gilt von Tullus und Ancus.

Die in Etrurien gebräuchlichen Familiennamen Tullenus (Arretium), Tullius (Faesulae), Tullonius (Benevent), Tullienus (Cupramontana) führen auf etrusk. tule zurück, welches z. B. C. J. E. 376 u. 433 erscheint (= Tullius). Das praenomen Tullus ist in Rom verschwunden. Erst spät kommt gelegentlich ein cognomen Tullus vor.

Auch Ancus, welches als praenomen in Rom ausgestorben ist,[1]) hat nach Schulze einen etruskischen Ursprung. Überaus zahlreich sind Namensbildungen wie ancarni, ancharenus, ancarenus, ancharu, ancare, ancarie in Städten, welche dem etruskischen Sprachgebiet angehört haben. Ancilii kommen in Tarquinii, Praeneste, Corfinium vor.

Der Vorname Servius ist allerdings in Rom gebräuchlich gewesen und von ihm das nomen Servilius abgeleitet worden. Aber sein Ursprung ist gleichfalls tuskisch. Serve, Servi, Serveni usw. sind in Etrurien heimisch.[2])

---

[1]) Schulze, S. 122; 165 Anm. 7.
[2]) Schulze, S. 231, 371.

Aus diesem Tatbestand ergeben sich bindende Folgerungen.

Schon die Frage, ob die Königsliste alt oder jung und gefälscht ist, muß anders, als dieses z. B. von Jordan geschehen ist, beantwortet werden, darf keine einfache, weder eine positive noch eine negative Antwort erhalten.

Alt sind die in Rom längst verschollenen Vornamen Romos, Romulus, Remus, Numa, Tullus, Ancus, sowie die sonstigen Namen der älteren Sage Numitor, Amullus (= Amulius), Tarutius, Tarquitius.[1)]

Sie leben in Rom nur noch in den Gentilnamen Romilius, Numisius, Tullius, Numitorius, Amuleius fort.

Der Ursprung aller ist etruskisch, stammt also aus einer recht alten Epoche, aus einer Zeit, da man sich im römischen Volke noch der Fürsten aus tuskischen Geschlechtern erinnerte.

Das Entgegengesetzte ist für die Gentilnamen anzunehmen. Sie sind insgesamt [2)] recht jungen Ursprungs; sind identisch mit den erst spät in der Geschichte hervortretenden plebejischen Geschlechtern.

Es braucht kaum hervorgehoben zu werden, wie gut dieses Ergebnis zu dem paßt, was oben (II) über die späte Entstehung einer römischen Königsgeschichte festgestellt ist.

Einige alte Königsnamen und die Siebenzahl der römischen Könige mögen schon lange vor den punischen Kriegen in volkstümlicher Tradition bekannt und oft genannt worden sein. Eine detaillierte Schilderung der Schicksale und Taten der römischen Könige ist dagegen erst durch die Dramen und Epen von Naevius und Ennius geschaffen worden. Vor des Naevius „Alimonia Remi et Romuli" und vor des Ennius „Sabinae" wußte man in Rom nichts von den Taten des Romulus, vor Ennius' Annales kannte man weder des Romulus Himmelfahrt noch den Verkehr Numas mit Egeria und Pythagoras.

Merkwürdigerweise zog Jordan bei der „Möglichkeit der Erfindung" dieser königlichen Geschlechtsnamen in erster Linie

---

[1)] Wahrscheinlich auch Egeria, vgl. Schulze, S. 123.

[2)] Die gens Romilia, die ja von Romylos Romulus ihren Namen hat, ist natürlich alt, wie die tribus Romilia. Sie gehört aber nur etymologisch in die Sage von den römischen Königen hinein. Nicht ein Romilius, sondern ein Romulus war als Stadtgründer genannt.

das ehrsame Pontifikalkollegium in Betracht.[1]) Sicherlich waren vielmehr die imagines und laudationes die Brutstätten für derartige Erfindungen, soweit die dichterischen Einfälle überhaupt ein Substrat gebrauchten. Erst in einer Zeit, da schon manche Geschlechter ihre Verwandtschaft mit albanischen und troischen Geschlechtern, mit alten Königen und den Göttern nachzuweisen suchten, sind die königlichen Gentilnamen aufgekommen und — geglaubt worden.

Ja, es läßt sich die Zeit, da diese Fälschungen aufgekommen und zuerst geglaubt worden sind, noch näher präzisieren.

Marcier sind schon seit 397 d. St. unter den Oberbeamten, während Hostilier erst seit 584 d. St. unter ihnen auftreten. Pompilier und Tullier kommen für jene Epoche in den Fasten nicht vor, doch ist schon 334 d. St. (Liv. 4, 44) ein Pompilius Volkstribun, und Tullier erscheinen nicht selten in unteren Stellungen.

Einen Marcius Rex kann es natürlich erst nach der lex Ogulnia (454) gegeben haben. M. Marcius Rex ist der erste plebejische rex sacrificulus, eben der, welcher (Liv. 27, 6, 16) das cognomen dieser Priesterwürde entnommen hat, wie Genucius Augurinus dem Augurat den Beinamen verdankt. Tullier werden wohl erst, nachdem Mitglieder ihrer Familie zu Priestern, namentlich zu pontifices ernannt worden waren, sich für ihr Geschlecht nach einer besseren Herkunft umgesehen haben. Somit werden wir also bis in die zweite Hälfte des 3. Jahrhunderts vC. geführt, d. h. in die Zeit, da der erste plebejische pontifex maximus Coruncanius fungierte, da Marcius († 210 vC.) erster plebejischer rex sacrorum wurde. Gegen Ende des Jahrhunderts muß sich dann diese Tradition, welche die Herkunft der plebejischen Geschlechter mit römischen Königsfamilien verband, einen solchen Glauben erworben haben, daß selbst die älteren Annalisten solches für glaubwürdig genug hielten, um es in ihre Chronik einzustellen.

Es hat sich auch hier wieder die Wahrheit des Wortes[2]) bestätigt:

> Was töricht schien im Anbeginn,
> Woran kein Weiser sich beteiligt:

---

[1]) Jordan, S. 32.
[2]) So lautet ein Wort Mirza Schaffys nur wenig variiert.

Ging ein Jahrhundert drüber hin,
Erscheint's ehrwürdig und geheiligt.
Und bringt es den Verstand auch ins Gedränge,
Wirkt es doch mächtig auf die Menge!

In diesem Falle läßt sich sogar die Person, an welche diese Familienfälschungen anknüpften, feststellen. Kein anderer als der erste plebejische rex sacrorum M. Marcius ist der Urheber dieser Interpolation in der Königsliste.

Schon die Tatsache, daß die Marcier den berühmten Geschlechtsgenossen als Marcius Rex feierten, führt darauf hin, daß sie, an dieses cognomen anknüpfend, ihr Geschlecht mit den königlichen Geschlechtern zu verbinden suchten. Sie haben dieses aber noch in zwei anderen Fällen getan und können somit durch einen Indizienbeweis als die Hauptschuldigen überführt erscheinen. Die Marcier behaupteten nämlich auch, daß der erste Pontifex in Rom, ein Numa Marcius, dem patrizischen Geschlecht der Marcier angehört habe. Indem dann fingiert wurde, daß eine Tochter des Königs Numa dieses Marcius Sohn geheiratet, machten sie das Marcier-Paar zu Eltern des 4. Königs Ancus, der nun auch mit vollem Recht Ancus Marcius rex hieß. Auch die Person des patrizischen Cn. Marcius Coriolanus ist in den Kreis dieser Familienfälschungen einzureihen und jedenfalls älteren Datums als Fabius Pictor (vgl. V. S. 112f.).

Die Lorbeern der Marcier ließen die Popilii, Pompilii, Pomponii nicht schlafen und das um so weniger, da Numa als Pomponis filius[1]) ihnen ein ganz anderes Anrecht auf eine Verbindung mit den Königen zu geben schien.

Die Hostilier und Tullier nahmen mit dem vorlieb, was noch übrig blieb: mit dem kriegerischen (hostilis) König Tullus und dem volksfreundlichen „serva natus" Servius[2]).

Den fiktiven Ursprung aller dieser Versuche, plebejische Geschlechter in Verbindung mit den Königen zu setzen, zeigen dann die jüngeren Versuche, welche Plutarch Numa 21 herzählt.

Einige hatten von den Kindern Numas nur ein einziges,

---

[1]) Der Name Pompo ist tuskisch (pumpu), also alt!
[2]) Letzterer heißt übrigens bei Cicero de republ. 2, 21, 37 nicht Tullius, sondern Servius Sulpicius! Es scheint also, daß beide Familien der Konsuln von 254 Servius Sulpicius Manius Tullius sich bemüht haben, den 6. König zu ihrem Ahnherrn zu machen.

seine Tochter Pompilia, die Mutter des Ancus, genannt, andere
hingegen seine Söhne Pompo, Pinus, Calpus, Mamercus erwähnt:
εἶναι γὰρ ἀπὸ μὲν τοῦ Πόμπωνος, τοὺς Πομπωνίους, ἀπὸ δὲ
Πίνου τοὺς Πιναρίους, ἀπὸ δὲ Κάλπου τοὺς Καλπουρνίους, ἀπὸ
δὲ Μαμέρκου τοὺς Μαμερκίους[1]) Hier sehen wir denselben
gentilicischen Fälschungstrieb in Tätigkeit, nur leider einige
Menschenalter zu spät, so daß seine Produkte nicht mehr allgemeine Anerkennung fanden.

In derselben Zeit sind auch mehrere plebejische Konsulnamen unter die Patrizier und folgeweise in die reinpatrizische
Konsulliste 245—303 d. St. eingesetzt worden.

Es hat schon lange Zeit befremdet, daß die plebejischen
Namen der Aquilier (267), Cassier (252, 261, 268), Genucier (303),
Junier (245), Minucier (257, 262, 263, 296), Sempronier (257,
263), Volumnier (293) mitten unter den patrizischen Konsuln auftreten.[2]) Nun sind, worauf Enman hingewiesen hat,[3]) 447 L.
Volumnius, 449 Ti. Minucius, 450 P. Sempronius, 451 L. Genucius
Konsuln, 444 auch der Plebejer C. Marcius Konsul, dessen
patrizischer Ahn auch erst durch die Sage geschaffen ist. „Hier
kann von Zufall keine Rede sein" bemerkt K. J. Neumann mit
Recht. Nicht also über das „Was", nur über das „Wie" kann
hier eine Meinungsverschiedenheit herrschen. Jene aufstrebenden
plebejischen Männer sind es gewesen, welche sich den Patriziern
gleichwertig fühlten und in ihren Kreisen den Glauben verbreitet haben, daß ihre Ahnen es mit denen der Patrizier aufnehmen könnten. Ihre Geschlechtsgenossen wiesen darauf hin,
daß einst patrizische Geschlechter gleichen Namens bestanden, ja
wagten zu behaupten, daß einst ihre patrizischen Namensvettern
das Konsulat bekleidet, sowie daß manche derselben bei der Verteidigung patriotischer und konservativer Interessen es den alten
Geschlechtern gleich getan hätten.

Und dazu kommt, daß damals auch der Mann gelebt hat,
welcher den Glanz des junischen Geschlechts zu verherrlichen
gesucht hat. Das war C. Junius, Konsul in den Jahren 437, 441,

---

[1]) Vgl. Mommsen, Röm. Forschungen 1, 104.
[2]) Auch gleich nach dem Dezemvirat 309 ist P. Genucius, 331 ein
C. Sempronius Konsul.
[3]) Hettlers Zeitschrift für alte Geschichte 1900 (S. 92 f.), K. J. Neumann, L. Junius Brutus, Straßburger Festschrift 1901, S. 309 f., 326 f.

443 d. St., mehrfach Diktator und Magister equitum. Auf diesen Mann hat besonders K. J. Neumann hingewiesen, wenn es galt, alles das, was über das junische Geschlecht Historisches und Sagenhaftes erzählt ward, auf seine Herkunft hin zu untersuchen. Derselbe gehört mit zu dem Kreise jener plebejischen Konsuln, 447—451, welche ihre Ahnenbilder zu vergolden und mit besonderem Glanze auszustatten suchten.

Die reiche Ehrentafel von Ämtern und Triumphen, welche dieser Junier aufzuweisen hatte, ließ die Seinen auch die Taten seiner Vorgänger besonders beachten und zusammenstellen. Einer von den beiden ersten Tribunen hieß, nach Dionys, L. Junius Brutus,[1]) völlig gleichnamig also dem ersten Konsul. Noch manche andere ausgezeichnete Beamte konnte der Stammbaum der Junier aufweisen: 262 wie 263 war ein Brutus Ädil. Ein Brutus soll Urheber der concilia plebis 272 gewesen sein. Aber das genügte sehr bald den stolzen Männern dieses Plebejergeschlechts nicht mehr.

Die Analogie der übrigen patrizischen Konsuln mit plebejischen Namen spricht durchaus dafür, daß auch der einzige patrizische Junier, welchen die Fasten bieten, durch die ehrgeizigen Bestrebungen der Junier diese Stellung in der Geschichte erhalten hat. Seine Geschlechtsgenossen feierten wie in anderen Vorfahren die Vorkämpfer für die Rechte der plebs, so in diesem Heros Eponymos des Geschlechts den Urheber der republikanischen Freiheit überhaupt.

Allerdings wird man darin Neumann nicht beistimmen können, wenn er vermutet, schon Flavius habe diese patrizischen Ahnen seiner plebejischen Zeitgenossen offiziell in die Fasten eingeschoben. Denn gerade wenn man dem Flavius und seinen Zeitgenossen ein wirkliches Interesse an der Ergründung der Vorzeit zuspricht, wird man nicht annehmen dürfen, daß dieser Mann

---

[1]) Näheres s. K. J. Neumann a. O. S. 329 f. Es ist dabei ziemlich gleichgültig, daß L. Junius, als einer der ersten Tribunen, erst in der jüngsten Annalistik besondere Bedeutung gewinnt. In dem stemma der Junier wird er sicherlich schon früher genannt und gebührend gewürdigt sein. Er ist ebensowenig wie der 1. Konsul eine bloße Projektion des Konsuls von 443, sondern beide entstammen dem Bestreben dieses Konsuls und seiner Geschlechtsgenossen, die damals bereits im Familienregister verzeichneten, wirklichen oder fiktiven Ahnherrn mit besonderem Glanz zu umgeben. S. oben S. 98.

mit einer Reihe von offenbaren Fälschungen seine Arbeit begonnen habe.

Es wird sich weiter unten (s. IX.) ergeben, daß die vordezemvirale Konsulliste wohl erst spät und in einem Zuge rekonstruiert worden ist. In einem solchen Falle, d. h. also bei einer viel späteren Redaktion, konnten natürlich auch die Archive einiger der wichtigsten plebejischen Geschlechter nicht unbeachtet bleiben. Wenn nun in ihnen Angaben enthalten waren, die schon mehrere Menschenalter vermerkt gewesen, wenn die Fälschungen schon in manchen Laudationen erwähnt und durch den Glauben der Geschlechtsgenossen gleichsam geheiligt waren, da konnten wohl selbst manche pontifices bona fide die Lücken der Tradition durch solche Angaben ausfüllen.

Endlich verdient hier noch ein Punkt besonders beachtet zu werden.

An wenigen Stellen zeigt sich so klar, wie gerade hier, der Gegensatz zwischen den Produkten der Familientradition und der Laudationen gegenüber dem, was Poesie und eine rhetorisierende Geschichtschreibung geschaffen hat. Die Aquilier, Genucier, Minucier, Sempronier, Volumnier haben ihre achtbare Stellung in den Fasten erhalten und behalten. Soviel konnten die Geschlechtsgenossen erreichen. Aber jene Männer sind für die Geschichte tot. Leben und Anschaulichkeit vermochten nicht die Lobsprüche irgendeiner Grabrede ihnen zu verschaffen, selbst nicht den plebejischen Juniern mit alle dem, was sie für die plebs getan haben sollten. Leben erhielt und behielt allein der erste Konsul L. Junius Brutus. Ihn hat Ennius gefeiert. In seiner Person wurde indirekt der Junier gefeiert, welcher als Volkstribun 559 d. St. mit strengem Ernst die lex Oppia aufrecht zu erhalten suchte (Liv. 34, 1).

Erst nachdem Accius, wenn nicht schon eine frühere praetexta[1], die Idealgestalt des Begründers der Republik geschaffen hatte, ergriff dieselbe dauernd Besitz von den Gemütern der Römer. Lucius Junius Brutus hat durch diese poetische Verherrlichung mit Fug und Recht den Ehrenplatz an der Spitze der Konsulliste erhalten, auf welchen ihn die patriotischen Familienfälschungen seiner Geschlechtsgenossen zu stellen — lange Zeit vergeblich — bemüht gewesen waren.

---

[1] Voraussichtlich ein „Porsena" des Ennius, vgl. S. 98.

Wie richtig es ist, diese Genesis der Geschichtsfälschung anzuerkennen, so ist doch andrerseits hier auch der richtige Maßstab gefunden, sie zeitlich wie inhaltlich zu begrenzen. Die bisher gegebene Übersicht über die Art, wie die einzelnen Familientraditionen die römischen Geschichtsvorstellungen beeinflußt haben, hat auch die Zeit festgelegt, seit wann derartige Trübungen der geschichtlichen Wahrheit aufgekommen sind. Erst eine Zeitlang, nachdem die plebejischen Geschlechter hohe Ämter bekleidet hatten, nachdem mit ihnen auch die angesehensten Priesterstellen besetzt worden waren, können sie auf den Gedanken gekommen sein, Ahnherrn zu fingieren, die schon in der Königszeit ähnliche oder höhere Ehren erhalten hatten. Erst nachdem z. B. C. Marcius Rutilus[1]) 454 plebejischer pontifex geworden war, wird man auch in seinem Geschlecht sich nach Ahnen umgesehen haben, welche schon früher eine derartige Würde bekleidet hatten. Da erzählten dann die Marcier, daß König Numa, des Pompo Sohn, also selbst ein Pompilier bzw. Popilier, einen Numa Marcius zum ersten pontifex gemacht und dessen Sohn zum Eidam erkoren habe, wodurch dann der König Ancus zum Enkel des Numa und zum Mitglied der gens Marcia wurde. Auch der Nachkomme des ersten plebejischen pontifex konnte dann mit Fug, als erster plebejischer rex sacrorum († 544, Liv. 27, 6, 16), als Marcius Rex in der Ahnenreihe paradieren. Die erste Hälfte des 6. Jahrhunderts d. St., die Zeit, welche der publizistischen Tätigkeit der Annalenschreiber voranging, ist die geschichtsbildende Epoche gewesen, welche derartige Weisheit zunächst in den Familienarchiven verzeichnet, dann aus politischen Absichten unter das Volk gebracht hat.[2])
An diese Bestrebungen knüpften darauf die hellenistischen Lite-

---

[1]) Liv. 10, 9, 2.
[2]) Eine sehr rege Tätigkeit, um den Ruhm ihrer Ahnen auszubreiten, haben auch die Papirier entfaltet. Das zeigt schon ein Blick auf Pomponius de orig. iuris I, 2, 2. Hier scheint der Herausgeber des ius Papirianum Sextus Papirius (um 100 vC.) der Haupturheber zu sein. Das wird mein Aufsatz „Sextus Papirius und das ius Papirianum" in der Wochenschrift f. klass. Philologie 1909 zeigen. — Vgl. auch E. Luebbert, die gentium Romanorum commentariis domesticis (Gissae 1873).

raten, ein Livius Andronicus, Naevius, Ennius an und bereiteten so der Annalistik die Wege. Die Erzeugnisse ihrer Phantasie, die dramatischen und epischen Darstellungen jener Dichter mußten den Vertretern der adligen Familien ganz besonders willkommen sein. Durch sie erhielten ihre Ahnen nicht nur neuen Schmuck, sondern neues Leben. Die Laudationen nahmen die literarischen Erfindungen in sich auf, und von ihnen gelangten dieselben in die Annalen, um in ihnen eine geschichtliche Realität zu erhalten, welche zwei Jahrtausende Bestand gehabt hat.

VII.
Die zeitgeschichtlichen Memoirenwerke der Gracchenzeit und ihr Einfluss auf die Rekonstruktion der Geschichte früherer Epochen.

Die Geschichte der römischen Annalistik zerfällt in drei Abschnitte, welche sich formell wie sachlich scharf voneinander abheben.

Wie Fabius Pictor die Vorgeschichte Roms und die Taten der Könige ausführlich dargestellt, dann aber hauptsächlich eingehend die Geschichte seiner Zeit geschildert hatte, so haben es auch seine Nachfolger bis auf Piso (Konsul 621 d. St.) gemacht.

Die Zeit vor den punischen Kriegen ist überall von ihnen kurz abgetan worden.

Selbst ein Cato, welcher ein ganz neues Schema anwandte, in das er seine historisch-antiquarischen Kenntnisse über die Geschichte des alten Italiens brachte, ist von dieser Art, die römische Geschichte zu schreiben, nicht wesentlich abgewichen. Nachdem er in dem ersten der sieben Bücher seiner Origines (d. i. Ursprungsgeschichten) die Königsgeschichte behandelt hatte, gab er im 2. und 3. Buche eine sehr wertvolle Übersicht über die Zustände und die geschichtlichen Veränderungen, welche die einzelnen Völkerschaften Italiens in den folgenden beiden Jahrhunderten erfahren hatten. So z. B. bietet uns Polybius in seiner Schilderung der Kelteneinfälle in Italien, die er aus Cato entnahm,[1]) ein wertvolles Zeugnis für die verständige Art und Weise, wie Cato seine Aufgabe gelöst hat. Ohne auf geschichtliche Einzelheiten genauer einzugehen, gab er doch eine vollständige Übersicht[2]) über die Züge der Gallier, welche gegen

---

[1]) Wochenschrift für klass. Philologie 1888, Nr. 12, S. 373f. und Soltau, Prolegomena zu einer römischen Chronologie, S. 64f.

[2]) Daß sie vollständig war, zeigte ich in meiner römischen Chronologie S. 350f.

Rom gerichtet gewesen waren, und er entwarf daneben ein Bild von der Kultur der Gallier in der Poebene. Erst mit dem 4. Buche setzte er dann die eigentliche Geschichtserzählung des 1. Buches fort, nicht aber mit der Vertreibung der Könige, sondern mit dem ersten punischen Kriege.[1])

Ähnlich wie Fabius und Cato haben auch Cincius und Acilius, Cassius Hemina und Sempronius Tuditanus ihre Zeitgeschichte genauer geschildert, sind dagegen über die ersten 200 Jahre der Republik kurz hinweggegangen. Selbst Piso, welcher viel Interesse auch für die ältere Zeit gezeigt hat, hat doch nur ein Buch auf sie verwandt. Schon die überaus geringe Zahl der Fragmente, welche von Cincius, Vennonius, Cassius, Tuditanus, Acilius über jene Zeit vorhanden sind, tut dar, daß diese Annalisten jene Periode der römischen Geschichte nur kurz behandelt hatten. Offenbar fehlte es ihnen, wie schon dem Ennius, an hinreichendem Material, um die Geschichte jener Epoche zu schreiben, und sie begnügten sich daher damit, ausführlicher das, was die zeitgenössische Überlieferung darbot, zu schildern.

An diese verständige Art und Weise, vorzugsweise der Zeitgeschichte und dem Selbsterlebten die Aufmerksamkeit zuzuwenden, knüpfte die zweite Epoche, die Blütezeit einer römischen Geschichtschreibung an: die Historiographie der Gracchenzeit. Offenbar hatte auf sie der größte Historiker des Hellenismus, Polybius, günstig eingewirkt. Selbst die Zeiten des 1. punischen Krieges und der Gallierkriege hatte Polybius nur einleitungsweise behandelt, um dann der von ihm selbst mitdurchlebten Periode vom 2. bis zum 3. punischen Kriege eine pragmatische Darstellung zu widmen. Für den, welcher sich einigermaßen zu der Höhe einer solchen Auffassung erheben wollte, konnte eine rhetorische Schilderung von Zeiten, über die man wenig oder gar nichts wußte, kein Interesse haben. So haben denn die bedeutenden Männer der Gracchenzeit fast ausnahmslos historische Darstellungen ihrer eigenen Zeit gegeben, den Gegensatz der Prinzipien und der Persönlichkeiten ihres Zeitalters nicht selten in Reden der leitenden Männer oder in eigenen Memoiren niedergelegt.

---

[1]) H. Peter Historicorum Romanorum relliquiae p. CLXXXII S. 132.

Das taten vor allem Gaius Fannius (consul 632), der edle Freund des Tiberius Gracchus, und Sempronius Asellio, welcher mehr vom demokratischen Standpunkt aus die Zeitereignisse darstellte. Marcus Aemilius Scaurus, das Haupt der Optimaten vor und während des jugurthinischen Krieges, schrieb eine Rechtfertigungsschrift de vita sua in 3 Büchern. Ihm folgte sein Gegner, der treffliche Publius Rutilius Rufus, ferner Quintus Lutatius Catulus und vor allem Sulla in seinen 22 Büchern, die voraussichtlich den Titel commentarii rerum gestarum führten. Alle diese Schriften sind verloren gegangen, ein überaus schmerzlicher Verlust für jeden, welcher diese bedeutsamste Epoche der römischen Geschichtsentwicklung und die Charaktere der damals einflußreichen Staatsmänner kennen zu lernen wünscht. Oft genügen wenige Zeilen eines Fragmentes, oft wenige Worte eines Redners oder eines Staatsmannes, wie sie diese Geschichtswerke verzeichnet enthielten, um uns von der Trefflichkeit jener geschichtlichen Persönlichkeiten ein Bild zu machen.

Glücklicherweise können uns die Schriften griechischer Schriftsteller, wie Plutarch und Appian, Posidonius und Diodor noch einen ungefähren Begriff von dem Werte und dem Einfluß jener Geschichtschreibung geben. Namentlich die ausgezeichneten Berichte Appians im 1. Buche seiner „Bürgerkriege", seine Schilderung von Karthagos und Numantias Fall, von den sonstigen hispanischen und afrikanischen Ereignissen können hier einigen Ersatz bieten, wie andrerseits Plutarchs treffliche Gracchenbiographien. Offenbar hatte auch der gelehrte Posidonius die Schriften von Fannius und Rutilius eingehend benutzt, und soweit die ebengenannten erhaltenen Quellen diesem Philosophen und Historiker, der das große Werk des Polybius würdig fortgesetzt hat, gefolgt sind, ist überall der Schwung, der Flügelschlag höherer Geschichtsauffassung zu verspüren.

Man hätte erwarten sollen, daß solche trefflichen Vorbilder, von Griechen und Römern beachtet, die Geschichtschreiber der Folgezeit in günstiger Weise beeinflußt hätten. Eine wahrhaft historische Schilderung jenes Ringkampfes der Italiker um Gleichberechtigung mit Rom, in welchen die römischen Parteikämpfe, der Wettstreit von Marius und Sulla eingegriffen und sie fortgeführt hatten, wäre ein vorzüglicher Vorwurf für einen

Historiker gewesen, welcher nicht Geschichte erfinden, sondern Geschichte erfassen und für die Nachwelt festhalten wollte. Aber die große Zeit fand nur ein kleines Geschlecht[1]! Ja, die großen Fragen, welche die wackeren Männer jener Tage beschäftigten, wurden mit Blut und Eisen gelöst und führten zur Vernichtung der besseren Bestandteile des italischen Volksstammes. Der tüchtige Bürgerstand, welchen Rom in der Gracchenzeit aufzuweisen hatte, ist in der Zeit der Bürgerkriege ausgestorben.

So ist denn auch jener gesunde Stamm, aus dem so manche fruchtbaren Zweige gleichzeitiger Geschichtschreibung erwachsen sind, bald verdorrt und verkümmert. Erst Cäsar und Augustus haben in ihren Kommentaren diesen ersprießlichen Weg, zugleich der Gegenwart wie der Geschichte zu dienen, wieder betreten; nicht minder Sallust in seinem „Catilina" und in seinen leider verlorenen „Historiae". Statt dessen wandten sich weniger die Geschichtschreiber — denn solche gab es in sullanischer Zeit nicht mehr — als die professionellen Annalenschreiber jener dritten Epoche von der Zeitgeschichte ab und jenen Zeiten zu, von denen man nichts wußte und nichts wissen konnte.

Allerdings hatten verständige Altertumsforscher, rückwärts blickend auf die ältere Epoche der römischen Geschichte, auch über die ersten Jahrhunderte der Republik mancherlei gesammelt und geordnet zusammengestellt. Aus ihren ehrenwerten Bemühungen war endlich die Stadtchronik des pontifex maximus (um 120 vC.) erwachsen. Es war die Konsulliste, soweit sie Lücken hatte, hergestellt worden[2]), und daneben hatten die gelehrten Priester ein Bild von der Entwicklung der römischen Verfassungskämpfe entworfen, welches eine gediegene Sachkunde verriet.

Sie hatten das allmähliche Anwachsen eines römischen Gemeinwesens zu schildern verstanden und dabei die Lücken des historischen Wissens in verständiger Weise ausgefüllt und ergänzt.

Aber wenn in einer solchen Stadtchronik auch die Masse des brauchbaren Geschichtsmaterials bedeutend zugenommen hatte,

---

[1]) Selbst das Werk des Sisenna ist recht minderwertig gegenüber fast einem jeden Geschichtsbuch der vorher genannten Vorgänger.

[2]) Vgl. hierüber Näheres in IX, bzw. auch in VI, S. 142, 146:

und es dem Sammelfleiß der pontifices des 2. Jahrhunderts vC. gelungen war, viele authentische Angaben über die frührepublikanische Zeit beizubringen, so lag doch andrerseits die Möglichkeit, ja die Wahrscheinlichkeit nahe, daß bei der Durchforschung der Familienarchive für die vorgeschichtliche Periode auch solche Nachrichten verwandt wurden, welche zwar ein ehrwürdiges Alter, aber doch nur eine geringe Glaubwürdigkeit aufzuweisen hatten.

Dabei ist zweierlei nicht aus den Augen zu verlieren[1]).

Die gelehrten Bemühungen, eine vorgeschichtliche Zeit zu rekonstruieren, im einzelnen zu schildern, alles genetisch herzuleiten, sind dann, wenn sie mit unzureichenden Mitteln unternommen werden, von nicht minder bedenklicher Wirkung auf die Umgestaltung der historischen Wahrheit, wie Sagenbildung und Fälschung, ja sie werden bei der Ausarbeitung einer offiziellen Chronik um so gefährlicher, weil sie den Schein erwecken können, wissenschaftliche Gewißheit zu bieten, zumal wo sie gedeckt wurden durch die Autorität des ehrbaren Pontifikalkollegiums.

Und sodann: der in der Stadtchronik angesammelte, ja angehäufte Stoff mußte ganz anders als bisher zu einer Ergänzung aus den sonstigen Berichten der Annalisten und der Familienüberlieferungen einladen. Gerade das Bestreben der damaligen Annalenschreiber, auch der Rhetorik ihren Anteil an der Geschichtsdarstellung einzuräumen, mußte sie zu einer ausgedehnten Heranziehung der Laudationen und der auf den imagines beruhenden Familienaufzeichnungen führen.

So ist denn die Überarbeitung und der Abschluß der offiziellen Stadtchronik auch epochemachend geworden für eine weitere Entwickelung und breitere Ausgestaltung der Darstellung der älteren römischen Geschichte, welche inhaltlich ebenso reichhaltig wie historisch haltlos gewesen ist.

In das durch die annales maximi geschaffene Fachwerk wurde allmählich vieles von dem eingetragen, was von dichterischen und sagenhaften Motiven bisher mehr seitab von der Geschichtskunde geblieben war und nur insoweit Beachtung gefunden hatte,

---

[1]) Im einzelnen sind hier meine Ausführungen über die annales maximi Philologus **55**, 265 f. zu vergleichen.

als es dazu hatte beitragen können, den oft trockenen Stoff anziehender und lebensvoller auszugestalten.

Was in den Laudationen, in den rhetorischen Prachtstücken der Familienarchive von den berühmten Ahnherrn der angesehensten Geschlechter überliefert war, das fand jetzt seinen Weg in die Annalen des römischen Volkes. So entstanden die frei erfundenen Schlachtberichte in Livius 10. Buch, welches fast allein von dem 3. Samnitenkrieg gefüllt ist. So auch, wie VI S. 140 gezeigt wurde, die ausführlichen Berichte über die Taten des Papirius Cursor und des Fabius Rullianus. Diese nehmen von den 62 Kapiteln, in denen Livius (8, 25—9, 46) den 2. Samnitenkrieg beschrieben hat, fast ein Drittel ein. Man vergleiche z. B. 8, 30—36; 9, 12—16; 9, 35—37; 9, 39—40.

Den Taten der Decier und Volumnier, der Atilier und Carvilier ward daneben eine große Bedeutung beigelegt. In der vorausgehenden Epoche sind namentlich die Valerier, die Quinctier, die Cornelier und allen voran M. Furius Camillus so sehr Gegenstand des Spezialinteresses der Annalisten gewesen, daß dieses ohne eine besondere Berücksichtigung der Familientraditionen und Imagines, der dichterischen und rhetorischen Fiktionen schwerlich zu erklären wäre.[1]

Wenn so das Interesse an der Zeitgeschichte zurücktrat, das Bestreben, die vorgeschichtliche Zeit rhetorisch zu verherrlichen, alles beherrschte, so war es ganz erklärlich, daß die Annalisten der sullanischen Zeit ihre Hoffnungen und Erwartungen vielfach in jene „gute alte Zeit" verlegten und dort das suchten und fanden, was sie in ihrer Zeit vermißten.

Wir sahen bereits in V, S. 121 f., wie die Tätigkeit der Volksmänner des Ständekampfes, namentlich von den Dichtern, durchaus mit den Farben geschildert worden war, wie sie den Volksführern der Gracchenzeit zukamen. Spurius Maelius hatte danach schon das gleiche Mitleid mit der verarmten Plebs gehabt, wie Tiberius Gracchus und wurde, wie dieser, von einem vornehmen Adligen niedergestochen. Spurius Cassius vertritt bei Livius genau das Programm des Gaius Gracchus. Die Versuche der Demokraten, die reaktionäre Gesetzgebung Sullas wieder zu beseitigen und die Rechte der Volkstribune wieder-

---

[1] Vgl. Genaueres über diese Laudationenliteratur in VI, S. 138f.

herzustellen, verherrlichte Licinius Macer indirekt durch die Hervorhebung der Taten seines Ahnherrn, des Volkstribun von 377—387 d. St. Er legte in den früheren Abschnitten seiner Annalen dar, wie gegenüber den tribunizischen Rogationen des 5. Jahrhunderts vC. die Patrizier Schritt für Schritt zurückgewichen waren, und wie dann die tribunizische Gewalt von kleinen Anfängen an zu einer gefährlichen Waffe geworden sei gegen alle, welche die Freiheit des demokratischgesinnten Bürgers anzutasten versucht hätten. In seiner unhistorischen Schilderung der licinisch-sextischen Rogationen[1]) ist allein soviel geschichtlich bedeutsam, daß wir erkennen, mit welcher Begeisterung der Urheber dieses Geschichtsbildes für die Gleichberechtigung der Stände in seiner Zeit und gegen die damalige Ausbeutung der niederen Klassen durch die Besitzenden eingetreten ist.

Wie so oft, war auch hier, was als der Geist' der Zeiten geschildert ward, der Herren eigner Geist.

Einer der Zeitgenossen Macers, Valerius Antias, vertrat diesem gegenüber in seiner ausführlichen Chronik die Anschauungen der konservativen Kreise, während z. B. Tubero, der Schwager Ciceros, das „juste-milieu" des „gutgesinnten" gemäßigten Aristokraten in seinen Geschichtsbildern verteidigte.

Die besondere Aufmerksamkeit, welche jene Annalisten der früheren republikanischen Geschichte zuwandten, hat sie dazu gebracht, die Ideen ihrer Zeit, ihrer Partei, sowie diejenigen mancher ihrer Gegner auch in der Vorgeschichte Roms wiedererstehen zu lassen.

Am naivsten zeigt sich dieses Bestreben bei denen, welche die Jugend durch ihre Geschichte moralisch belehren wollten. So z. B. wenn der alte Piso Frugi (d. i.: der Biedermann) den jungen Römern vorhielt,[2]) Romulus habe als Temperenzler nur wenig Wein getrunken, oder wenn eine noch ältere, relativ gute Überlieferung erzählte, Publius Valerius Poplicola habe, um seine gut republikanische Gesinnung an den Tag zu legen, sein Haus oben auf dem Palatin abbrechen lassen und habe in der Unterstadt, mitten unter den anderen Bürgern, Wohnung bezogen.

---

[1]) Daß die Grundlagen derselben trotzdem historisch sind, wird in XI gezeigt werden.
[2]) fr. 8 = Gellius N. A. 11, 14.

Etwas höher stand doch wenigstens die oben mehrfach berührte Art Geschichte zu konstruieren, die mit Hilfe solcher Versuche ein Bild von den Verfassungskämpfen der frührepublikanischen Epoche zu bieten suchte. Da wurden die Rogationen der alten Volkstribunen denen aus den letzten Zeiten der Republik gleichgesetzt, da wurden die zweiten Dezemvirn wie die 30 Tyrannen Athens, Coriolans Ausgang wie der des Themistokles, die Habsucht und Hartherzigkeit der reichen Grundeigentümer nach dem Vorbild des Opimius und des Scaurus geschildert. Dabei war es, wie in den ersten Abschnitten dieses Buches gezeigt ward, erklärlich genug, daß die Annalisten häufig Anleihen bei den allgemein beliebten Gestalten der Dramatiker, bei Ennius' epischen Darstellungen und bei griechischen Geschichtschreibern gemacht haben.

Aber bald genügte dieses Material den Annalenschreibern nicht mehr.

Es führte das Bestreben, die ältere republikanische Geschichte so zu erzählen, als ob man selbst noch eine genauere Kunde von den Ereignissen der Volsker-, der Gallier- und Samnitenkriege gehabt und manche Einzelheiten über die handelnden Persönlichkeiten zu sagen wisse, zu einer solchen Art von Geschichtsbildung, welche eher den Namen von **Geschichtsroman** als den der Geschichtschreibung verdient.

Daß dabei manche gelehrte Untersuchungen der Altertumsforscher, welche die Ursprungsgeschichte der angesehenen Familien zu ergründen suchten, ehrlich gemeint waren, soll nicht geleugnet werden. Auch wird dieses Verfahren später (VIII), wenn von den Familienarchiven die Rede ist, nach seiner positiven Seite hin noch eingehender gewürdigt werden.

Aber bei solchen ziemlich ehrbaren Versuchen blieben die Annalisten des nachsullanischen Zeitalters nicht stehen. Sie **erfanden** Schlachtberichte, sie suchten die Debatten im Senat und in den Volksversammlungen auf dem Markte so darzustellen, als wären sie selbst mit dabei gewesen. Um dieses Ziel aber zu erreichen, entnahmen sie vielfach den **trefflichen Darstellungen, die ihre Vorgänger über die politische Geschichte des 2. Jahrhunderts vC.** gebracht hatten, **Einzelheiten,** um mit diesen geraubten Federn die Ereignisse des 5. und 4. Jahrhunderts vC. auszustaffieren und auszuschmücken.

Gerade die vortrefflichen historischen Schilderungen, welche die Geschichtschreiber von Fannius bis Rutilius, von Sempronius Asellio bis auf Sulla herab gegeben hatten, konnten ihnen hierfür brauchbare Vorlagen bieten, und dieselben sind tatsächlich auch von den späteren Annalisten in ausgiebigster Weise ausgeplündert worden, wenn auch bei dem Verlust so vieler trefflicher Memoiren der Nachweis, woher die Einzelheiten stammen, nicht überall gleich gut erbracht werden kann.

Es sollen im folgenden einige Beispiele beigebracht werden, bei welchen der Zusammenhang zwischen den Schilderungen aus dem 2. Jahrhundert vC. und denen der frührepublikanischen Zeit offenkundig ist. Diese Beispiele ließen sich leicht um einige Dutzend vermehren. Um die Arbeitsweise dieser elenden Annalenschreiber der dritten Epoche einer römischen Annalistik zu charakterisieren, genügen sie aber durchaus. Hier ist es nicht mehr Dichtung, sondern Erdichtung und Erfindung, welche die geschichtliche Wahrheit verfälscht und gefälscht haben.

1. Besonders lehrreich ist auch hier wieder die Art, wie bei **Camillus** das Detail der Vorgänge aufs willkürlichste erfunden ist.

Ennius hatte zuerst die Bedeutung dieses Helden hervorgehoben. Dabei hatten ihm nicht nur Achill und andere homerische Helden als Muster gedient. Ebenso sehr hatte es den Ennius gedrängt, in Camillus ein Gegenbild zu seinem Gönner, dem älteren Scipio, zu schaffen[1]). Scipio hatte Neukarthago genommen und durch seine Siege gegen die Karthager Rom gerettet. Auch Camillus hatte seine Vaterstadt gerettet, nachdem er ihre Nebenbuhlerin, Veji, erobert hatte. Beide große Männer wurden mit Undank belohnt und in die Verbannung geschickt. So ergab sich ungesucht eine gewisse Parallele zwischen beiden, welche namentlich auch dem Camillus zugute kam.

Weit bedenklicher aber, als der Einfluß, welchen diese Parallele für die Auffassung des Camillus gehabt hat, ist die Tatsache, daß zahlreiche Einzelheiten ganz einfach aus historischen Vorgängen der Gracchenzeit in die Spezialberichterstattung des 4. Jahrhunderts vC. übertragen worden sind. Im

---

[1]) s. oben V, S. 113f., 117f.

einzelnen hat dieses Hirschfeld in seinem trefflichen Aufsatz[1] „zur Camillus-Legende" nachgewiesen und gezeigt, daß, abgesehen von der Eroberung Vejis und dem Krieg gegen die Volsker, Aequer, Etrusker „fast kein einziger Zug in dem farbenreichen Bilde von des Camillus Lebensschicksalen sich als sicher echt erweist." Mehreres wurde bereits beiläufig V, S. 112f. erwähnt. Die von Diodor als Variante in seine Hauptquelle eingestreute Notiz, Camillus habe mit einem weißen Viergespann den Triumph gefeiert, ist zwar nicht erst nach Caesars Triumph von 46 vC. erdichtet, ist aber sicherlich jenen früheren einfachen Verhältnissen fremd. Die Angabe, welche Plinius (N. H. 34, 7, 13), wahrscheinlich nach Piso, gebracht hat, Spurius Carvilius habe Camillus verklagt, weil er von der vejentischen Beute eherne Türen entnommen und diese an seinem Hause angebracht habe, ist einfach erfunden; denn der Name des Anklägers ist, wie S. 115 erwähnt ward, dem gleichartigen Prozeß gegen den betrügerischen Armeelieferanten Marcus Postumius Pyrgensis (212 vC.) entnommen, in dem Spurius Carvilius neben seinem Bruder Lucius als Ankläger fungierte. Nicht anders ist, wie Hirschfeld ebendaselbst gezeigt hat, das Verfahren der übrigen annalistischen Berichterstatter gewesen, die, um den Camillus-Prozeß gut auszustaffieren, einfach die späteren, historisch beglaubigten Prozesse wegen Veruntreuung staatlicher Gelder (peculatus) geplündert haben. Die Anklage wegen veruntreuter Beute kehrt wieder in dem Prozeß gegen Marcus Livius Salinator 219 vC. Die Höhe der Strafsumme 100000 As, welche Dionys 13, 5 überliefert, ist dem Strafantrag gegen Manius Acilius Glabrio im Jahr 189 vC. entnommen. „Endlich ist die Nachricht, daß die Klienten und Freunde des Camillus die Strafsumme aufgebracht, dem berühmtesten dieser analogen Fälle, dem Scipionenprozeß, entlehnt." Die Erzählung des Valerius Antias bei Livius 38, 60 lautete dahin, daß die Verwandten und Klienten das Geld zusammengebracht hätten, dessen Annahme aber Scipio ebenso wie früher Camillus verweigert haben soll. Der Name des Anklägers, welcher bei Livius 5, 32, 8 L. Appuleius heißt, ist somit ebenfalls in das Gebiet der Erfindung zu verlegen. Antias

---

[1] Festschrift zu Ehren von Friedländer S. 125.

— denn er ist auch hierfür Quelle[1]) — hat diesen Namen eingesetzt, einfach deshalb, weil er den Namen des berüchtigten Tribunen, der im Jahre 100 vC. ums Leben kam, noch nachträglich brandmarken wollte!

Von weiteren Einzelheiten, welche hinsichtlich der Taten des Camillus erfunden oder vielmehr nach späteren Ereignissen in dessen Zeit zurückdatiert worden sind, sei hier noch die Gründung des Concordiatempels erwähnt. Livius erzählt die Gründung dieses Tempels, durch welche Camillus sein Interesse an dem Ausgleich der ständischen Kämpfe zwischen Patriziern und Plebejern an den Tag gelegt haben soll, überhaupt nicht. Daß der aristokratisch gesinnte Camillus die Vermittlerrolle gespielt haben soll, wie das Dionys und nach ihm Plutarch (Camillus 42) erzählt hatten, ist im höchsten Grade unwahrscheinlich. Dies widerspricht durchaus dem Bilde „des nichts weniger als volksfreundlichen Helden", wie es sonst bei Livius und bei Plutarch selbst erscheint. Es ist sogar mehr als fraglich, ob Camillus damals — fast 40 Jahre nach seinem ersten Militärtribunat 351 — noch am Leben gewesen ist. Die jüngsten Angaben lassen ihn allerdings 389 an der Pest sterben: „doch ist das eigentlich auch nur ein verhülltes Eingeständnis, daß über die Todesart des Helden keine Kunde auf die Nachwelt gekommen ist."[2])

Auch in diesem Zusammenhange muß noch einmal[3]) auf eine Episode hingewiesen werden, welche in das Leben des Camillus aus dem des Africanus übertragen worden ist. Nach der Schlacht von Cannae dachte eine Schar junger Adliger daran, Italien zu verlassen; nur die entschlossene Weigerung des achtzehnjährigen Scipio soll sie damals daran gehindert haben. Ähnlich, berichtet die Sage, sollte Camillus, als manche Rom aufgeben und nach Veji übersiedeln wollten, durch seine Rede diesen Entschluß bekämpft haben. Im einzelnen allerdings sind die beiden Erzählungen verschieden: auf der einen Seite ein gelegentlicher Vorfall im Lager (22, 53), auf der andern eine große Staatsaktion und Verhandlung vor dem Volke (5, 50f.).

[1]) Vgl. Soltau, Livius Geschichtswerk, S. 181. Hirschfeld a. O. S. 134.
[2]) Hirschfeld a. O., S. 137.
[3]) s. auch V, S. 117f.

Aber daß der ältere Vorfall überhaupt nur eine Erfindung ist, bei welchem der jüngere als Muster gedient hat, sollte doch nicht zweifelhaft sein, und da Caelius Antipater für diesen der Berichterstatter gewesen ist, so ist für die Szene aus Camillus' Leben zweifellos erst einer der jüngsten Annalisten der Urheber der Anekdote Liv. 5, 49 bzw. der Nachahmer jenes späteren Berichts aus dem Jahre 216 vC. gewesen.

2. **Spolia opima.** Dreimal hat es sich in Roms Kriegen ereignet, daß der römische Oberfeldherr den Fürsten und Führer der Feinde erschlagen hat. Romulus, Cornelius Cossus, Marcellus war es geglückt, die spolia opima zu gewinnen. Diese drei hatten nach vollendeter Tat die Rüstung des feindlichen Fürsten dem Juppiter Feretrius in der kleinen Tempelhalle auf dem Kapitol geweiht. Nun ist der Bericht von den spolia opima des Marcellus, wie er namentlich in Plutarchs Marcellus 6—7 nach römischer Quelle[2]) geboten wird, in allen Hauptzügen historisch. Auch die Tat des Cossus wird als historisch verbürgt durch den von Augustus aufgefundenen Panzer des Vejenterkönigs Tolumnius. Dagegen ist die Tat des Romulus natürlich ein Produkt der Sage.

Aber auch bei Cossus' Tat beruhen alle Einzelheiten auf Nachbildung älterer, oder Erfindung späterer Annalisten. Gerade das historisch gesicherte Faktum, daß Cossus, wie es staatsrechtliche Vorbedingung für die Gewinnung der spolia opima war, sie als Konsul d. i. 326 d. St. (= 428 vC.) errungen habe, paßt in die sonstige Überlieferung absolut nicht hinein und zeigt, wie diese letztere erst ein spätes Kunstprodukt gewesen ist (vgl. Soltau, Röm. Chronologie S. 460).

Es will natürlich nicht viel besagen, daß von Romulus (Romul. 16), wie von Marcellus (Marcell. 7) hervorgehoben wird, daß beide vor dem Zweikampf die Rüstung des feindlichen Feldherrn dem Jupiter Feretrius gewidmet haben sollen — Romulus

---

[1]) Livius 4, 20, 7: hoc ego cum Augustum Caesarem, templorum omnium conditorem ac restitutorem, ingressum aedem Feretrii Jovis, quam vetustate delapsam refecit, se ipsum in thorace linteo scriptum legisse audissem, prope sacrilegium ratus sum Cosso spoliorum suorum Caesarem .... subtrahere testem.

[2]) Wahrscheinlich liegt Caelius zugrunde. Siehe Soltau, de fontibus Plutarchi in secundo bello Punico enarrando (Bonn 1870) S. 52.

obenein bevor es einen Tempel des Jupiter Feretrius gab! Bei derartigen rein erdichteten Vorfällen mußten natürlich die historischen Vorgänge späterer Zeiten als Vorbild dienen. Wichtiger hingegen ist, daß die Einzelheiten der Cossussage genau dem Marcellussiege nachgebildet sind. Denn daß bei der Ähnlichkeit der Berichte die letzteren die ursprünglicheren sind, ist sicher, zumal sie ja den ausführlichen Schilderungen des Römerdramas „Clastidium" nachgebildet waren (S. 34).

Im folgenden sollen nun diese beiden Erzählungen nebeneinander gestellt werden, um keinen Zweifel darüber bestehen zu lassen, daß der Bericht über das 5. Jahrhundert vC. demjenigen aus dem 3. entnommen ist.

Cossus-Kampf
(nach Livius 4, 18—19).

Die Reiterei macht den Hauptangriff, das Fußvolk folgt, wird aber zurückgedrängt. Die Reiterei der Vejenter hält stand.

Der König Tolumnius selbst stürmt auf die von allen Seiten in Scharen nachdrängenden römischen Reiter ein und bringt den Kampf zum Stehen.

Cornelius Cossus weiht den feindlichen Feldherr den unterirdischen Göttern: „iam ego hanc mactatam victimam . . . legatorum Manibus dabo." Darauf gab er seinem Pferde die Sporen und sprengte mit eingelegter Lanze auf den König ein. Ihn wirft er durch den ersten Stoß vom Pferde und springt dann selbst vom Pferd. Als der König sich wieder erheben will, wirft er ihn zu

Marcellus-Kampf
(nach Plutarch Marc. 6 f.).

Nachdem dort zuerst erzählt war, daß die Gallier an Reiterei bedeutend überlegen gewesen seien (πεζῶν μὲν ὀλίγων παντάπασιν ὄντων σὺν αὐτῷ, τὸ δ' ἱππικὸν ἐν οὐδενὶ λόγῳ τῶν Κελτῶν τιθεμένων) heisst es: εὐθὺς οὖν ἐπ' αὐτόν, ὡς ἀναρπασόμενοι, μετὰ βίας πολλῆς καὶ δεινῶν ἀπειλῶν ἐφέροντο, τοῦ βασιλέως προϊππεύοντος . . . αὐτὸν δ' ἤδη προσμιγνύντα τοῖς ἐναντίοις, προσεύξασθαι τῷ Φερετρίῳ Διὶ τὰ κάλλιστα τῶν παρὰ τοῖς πολεμίοις ὅπλων καθιερώσειν . . . ὡς οὖν ἐπιβλέψαντι τὴν φάλαγγα τῷ Μαρκέλλῳ ταῦτα τῶν ὅπλων ἔδοξε κάλλιστα, καὶ κατὰ τούτων ὑπέλαβε πεποιῆσθαι τῷ θεῷ τὴν κατευχήν, ὥρμησεν ἐπὶ τὸν ἄνδρα, καὶ τῷ δόρατι διακόψας τὸν θώρακα, καὶ συνεπερείσας τῇ ῥύμῃ τοῦ ἵππου, ζῶντα μὲν αὐτὸν περι-

Boden und durchbohrt ihn mehrfach mit dem Speer: „tum exsangui detracta spolia."

ἔτρεψε, δευτέραν δὲ καὶ τρίτην πληγὴν ἐνθεὶς εὐθὺς ἀπέκτεινεν. ἀποπηδήσας δὲ τοῦ ἵππου καὶ τῶν ὅπλων τοῦ νεκροῦ ταῖς χερσὶν ἐφαψάμενος πρὸς τὸν οὐρανὸν εἶπεν κ. τ. λ.

Sehr ähnlich ist auch der siegreiche Einzug beider Helden geschildert:

Liv. 4, 20, 2

longe maximum triumphi spectaculum fuit Cossus spolia opima regis interfecti gerens; in eum milites carmina incondita aequantes eum Romulo canere.

Plutarch Marc. 8

ἥδιστον δὲ πάντων θέαμα καὶ καινότατον ἐπιδεικνύμενος αὐτὸν κομίζοντα τῷ θεῷ τὴν τοῦ βαρβάρου πανοπλίαν... ὁ δὲ στρατὸς εἵπετο... ᾄδων ἅμα πεποιημένα μέλη καὶ παιᾶνας ἐπινικίους εἰς τὸν θεὸν καὶ τὸν στρατηγόν.

Beide Feldherrn tragen dann die spolia opima in den Jupitertempel. An Stelle des von Marcellus dem pythischen Apoll dargebrachten goldnen Weihgeschenkes findet sich bei Livius 4, 20 — man denke, von der auf den Gefilden von Fidenae gemachten Beute! — ein goldner Kranz, der dem Jupiter auf dem Kapitol geweiht wird.

3. Die Berichte über die beiden **secessiones plebis** wiederholen sich in vielfachen Einzelheiten so sehr, daß sogar daran gedacht worden ist, die erste ganz aus der Geschichte zu eliminieren.[1]) Und doch wäre, schon nach dem Quellenbefund, nichts verkehrter, als ein solcher Versuch. Sehen wir dabei von einem (ungenau entlehnten) Zitat Pisos bei Liv. 2, 32 ab: so gibt die große Mehrzahl aller Quellen den mons sacer als Ort der 1. secessio an. Nur Cicero de republ. 2, 57 sagt[2]): „plebs montem

---

[1]) Merkwürdigerweise hat sich hier selbst Eduard Meyer (Hermes 30, 1) zu einer solchen Annahme verleiten lassen, indem er ein zu großes Gewicht auf die nivellierenden Berichte jüngerer Quellen legte.

[2]) Iugurth. 31, 17 maiores vostri ... bis per secessionem armati Aventinum occupavere. Diese rhetorische Phrase beruht auf der genaueren Angabe Sallusts hist. 1 fr. 11 Kr.: plebes...armata montem sacrum atque Aventinum insedit.

sacrum prius, deinde Aventinum occupavit, und die gleiche Überlieferung, wofern er nicht gar selbst dem Cicero folgt, bietet auch Sallust hist. 1 fr. 11. Die „secessio Crustumerina" wie sie Varro (l. l. 5, 81) schlechtweg nennt, ist also, offenbar mit bezug auf den Wohnsitz vieler Plebejer, von einigen Annalisten auf dem Rückweg auch über den Aventin hin geleitet worden, aber sie hörte darum nicht auf eine secessio Crustumerina zu sein. Ohnehin ist nicht beachtet worden, daß erst seit der lex Icilia größere Aufteilungen des Ackerlandes auf dem Aventin vorgenommen und der plebs zuteil geworden sind. Es liegt hier also eine offenbare Abänderung des ursprünglichen Berichtes vor, bei welcher die Vorgänge der 2. secessio plebis als Vorbild gedient haben. Ja, wir kennen auch den Urheber dieser Variante. Es war Piso. Zwar sagt Livius 2, 32, 3, nachdem er die secessio in montem sacrum nach seiner Hauptquelle berichtet hatte: ea frequentior fama est, quam cuius Piso auctor est, in Aventinum secessionem factam esse. Doch ist dieses Zitat schwerlich direkt aus Piso entnommen, da dieser nicht für jenen Bericht über die 1. secessio von Livius benutzt worden ist, auch nicht für den entsprechenden Bericht 3, 54, 8. Vor allem aber ist es sehr unwahrscheinlich, daß Piso einen Auszug in montem sacrum ganz ignoriert haben sollte, und daneben hat gerade Cicero de republ. 2, 57, welcher, wie ich (Philologus 56, 120) gezeigt habe, neben Polybius dem Piso folgte, die obenerwähnte Anschauung vertreten: plebs montem sacrum prius, deinde Aventinum occupavit.

Umgekehrt sind bei der Schilderung der 2. secessio, welche allgemein nach dem Aventin hin verlegt wird, auch einige Momente aus der 1. secessio eingemischt. Bei Diodor 12, 24 zieht die plebs vom Algidus auf den Aventin, ebenso nach Pomponius (Dig. I, 2, 2, 24), und auch bei Livius marschiert das Heer vom Algidus nach dem Aventin und daselbst findet schließlich die Tribunenwahl statt. Es ist also so klar wie möglich, daß wie die erste secessio allgemein in montem sacrum verlegt wurde, so die zweite in Aventinum anzusetzen ist. Doch hat auch hier das Bestreben der volkstümlichen Tradition die Einzelheiten zweier verwandter Vorgänge zu konfundieren, die Quellen von Cicero de republica und Livius 3, 52, 1 veranlaßt anzunehmen, daß die plebs daneben auch auf dem heiligen Berg sich zusammengeschart habe. Über einiges, das außerdem noch bemerkenswert ist, wird unten XI in anderem Zusammenhange gehandelt werden.

Im übrigen ist klar, daß das, was über die Schuldennot der plebs gefabelt worden ist, lediglich viel späteren Verhältnissen entnommen ist. Es ist sehr wahrscheinlich, daß dabei die Vorgänge vom Jahre 467 d. St. und die Umstände, welche „die einzige Sezession der Plebs, die geschichtlich beglaubigt ist, herbeigeführt und der Erinnerung der späteren Generationen sich eingeprägt haben",[1]) die Berichterstattung der Annalisten beeinflußt haben. Aber wenn auch die Schuldenlast der Plebs und die agrarischen Unruhen des 3. Jahrhunderts vC. dabei vielfach das Kolorit dargeliehen haben, um die Einzelheiten jener vorhistorischen Zeiten zu rekonstruieren, so sind doch diese Hauptepochen selbst nicht einfach erfunden und gefälscht.

Gerade die älteren und besseren Berichte lassen scharf scheiden

die I. secessio in montem sacrum zur Erlangung des Tribunats und des persönlichen Schutzes des Einzelnen, des ius Quiritium (vgl. Soltau, Altrömische Volksversammlungen S. 488f.).

die II. secessio in Aventinum zur Wiederherstellung und Erweiterung der bereits seit 40 Jahren erworbenen plebejischen Rechte nach der Zwischenzeit des Dezemvirats, und

die III. secessio in Ianiculum, zur Beseitigung der Verschuldung der plebs, zur Einschärfung der Bestimmungen der leges agrariae (vgl. S. 242f.) und der rechtlichen Gleichstellung der Plebiscite mit den Gesetzen.

4. **Caudium.** Zweimal ist ein römisches Heer, von Feinden umstellt, gezwungen gewesen, sich zu ergeben und, um der Gefangennahme vorzubeugen, einen schimpflichen Frieden zu schließen: bei Caudium 321 vC. und vor Numantia 137 vC. Die Ähnlichkeit beider Vorfälle ist auch den Annalisten aufgefallen. Mancinus, sagt Appian (Iber. 83), habe wie die Vorfahren der Römer mit den Samniten ohne Einwilligung des Senats einen Vertrag abgeschlossen und sei deshalb ausgeliefert worden. Kein Wunder also, daß die Annalenschreiber diesen Umstand benutzt haben, und die Katastrophe von Caudium mit Farben

---

[1]) Eduard Meyer, Hermes 30, 18f. 24.

dargestellt haben, welche sie in den späteren Berichten über ähnliche Unglücksfälle vorfanden. Bei der Schilderung der Gegend von Caudium konnten sie natürlich die Berichte über die hispanischen Örtlichkeiten nicht verwenden. Aber sonst ist die Verwandtschaft offenbar vorhanden.

Die kaudinische Niederlage wird von Livius (9, 1—13) recht breit behandelt. In Wahrheit aber ist das Sachlichgebotene eher dürftig als hinreichend zu nennen. Denn von den 13 Kapiteln umfassen fast 6 (1; 3, 1—4; 3, 9—13; 4, 8—16; 8, 3—10; 9, 1—19; 11) Reden, mehrere andere rhetorische Schilderungen (5, 11 f.) und Besprechungen (so in 5 über die Rechtmäßigkeit der sponsio). Sachlich Bedeutsames findet sich fast allein in 2; 4, 1—6; 5—6; 10.

Im übrigen sind die Vorfälle vor Numantia das Vorbild für die Annalisten Claudius und Antias gewesen, welche die kaudinische Katastrophe beschrieben haben, wie folgende Zusammenstellung zeigt:

Nachdem Mancinus mehrfach geschlagen ist, fürchtet er einen Überfall bei Nacht, löscht die Feuer aus und flieht mit dem Heere, um an einer anderen Stelle ein Lager aufzuschlagen, wird aber dann umstellt (Appian Iber 80). Ähnlich ziehen sich die geschlagenen Römer bei Livius (9, 2, 12—3, 4) in ihrer Verzweiflung in ein Lager zurück, trotzdem sie das Unvernünftige der Errichtung eines Lagers selbst einsehen müssen (quamquam ludibrio fore munientes perditis rebus ac spe omni adempta cernebant). So bricht die Nacht herein und in voller Verzweiflung beschließen die Römer sich zu ergeben.

Die Numantiner drohen, wie Appian Iber. 80 erzählt, anfänglich alle niederzuhauen ($\pi\acute{\alpha}\nu\tau\alpha\varsigma\ \mathring{\alpha}\pi\text{ο}\varkappa\tau\varepsilon\tilde{\iota}\nu\alpha\iota\ \mathring{\alpha}\pi\varepsilon\iota\lambda\text{ο}\acute{\nu}\nu\tau\omega\nu$), dann aber schließen sie einen für die Römer unrühmlichen Frieden, der den Numantinern gegenüber beschworen ward. Ebenso erzählte Claudius die kaudinische Katastrophe Liv. 9, 5, 2.

Antias, welcher eine gleiche Überlieferung bereits vorfand, hatte diese Ansicht, daß damals ein Friedensvertrag abgeschlossen worden sei, verworfen. Er nahm an, daß lediglich eine „sponsio" der Heerführer stattgefunden habe, wie fr. 57 = Gell. N. A. 6, 9, 12 zeigt: idem Probus Valerium Antiatem libro historiarum XXII „speponderant" scripsisse notavit verbaque eius haec posuit: Tiberius Gracchus, qui quaestor C. Mancino in Hispania fuerat, et ceteri qui pacem speponderant. Danach hatte nun auch Livius 9, 5, 2 bei der Schilderung der kaudinischen Vertragsschließung den Bericht des Claudius, welcher von einem wirklichen Friedensvertrag gesprochen hatte, umgeändert und auch bei Caudium aus rechtlichen und nationalen Bedenken eine bloße „sponsio" angenommen.

Auch sonst hatte die Quelle des Livius getreu die späteren Vorfälle vor Numantia nachgeahmt. Der Konsul Mancinus war — wie Plutarch (Tib. Gracchus 7) berichtet — allein nackt und gefesselt den Feinden ausgeliefert, alle übrigen, welche mit garantiert hatten, waren geschont worden. Ähnliches erzählt Livius 9, 10, 6; dort tritt der zweite Konsul neben Spurius Postumius, der entblößt von den Fetialen gezüchtigt wird, ganz in den Hintergrund.

5. Eine merkwürdige Übertragung späterer Vorgänge in eine vorhistorische Zeit bietet uns der Sieg des T. **Manlius Torquatus** dar. Gewiß ist der Galliereinfall im 30. Jahre nach der Alliaschlacht 358 vC. (Polyb. 2, 18) historisch, und nicht minder die durch die Familientradition erhaltene Legende, daß sich damals T. Manlius Torquatus im Einzelkampf ausgezeichnet habe. Ennius hatte — wie oben S. 68 bemerkt war — sich diesen Vorfall schwerlich entgehen lassen und ihn nach Art von homerischen Zweikämpfen auszuführen gewußt. Der besonderen Darstellung des Livius liegt aber noch ein zweites Vorbild zugrunde: Appian (Iber. 53, 3—10 Bekk.). Dieser erzählt von Kämpfen der Römer vor Intercatia in Hispanien um 151 vC. Die Heere standen einander gegenüber, ohne daß es zu einer Schlacht kam. „Da sprengte ein Häuptling plötzlich heran, mit besonders prächtiger Rüstung, und forderte die Römer zu einem Einzelkampf heraus. Als er kein Glück damit hatte, verspottete und verhöhnte er die Römer mit Gebärden ($τ\tilde{ῳ}\ σχήματι\ κατορχησάμενος\ ἀπεχώρει$), bis schließlich der junge Scipio Aemilianus mutig zum Zweikampf heraustrat und $εὐτυχῶς\ ἐκράτησεν\ ἀνδρὸς\ μεγάλου\ μικρὸς\ ὤν$.

Ähnlich sind die Vorgänge beim Einzelkampf des T. Manlius Torquatus (Liv. 7, 9, 8) geschildert. Der Gallier, von außerordentlicher Körpergröße, prächtig aufgestutzt mit buntem Gewande und Waffen, die von Gold strahlten (auro caelatis' refulgens armis), tritt hervor und fordert den tapfersten Römer zum

Zweikampf heraus. T. Manlius meldet sich. Inde armant iuvenem aequales: pedestre scutum capit, Hispano cingitur gladio.[1]) Und wunderbar, der kleine Manlius (7, 10, 7) überwindet den hünenhaften Gallier. Wie der kleine Scipio den großen Hispanierhäuptling niederstreckte, so der nur mäßig große Manlius den ungeschlachten Barbaren („beluae illi").

Von dem Gallierkrieg desselben Jahres erzählt Frontin 2, 4, 5: C. Sulpicius Peticus consul, contra Gallos dimicaturus, iussit muliones clam in montes proximos cum mulis abire et indidem, conserto iam proelio, velut equis insidentes ostentare se pugnantibus; quare Galli, existimantes adventare auxilia Romanis, cessere iam paene victores. Man bedenke dazu, wie ungeschickt dieses erfunden ist. Die Gallier stehen dicht vor Rom an der Aniobrücke und da sollen die Maultiertreiber den Troß einige Meilen weit auf die Berge spazieren geführt haben? Es ist das die gleiche Geschichte, wie sie Frontin 2, 4, 6 von Marius erzählt: Marius habe vor der entscheidenden Schlacht bei Aquae Sextiae den Marcellus mit wenigen Reitern, aber mit zahlreichen Troßknechten und Pferden vom Train den Feinden in den Rücken gesandt, um ihnen den Glauben beizubringen, daß eine größere Reiterschar sie bedrohe. Aber auch damit ist die Sache hier nicht abgetan. Bei Livius, welcher nach seiner ausführlicheren Quelle (Claudius) einen — sonst nirgends erzählten — Gallierkrieg unter 396 d. St. beschreibt, steht die gleiche Erzählung „ut arte aliqua terrorem hostibus incuteret" (7, 14, 6). Um das tun zu können, mußte er bzw. seine Quelle einen Diktator C. Sulpicius in die Erzählung des Konsulats von C. Fabius C. Plautius (396) einsetzen, und diesem obenein den zweiten Konsul als Reiteroberst beigesellen.

Hier liegt ein ganzer Rattenkönig von Fälschungen vor. Der auch von Cato und Polybius erwähnte Vorstoß der Gallier im 30. Jahre nach der Alliaschlacht führte zu keinen größeren

---

[1]) Auch Claudius (Gell. N. A. 9, 13, 4), welcher hier die Quelle des Livius war, hatte diesen Anachronismus: scuto pedestri et gladio Hispanico cinctus. Ein solches Schwert kam erst seit dem 2. punischen Krieg in Gebrauch (vgl. Liv. 31, 34, 4). Wie das hispanische Schwert hier hereingekommen ist, das ergibt sich aus der Art, wie Claudius die Quelle Appians ausgeschrieben hat, um Manlius zu schildern.

Kämpfen. Richtig erwähnte also des Livius Quelle nur ein Vorpostengefecht und die durch die Familientradition bewahrte Sage von dem Zweikampf des Manlius. Dieser war von der einen annalistischen Quelle mit denselben Einzelheiten ausstaffiert, wie der Zweikampf, welchen Scipio Aemilianus siegreich gegen einen Hispanier bestanden hatte. Andere hatten eine siegreiche Schlacht des Konsuls Sulpicius inszeniert und dabei dann genau die Kriegslist des Marius nachgeahmt. Endlich kam ein noch gewandterer Geschichtskonstrukteur. Er machte aus dem Konsul von 393 d. St. den Diktator von 396 und führte das von jenem erzählte besonders hübsch rhetorisch aus.

Wie unhistorisch alles dieses ist, und wie hierbei die freie Erfindung gewissermaßen als gestattet galt, das zeigt der Umstand, daß Appian Kelt. 1, z. 6f. noch wieder von einer anderen Kriegslist erzählt, welche Sulpicius damals angewandt haben soll.

6. Der Heldentod der beiden **Decier** in den Schlachten am Vesuv (414) und bei Sentinum (459) war, wie in II gezeigt war, der Gegenstand eines Römerdramas gewesen. Aus ihm stammte (vgl. S. 45f.) der Traum der Konsuln, die feierliche Devotion an die unterirdischen Götter im Beisein eines pontifex, sowie zweifellos auch manches Detail über die Kämpfe und den Opfertod der Haupthelden, das in die historischen Darstellungen übergegangen ist.

Natürlich sind die bei Naevius und Ennius geschaffenen Darstellungen erst auf mancherlei Umwegen in die Geschichtsbücher hineingeraten. Vielleicht haben erst die jüngeren Annalisten, wie namentlich Macer und Tubero, diese dramatischen Werke ausgiebig geplündert und selbst rednerische Zugaben beigefügt. Sicherlich aber haben sie sich die Schilderungen des Opfertodes von Decius Sohn zum Muster genommen, um damit die noch vorgeschichtlichen Taten von Decius dem Vater darzustellen. Denn die Erzählungen über die Schlacht am Vesuv gleichen in allen Hauptpunkten denen der Schlacht bei Sentinum, nur sind sie noch breiter und detaillierter gehalten. Wie so oft, steht auch hier die Ausdehnung und Ausführlichkeit der Schilderung in umgekehrten Verhältnis zu der Glaubwürdigkeit des historischen Details und zu den feststehenden Tatsachen.

Bekanntlich hat Livius den Latinerkrieg ungemein ausführlich behandelt (8, 2—14). Neben längeren Reden (8, 2, 9—13;

4, 1—12, 5, 3—6; 5, 8—6, 6; 9, 6—8) hat er namentlich Exkurse antiquarischer Art ausführlich geboten, vor allem die Schilderung der Manipularordnung (8, 8), sowie ein Musterbeispiel für die Befestigung der militärischen Disziplin, welches T. Manlius Torquatus „Imperiosus" durch die strenge Bestrafung seines eigenen Sohnes (8, 7) gegeben hat.

Auch die Devotionsformel bei der Schlacht am Vesuv ist viel vollständiger gegeben (8, 9, 6f.), als später vor der Schlacht bei Sentinum (10, 28, 13f.), und nur bei jener ist eine längere juristische Darlegung über das Wesen der Devotion hinzugefügt (8, 10, 11—11, 1).

Überhaupt ist jener ältere Kampf vielfach mit den Einzelheiten ausgeschmückt worden, welche im Drama wie in der Geschichte der späteren Schlacht gewidmet waren. Wenigstens war es dem Livius bei der Schlacht von Sentinum nicht möglich (vgl. 10, 28, 17—18), noch einmal wieder alle Einzelheiten des Kampfes, welche der Devotion folgten, auszuführen, nachdem eine solche Schilderung bereits 8, 9, 4—12 erfolgt war.

7. Noch aber ist hierbei die wichtigste Übertragung späterer geschichtlichen Vorgänge in die sagenhafte Vorzeit unberührt geblieben. Dem Opfertod des Decius Liv. 8, 10 geht ein ausführlicher Bericht über den **früheren Heldenmut des Konsuls** Liv. 7, 34—38 voraus. Die Beschreibung dieser Taten ist lediglich eine Kopie eines Vorfalls, welcher sich im ersten punischen Krieg im Jahre 258 vC. ereignet hat, und den Cato in seiner Origines ausführlich dargestellt hatte. Als das konsularische Heer des Atilius Calatinus in Sizilien von den Karthagern umstellt war, war es zur Rettung der übrigen nötig, daß sich eine kleine Schar von 400 Mann unter der Leitung des Tribun Caedicius aufopferte; während sie allein den Angriff des feindlichen Heeres auf sich lenkte und ihn aushielt, hatten die übrigen Zeit zum Fortrücken. Die gleiche Tat wird von anderen Schriftstellern auf einen Laberius (so Claudius), von noch anderen auf einen Tribun Calpurnius Flamma (so Piso) bezogen.

Eine ganz ähnliche Heldentat nun bildet den Gegenstand von Liv. 7, 34—38. Der Konsul Cornelius war unvorsichtigerweise in einen Gebirgspaß hineingezogen, in dem er umstellt wurde. Bevor die Römer völlig eingeschlossen waren, gab Decius dem Konsul den entsprechenden Rat, er solle ihn mit einem

Teil einer Legion zur Besetzung eines Hügels absenden; dadurch werde der Hauptangriff vom konsularischen Heer abgelenkt und dasselbe errettet werden. Nur weicht der livianische Bericht darin ab, daß er den Decius mit seinen Truppen sicher wieder durch die umstellenden Feinde hindurchgelangen läßt. Auch hier war das „Leben bleiben für das Vaterland" erfreulicher als der Tod des Helden, zumal in diesem Falle die Erhaltung des Braven noch um so erwünschter war, da er erst im Jahre darauf den Opfertod erleiden sollte.

8. Auch die dann folgende Schilderung der **Militärrevolte in Kampanien** ist in jeder Hinsicht unhistorisch. Von den livianischen Reden (40, 4—41, 3) versteht sich das von selbst, nicht minder von dem, was 7, 38 über die Lieblichkeit des ager Campanus und den Einfluß desselben auf die Disziplin gesagt worden ist. Letzteres ist übrigens nur ein schwacher Abklatsch von Liv. 23, 2, 1; 18, 10f. Im übrigen hat hier schon Livius 7, 42, 3f. selbst das Seine getan, um die Ungeschichtlichkeit jenes Berichtes darzulegen, indem er angibt, daß das über T. Quinctius Erzählte von andern Annalisten auf C. Manlius bezogen werde, und darum hier hinzufügt: „adeo nihil praeterquam seditionem fuisse eamque conpositam inter antiquos rerum auctores constat!"

Nur kurz kann an dieser Stelle darauf hingewiesen werden, wie die Berichte des Livius, welche von einer Unterwerfung der Kampaner handeln (7, 29—31, 8, 11—14) im einzelnen durchaus an die späteren Schilderungen erinnern, welche die Einverleibung des kampanischen Gebiets in den römischen Staat im 2. punischen Kriege erzählen, trotzdem die Verhältnisse beide Male völlig verschieden waren. Sehen wir dabei ganz ab von der unhistorischen Rede der Kampaner, welche vielfach an ihr Muster, an die Rede der Kerkyräer bei Thukydides erinnert (vgl. oben IV, S. 80). Sicher ist, daß die Aufnahme der Kampaner in den römischen Staatsverband im Jahre 338 vC. eine sehr milde Art der Unterwerfung war, den Kampanern große Selbständigkeit beließ. Dafür spricht vor allem das eigene Münzrecht, das die Städte Kampaniens trotz ihrer Zivität behielten, dafür auch, daß die Truppen in einer eigenen legio Campana Dienste leisteten.

Es ist daher alles das, was 7, 33f. von einer bedingungslosen Unterwerfung erzählt wird, durchaus ungeschichtlich, so vor allem, was bei der „deditio" an die Verhältnisse, wie sie nach dem späteren Abfall und der dann folgenden Wiederunterwerfung eingetreten sind, erinnert. Es ist reine Erfindung, nach späteren Verhältnissen gebildet, wenn es 7, 31, 4 heißt: itaque populum Campanum urbemque Capuam, agros, delubra deum, divina humanaque omnia in vestram, patres conscripti, populique Romani dicionem dedimus, quidquid deinde patiemur, dediticii vestri passuri, oder 8, 2, 13: Campanorum aliam conditionem esse, qui non foedere sed per deditionem in fidem venissent!

Durch solche ungeschichtliche Darstellungen gerät Livius natürlich selbst ins Gedränge. Die besonders günstige Stellung, welche die Kampaner nach dem Latinerkriege erhielten, paßt zu der vorher erwähnten deditio sehr wenig, und Livius sucht daher den kampanischen Rittern eine besonders gute Ausnahmestellung zu verschaffen, da er doch die in seinen Quellen gebotene Angabe über die Verleihung der Zivität an die Kampaner nicht verleugnen kann. 8, 11, 16 heißt es: equitibus Campanis civitas Romana data ... vectigal quoque eis Campanus populus iussus pendere in singulos quotannis — fuere autem mille et sexcenti — denarios nummos quadringenos quinquagenos.

Dieses besondere Vorrecht der kampanischen Ritter ist nun aber wiederum ein Unding, da nach 8, 14 alle Bewohner Capuas die Zivität erhielten und ihre eigene Verwaltung behalten durften. Jenes Vorrecht ist lediglich eine Erfindung, welche an die Belohnungen anknüpft, welche den im zweiten punischen Krieg treugebliebenen kampanischen Rittern zuteil geworden sind. Man vergleiche Liv. 23, 31, 10: et de trecentis equitibus Campanis, qui in Sicilia cum fide stipendiis emeritis Romam venerant, latum ad populum, ut cives Romani essent.

9. Schwartz hat in seinen „Notae de Romanorum annalibus"[1]) klargelegt, mit welcher verblüffenden Unverfrorenheit die Quelle des Dionys die **Unruhen des Konsulats 254 d. St.** (Servius Sulpicius Manius Tullius) so dargestellt hat, daß sie in allen Einzelheiten ein Abbild der Catilinarischen Verschwörung geworden sind. Schon im Jahre 253 soll der römische Staat durch eine Ver-

---

[1]) Göttingen 1903.

schwörung verruchter Menschen in große Gefahr geraten sein.[1]) Von noch größerer Bedeutung müßte der Umsturz des Jahres 254 gewesen sein, wenn anders das, was Dionys 5, 53—57 unter dem Konsulat des Ser. Sulpicius und M'. Tullius erzählt hat, authentisch wäre. Daran ist nun aber gar nicht zu denken, da, wie Schwartz gezeigt hat, zahlreiche Einzelheiten jener Umsturzbestrebungen den Ausführungen entsprechen, welche Cicero und Sallust geboten haben. Dionys 5, 53, 4 berichtet, daß wie bei Sallust Catil. 43 ein Überfall der Stadt und ihre Plünderung bei Nachtzeit geplant gewesen sei: τοὺς μὲν ἡγεμόνας τῆς ἐπιχειρήσεως ἔδει φυλάξαντας νύκτ᾽ ἀσέληνον τὰς ἄκρας καὶ τοὺς ἐρυμνοὺς τῆς πόλεως τόπους καταλαβέσθαι.

Im weiteren ist von Dionys Cicero in Catil. 4, 11 benutzt. Von Dionys 5, 54 werden als Angeber zwei Brüder Tarquinii genannt; auch bei Sallust (Catil. 43) heißt einer der Verräter Tarquinius.

Besonders beachtenswert ist dabei, daß die Quelle des Dionys bei dieser Ausmalung der frührepublikanischen Revolution ein Gegenbild gegen die Tätigkeit Ciceros zu geben gesucht hat, in welchem er indirekt Ciceros Verfahren einer verurteilenden Kritik unterzieht. Nicht der Geschlechtsgenosse Ciceros, Manius Tullius, sondern sein Kollege Servius Sulpicius hat den Ruhm, sie unterdrückt zu haben. Während Cicero (Catil. 3, 15) sich rühmt, daß, um seine Tat zu feiern, ein Dankfest, eine supplicatio, stattgefunden habe „quod mihi primum post hanc urbem conditam togato contigit", so mußte derjenige, welcher bei Dionys las, daß schon Sulpicius fast 450 Jahre früher „togatus" eine ähnliche Bewegung unterdrückt habe, die Folgerung ziehen, daß Ciceros Ruhm nicht berechtigt sei. Wenn Sulpicius nach Dionys nicht solche Gewaltmittel wie Cicero gebraucht hatte, so liegt die Absicht dieses Annalenschreibers klar zutage: mit offenbarem Hinblick auf Cicero hebt Dionys 5, 55 den Sulpicius hervor: οὐ τὴν αὐθάδη καὶ τυραννικὴν ἦλθεν ὁδόν, ὡς ἕτερος ἄν τις

---

[1]) Livius 2, 19 weiß nichts davon, da er einem älteren Annalisten (Piso) folgt, wogegen Dionys 5, 51 schon unter dem Vorjahr einen kürzenen Bericht über ähnliche Vorgänge liefert, natürlich nur eine der vielen Doubletten, wie sie über jene Zeit vorkommen (s. meine röm. Chronologie S. 470).

ἐποίησεν εἰς τοσαύτην κατακλεισθεὶς ἀνάγκην, ἀλλ' ἐπὶ τὴν εὐλόγιστόν τε καὶ ἀσφαλῆ καὶ τῷ σχήματι τῆς καθεστώσης τότε πολιτείας ἀκόλουθον ἐτράπετο.

In methodischer Beziehung läßt sich danach schon jetzt ein wichtiger Grundsatz aufstellen, der für die weitere Erforschung der älteren römischen Geschichte entscheidend ist.

Wenn auch alles Detail in den Schilderungen der ersten Jahrhunderte der römischen Republik ungeschichtlich ist und bald mehr, bald weniger der freien Erfindung der Dichter und Chronikenschreiber seine Entstehung verdankt, so sind doch die Haupttatsachen sicherlich nicht erfunden. Es ist daher eine völlig verkehrte Methode, aus der Ähnlichkeit der Schilderung zweier Vorgänge die Ungeschichtlichkeit des früheren von beiden herzuleiten. Vielmehr sind die zwar dürftigen, aber bestimmt überlieferten Angaben der älteren Annalistik, welche schon auf Aufzeichnungen des dritten, ja z. T. des vierten Jahrhunderts vC. zurückgehen, keineswegs zu beanstanden, wenn sie jetzt allerdings auch mit einer Menge von unhistorischen Einzelheiten kombiniert erscheinen. Der Annalist, welcher an Stelle der Annalennotizen im Lapidarstil eine lebensvolle Darstellung der älteren Zeit bieten wollte, konnte nicht anders, als vielfach die Schilderungen ähnlicher historischer Vorgänge einer späteren Epoche zu beachten. Was er hier an passenden Darstellungen vorfand, um verwandte Vorgänge der Vorzeit zu veranschaulichen, das ist allerdings ebenso ungeschichtlich, wie das, was Laudationen und Familientraditionen über die persönlichen Vorzüge und Leistungen einzelner ihrer Ahnen zu erzählen wußten. Aber damit sind keineswegs die Hauptereignisse der älteren republikanischen Zeit unglaubwürdig, ja zum größeren Teil nicht einmal die Namen der Vorfahren, von welchen die „imagines" der alten patrizischen Beamtengeschlechter zu erzählen wußten.

Pais hat hier den umgekehrten Weg eingeschlagen. Wo er ähnliche Darstellungen verwandter Vorgänge antrifft, da nimmt er durchweg an, daß der Bericht über die älteren Ereignisse durch eine willkürliche Vordatierung eines späteren historischen Vorganges in die Chronik gelangt sei.

Das ist ein verhängnisvoller Irrweg, um so gefährlicher,

als Pais und seine Anhänger durch den scharfsichtigen Nachweis verwandter Elemente in der Überlieferung den Schein erweckt haben, als ob es kritiklos sei, zweimal das gleiche Ereignis für echt anzunehmen.

Viele moderne Forscher haben sich hierdurch täuschen lassen und ohne eigene Urteilsgabe jenen Vermutungen beigestimmt, offenbar weil sie den fundamentalen Unterschied, welcher zwischen Doubletten und den unhistorischen Schilderungen, welche ältere Vorgänge „nach berühmten Mustern", nach jüngeren Berichten ausmalen, verkannt haben.

Bei Pais' Methode ist es ihm allerdings möglich geworden, den älteren Tarquinius als einen Doppelgänger des jüngern, Tullus Hostilius und Ancus Marcius als Verdoppelungen der beiden ersten Könige hinzustellen. Die Geschichte von der Vertreibung der Könige ist für ihn nur der Reflex der Absetzung der Dezemvirn, die erste secessio plebis soll nach der zweiten geformt sein. Daß dann natürlich die Figuren der Demagogen Sp. Cassius, Sp. Maelius, M. Manlius auch nur Nachbildungen späterer Volksverführer sind, ist nach solchen Ergebnissen scharfsinnigen Spürsinns freilich einleuchtend genug! Da sollen dann weiter alle die Kämpfe gegen Fidenae und Veji nur Duplikate des späteren Kampfes sein, welcher gegen die Etrusker etwa seit 351 geführt wurden. Die Siege des Marcus Furius Camillus gegen die Gallier sind bei solchen Voraussetzungen nur Nachbildungen der Taten des Lucius Furius Camillus, wie überhaupt die Taten der Furier, Manlier, Sulpicier nur als Reflexe späterer geschichtlicher Vorgänge angesehen werden sollten! Daß daneben noch der größte Teil der Gesetze und staatlichen Ordnungen in den Annalenberichten lediglich antizipiert ist, versteht sich bei einer solchen Staatsstreichkritik eigentlich von selbst!

Diese und ähnliche Versuche, die ältere römische Geschichte als ein zusammenhängendes Sediment von Fälschungen, als eine Sammlung von Doubletten späterer historischer Ereignisse hinzustellen, beruht, wie gesagt, auf einer vollständigen Verkennung dessen, was eine Doublette ist.

Es kommt nicht selten in der älteren römischen Geschichte, aber nicht nur hier, sondern sogar noch in den historischen Berichten des zweiten punischen Krieges vor, daß bestimmte und historisch gesicherte Tatsachen unter verschiedenen Jahren erzählt werden. In der Regel ist die Verschiedenheit der Quelle schuld daran, daß der eine Bericht früher, der andere später angesetzt wird. Doch spielen nicht selten auch Versehen oder wissenschaftliche Erwägungen bei der doppelten Berichterstattung über den selben Vorgang eine Rolle.

Vorbedingung für die Annahme aller wirklichen Doubletten ist ein zweifaches: das in Frage kommende Ereignis selbst muß als historisch feststehend angenommen sein, und sodann muß die Möglichkeit oder Wahrscheinlichkeit einer doppelten Berichterstattung dargetan werden können. So ist der Cossussieg unter 317 zweifellos identisch mit dem unter 328 erzählten, und er wird allgemein als tatsächlich anerkannt gewesen sein, trotzdem ihn die eine Version zu Beginn des Vejenterkriegs (317—328 d. St.), die andre an das Ende desselben verlegt hat. Mit dieser und andern Verschiebungen hängt es zusammen, daß zahlreiche Ereignisse des 5. Jahrhunderts vC., die allgemein als glaubwürdig angesehen wurden, um 2 bis 3 Jahre verschoben sind, eben weil sie in Relation zu den verschiedenen Ansätzen über die Schlacht am See Regillus und über einige spätere Kriege gesetzt wurden. Die Galliereinfälle 393/394 und 404/405 enthalten je eine Doublette eines jener Züge, welche ja in dem ausgezeichneten Bericht von Cato/Polybius (Polyb. 2, 18) über die tumultus Gallici auf eine kurze Zeit ein und desselben Jahres fixiert worden sind.

In allen diesen Fällen standen die Tatsachen selbst — wenigstens nach den Angaben einer guten älteren Überlieferung — fest. Kein Römer des 3. oder 2. Jahrhunderts vC. hätte über die Regillerschlacht oder den Zweikampf des Manlius Torquatus mit dem Gallierhäuptling im Unsichern sein können. Wohl aber konnten die abweichenden Zeitangaben verschiedener Annalisten Anlaß zu Doubletten geben. Und in fast allen diesen Fällen lassen sich auch Gründe für die verschiedene Datierung ausfindig machen.

Dagegen müßten alle jene älteren Erzählungen der ersten vier Jahrhunderte, welche nach Pais nur der Reflex einer späteren historischen Wirklichkeit gewesen sein sollten, längere Zeit gar nicht bekannt oder nicht anerkannt gewesen sein, und zugleich müßte doch in jedem Falle ein einziger Urheber der erfundenen Erzählung angenommen werden. Ja, trotzdem alle derartigen Ansätze subjektive Einfälle einzelner gewesen wären, müßte doch der Glaube an sie sehr bald allgemein geworden sein. Solche Wunder können kritische Historiker nicht gelten lassen. Es ist eine Torheit, in derartigen Fällen alle alten Berichterstatter für beschränkt und sich allein für gescheit anzusehen. Gerade hierin widersprechen auch die oben erwähnten Fälle, in welchen das schriftstellerische Detail aus späteren historischen Schilderungen entnommen ist, der Vorstellung, wie Pais die Vorgeschichte rekonstruiert sein läßt. Die Personen und Tatsachen der Vorzeit standen schon für die ältesten Annalisten fest. Nur die Ausmalung der Einzelheiten geschah nach späten Vorbildern.

Die Siebenzahl der Könige hatte sich, wie die etruskische Herkunft der Vornamen bezeugt (S. 143 f.), in der Erinnerung des Volks erhalten. Die Zweizahl der Tarquinier wird sogar durch das Bild von Vulci sicher gestellt. Kein Annalist wäre auf den Gedanken gekommen, die erste secessio plebis abzuleugnen, auch wenn die Berichte über sie in Einzelheiten der zweiten secessio assimiliert worden waren. Die Verschiedenheit der beiden Camilli und die Besonderheit ihrer Verdienste stand jedem Römer des 3. Jahrhunderts vC. ebenso fest, wie die historisch gesicherte Zwiegestalt der Decier. Es wäre ein barer Unsinn, hierbei an Doubletten zu denken.

Die Einzelheiten über ihre Schicksale und ihre Ruhmestitel mögen manches Verwandte, manches Entlehnte haben. Derartige Einzelheiten, wie sie in den Geschichtsbildungen der jüngeren Annalisten erscheinen, sprechen ebensosehr der geschichtlichen Wahrheit Hohn, wie den älteren annalistischen Aufzeichnungen. Aber jene Männer aus Roms früheren Zeiten und ihre Siege sind sicherlich historisch, nicht künstlich erfunden.

VIII.

Relativer Wert der Familienarchive für die Feststellung der älteren Geschichte.

Bisher sind durchweg nur solche Elemente der römischen Geschichtschreibung berücksichtigt worden, welche jedes geschichtlichen Wertes entbehren. Was griechische Mythographen gesammelt und ersonnen, was die Dichter der Römerdramen, was Naevius und Ennius in ihren Epen erdichtet: das hatte vielfach die Grundlage gebildet, an welche weitere Vermutungen und Erfindungen der Laudationen und gleichwertige rhetorische Produkte anknüpften. Alles dieses, daneben manche Schilderungen griechischer Historiker und Berichte römischer Annalisten aus historischer Zeit hatten als Material für die Chronikenschreiber gedient, welche die Geschichte der ersten Jahrhunderte der Republik ausführlich darzustellen und zu rekonstruieren unternahmen.

Aber neben diesen erdichteten und erfundenen Berichten beruht die ältere römische Geschichte doch auch noch auf einigen Bestandteilen, welche einen höheren Grad von Glaubwürdigkeit beanspruchen dürfen, selbst wenn sie keinen historischen Wert im eigentlichen Sinne besitzen und Wahres mit Ungeschichtlichem untermischt darbieten.

Es war bereits bei der Besprechung der Laudationen auf die Bedeutung hingewiesen, welche die Ahnenbilder und die Familienarchive für die Geschichtsbildung gehabt haben. Daselbst wurden mehr die bedenklichen Wirkungen hervorgehoben, welche die Benutzung solcher Familiendokumente im Gefolge haben mußte. Vor allem mußten ihre Angaben als unglaubwürdig beanstandet werden, soweit die Ahnenbilder und Ahnenreihen nach oben hin hypothetisch ergänzt worden waren. Man braucht noch gar nicht an jene Versuche zu erinnern, welche die römischen Geschlechter mit albanischen und troischen Familien in verwandtschaftliche Beziehung zu bringen gesucht haben. Vielmehr wird ja außerdem von den römischen Schriftstellern selbst zugestanden, wie man bemüht gewesen ist, manchen der erst im 4. und 3. Jahrhundert vC. emporgekommenen Plebejergeschlechtern dadurch eine höhere Bedeutung zu geben, daß man sie zu gleichnamigen Patriziergeschlechtern in verwandtschaftliche Beziehungen brachte oder eine solche erst erfand. Bald nahm man an, daß Männer aus Adelsgeschlechtern freiwillig zur Plebs übergetreten und so ein Patrizier Ahnherr der Plebejergeschlechter geworden sei. Bald erfand man gleichnamige patrizische Geschlechter und suchte ihre Namen in die Fasten einzuschmuggeln, um dadurch dem Plebejergeschlecht eine angesehene Ahnenreihe zu verschaffen.

Aber trotz alle dem, was an ungeschichtlichem Beiwerk, namentlich über die vorgeschichtliche Zeit, in die imagines und in die elogia eingetragen ist, besitzen dieselben doch einen großen geschichtlichen Wert. Durch sie konnte eine großenteils glaubwürdige Geschichte der wichtigsten patrizischen und plebejischen Geschlechter gewonnen werden, jener Männer, welche in den ersten Jahrhunderten der Republik politisch hervorgetreten waren. Durch sie konnten nicht nur manche Personalien, sondern auch zahlreiche historische Begebenheiten festgehalten und festgestellt werden, schon über eine Epoche[1]), welche lange Zeit gleichzeitigen Aufzeichnungen voraufging.

Die ältesten Laudationen, welche noch **schriftlich erhalten und weiteren Kreisen zugänglich** gemacht waren, fallen in die Zeit des 2. punischen Krieges. Es leuchtet aber ein, daß die Sitte, die großen Toten zu preisen, wenn auch in mehr primitiver Form, schon längere Zeit vorher geherrscht haben muß, bevor einige derartige Kabinetstücke auch schriftstellerisch vervielfältigt wurden.

Schon S. 134 wurde ausgeführt, wie eine notwendige Vorbedingung für die Abhaltung solcher Leichenreden, bei denen

---

[1]) Ohne solche genauen Verzeichnisse der voraufgehenden Generationen hätte nicht die Ahnenreihe der Valerier des 5. und 4. Jahrhunderts vC. rekonstruiert werden können, wie das z. B. Fr. Münzer de gente Valeria (diss. Berol. 1891) gelungen ist.

die Ahnenbilder vorangetragen und, unter Hinweis auf einen jeden, die Taten geschildert und gepriesen wurden, die Existenz von Ahnenbildern mit kurzen Inschriften war, welche ihre Würden und Verdienste verzeichnet enthielten.

Gegen einen frühen Ansatz dieses Gebrauches könnte nun zwar der generelle Einwurf gemacht werden, daß es fraglich sei, ob schon in den ersten Jahrhunderten der Republik die bildende Kunst oder das Kunsthandwerk in Rom so entwickelt gewesen seien, daß porträtähnliche Wachsmasken angefertigt werden konnten.

Derartige Bedenken sind jedoch nicht stichhaltig.

Es ist zwar wenig wahrscheinlich, daß die Römer in den ersten Jahrhunderten der Republik bereits selbst einen solchen Grad der Kunstfertigkeit erlangt hatten. Aber bei den nahen Beziehungen Roms zu Etrurien, bei der Anwesenheit zahlreicher tuskischer Handwerker, wird es den angesehenen Römern gewiß möglich gewesen sein, sich Wachsbüsten von den hervorragenden Männern ihres Geschlechtes anfertigen zu lassen. Überall in Etrurien war die Hochhaltung der Verstorbenen, die Ansetzung von Leichenfeiern und Leichenschmausen üblich. Dabei wurden in den Grabkammern der Vornehmen bildliche Darstellungen der Leichenfeiern angebracht und wenigstens auf eine äußerliche Ähnlichkeit gehalten. Manche Grabdenkmäler der Etrusker zeigen mindestens das Bestreben, die charakteristischen Eigentümlichkeiten der Verstorbenen darzustellen, und sicherlich ist gerade die Fähigkeit, das Porträt wiederzugeben, in Etrurien früher entwickelt gewesen, als bei den Griechen, welche allgemeinere, idealere Vorwürfe wählten.[1]

Zum Glück besitzen wir aber ein Zeugnis, welches das Alter der Aufstellung solcher Ahnenbilder für das 4. Jahrhundert vC. sicher stellt und indirekt wohl bis auf die Dezemviralzeit zurückweist.

Plinius (N. H. 35, 12) erzählt, daß der Konsul Appius Claudius[2] in dem Tempel der Bellona, den er errichtete, die Ahnenbilder aller berühmten Männer seines Geschlechtes auf-

---

[1] Holm Deecke Soltau, Roms Kultur (1895) S. 184f., 187.
[2] Mommsen hat C. J. I, 277 bewiesen, daß Plinius nur fälschlich an den Konsul des Jahres 259 d. St. gedacht habe.

gestellt habe. Diese Nachricht ist natürlich auf den Konsul Appius Claudius Caecus von 458 (= 296 vC.) zu beziehen, welcher den Tempel der Bellona eingeweiht hat. Plinius denkt irriger Weise an den Konsul von 259 (= 495 vC.). Aber auch für jenen und die Zustände des 3. Samnitenkrieges ist diese Angabe wichtig genug. Denn wenn er es war, der in dem Tempel der Bellona die Standbilder der berühmtesten seiner Vorfahren, welche sich im Kriege ausgezeichnet hatten, aufgestellt hat, so war dieses nur möglich, wenn er wenigstens von den bedeutendsten Vertretern des claudischen Geschlechtes einige Ahnenbilder in Besitz hatte. Nie hätte man annehmen sollen,[1]) daß erst Appius Claudius dieses erdacht und zuerst ins Werk gesetzt habe. Die Sitte, Ahnenbilder anfertigen zu lassen und im Familienarchiv aufzubewahren, muß schon viel früher bestanden haben, ja längst allgemein verbreitet gewesen sein.

Wenn aber schon im 5. Jahrhundert vC. bei einigen Adelsfamilien die Sitte herrschend war, die Bilder hervorragender Familienmitglieder, welche sich als Beamte ausgezeichnet hatten, im Atrium aufzustellen, so ist klar, welchen Einfluß eine solche Sitte auf die Bewahrung einer Familientradition und auf die Hochhaltung der Taten der angesehensten Männer Roms haben mußte.

Auch die minderberühmten Patriziergeschlechter werden dann bemüht gewesen sein, das Bild eines oder einiger Ahnherren aufzuweisen, welche sich in der Schlacht oder im Rat hervorgetan hatten. Ganz besonders aber werden im 4. Jahrhundert vC., als plebejische Geschlechter zu den höheren Ämtern zugelassen wurden, auch sie bestrebt gewesen sein, in dieser Beziehung nicht hinter den adligen Geschlechtern zurückzustehen. Als Musterbeispiel für die Art und Weise, wie es diesen Geschlechtern gelungen ist, einen Nimbus höherer Herkunft über ihre Familie zu verbreiten, kann ein für allemal die in VI erwähnte Herleitung der römischen Königsnamen dienen.

Im übrigen aber hat man sich vor dem Irrtum zu hüten, als ob die patrizischen Ahnenbilder, ihre Unterschriften und Stammbäume, schon anfänglich oder sehr bald mehr freier Erfindung, als der historischen Wirklichkeit ihr Dasein und

---

[1]) Herrmann Peter, Hist. Rom. Relliquiae p. XXXIII.

ihre Qualität verdankt hätten. Plinius sagt zwar, es habe für patriotisch und löblich gegolten, Fälschungen von Ahnenbildern vorzunehmen[1]); aber damit verweist er auf die Zeit der Epigonen, welche es den längst berühmt gewordenen Geschlechtern an Ahnen gleichtun wollten. Fälschung und Anmaßung von Ehrenrechten haben auf diesem Gebiete erst dann einen Sinn und einen Spielraum erhalten, nachdem bereits eine achtungswerte historische Grundlage vorhanden war. Der Ädil Flavius, mit dessen Person wohl die Anfänge gleichzeitiger historischer Aufzeichnungen zu verknüpfen sind, hätte nie als ein Fälscher par excellence hingestellt werden sollen.[2])

Es ward in VI erwähnt, daß mit der Aufstellung von imagines notwendigerweise auch Unterschriften und Inschriften verbunden gewesen sein müssen, welche Namen, Ämter und Taten kurz verzeichnet darboten. Auf Grund solcher Angaben muß es möglich gewesen sein, die älteren Beamtenlisten zu revidieren und erforderlichen Falles, wenn z. B. solche in der Gallierkatastrophe schadhaft geworden waren, zu korrigieren. Durch die Beischriften der imagines könnten z. B. die zahlreichen alten Angaben über interregna, auch wenn sie nicht anfänglich offiziell notiert worden wären, sich erhalten haben und so Material zu einer späteren Rekonstruktion geboten haben. Mit Hilfe solcher und ähnlicher Familiennotizen konnten dann die Angaben über Kriegszüge, Triumphe oder sonstige Erfolge und die in der Chronik unvollständigen oder übergangenen Kriegsereignisse später wiederhergestellt werden. Daß auf diese Weise, selbst bei der Korrektheit der Unterschriften der Ahnenbilder, manche Fehler und Versehen mit unterlaufen konnten, ist klar, um so größer natürlich, je mehr diese Eintragung in einer Zeit erfolgte, welche den Ereignissen ferner stand. Immerhin aber halfen derartige Personalnotizen in den Familienarchiven doch über die völlige Leere, welche die sonstige Überlieferung über das 5., ja das 4. Jahrhundert vC. aufwies, hinweg und konnten mit dem, was sonst noch über eine vorgeschichtliche Zeit in Beamten- und Priesterkreisen bekannt war, sehr wesentlich mit dazu beitragen, daß eine zusammenhängende Geschichtsdar-

---

[1]) 35, 8 etiam mentiri clarorum imagines erat aliquis virtutum amor.
[2]) Irrig also K. J. Neumann, Straßburger Festschrift 1901 S. 327.

stellung mit allerlei historisch erscheinendem Beiwerk über vorhistorische Zeiten und vorhistorische Zustände gegeben werden konnte.

Ehe wir aber diese imagines mit ihren Unterschriften, mit ihren kurzen elogia und Triumphalangaben verlassen, ist es doch recht notwendig noch auf das hinzuweisen, was neben diesen besonders wichtigen Wahrzeichen einer früheren, halbvergessenen Epoche in den Archiven an sonstigem geschichtlichem Material aufbewahrt worden ist.

Neben den Ahnenbildern und ihren Unterschriften wurden vor allem Stammbäume der angesehenen Familien (die stemmata) angelegt. In manchen Atrium eines adligen Geschlechtes prangte in historischer Zeit der Stammbaum der Familie. Doch das wird wohl mehrfach erst späte Neuerung sein, als man anfing sich mit der hohen Abkunft zu brüsten und mit ihr den Fremden zu imponieren suchte.

Wichtiger war es, daß in der Vorhalle der angesehenen Geschlechter Familienarchive bestanden, in welchen manche der gewesenen Beamten die für sie bedeutsamen Aktenstücke zur Aufbewahrung niedergelegt hatten. Tablinum, sagt Festus p. 356, proxime atrium locus dicitur, quod antiqui magistratus in suo imperio tabulis (reponendis eum destinaverant), d. h. Tablinum oder Archiv wurde der Ort dicht bei dem Atrium genannt, welchen die Beamten der alten Zeit für die Hinterlegung von Akten in ihrer Amtszeit bestimmt hatten. Es war nämlich den römischen Beamten in weit größerem Maße als sonstwo gestattet, amtliche Dokumente, sei es im Original, sei es abschriftlich zu behalten und zu bewahren. Namentlich scheint das den Zensoren gestattet gewesen zu sein, vielleicht damit sie sich besser rechtfertigen könnten, falls Reklamationen erfolgten, oder auch damit sich so in den Kreisen höherer Beamten eine Kunde der Verwaltungspraxis erhalten und fortpflanzen könnte. Wichtig war dieses namentlich auch für bestimmte priesterliche Kreise. Oft vererbte sich die Würde eines Pontifex, eines Augur von dem Vater auf den Sohn. Da war es für die jüngeren von Wert, um eine ordnungsgemäße, gut begründete Entscheidung zu treffen,

---

[1]) Ähnlich bemerkt Plinius 35, 7: tabulina codicibus inplebantur et monimentis rerum in magistratu gestarum.

daß Präcedenzfälle und frühere Entscheidungen der Priesterkollegien zur Hand waren. Die eigentümlichen Lehren der einzelnen Priestertümer, das Pontifikalrecht, die Auguraldisziplin, die Kunde von der Auslegung der sibyllinischen Orakel werden sich allerdings längere Zeit in den betreffenden Fachkreisen mündlich fortgepflanzt haben; aber sie konnten das auf die Dauer nur und in genügender Weise, wenn wichtige Entscheidungen der Kollegien oder bedeutsamer Präzedenzfälle in früheren Akten verwahrt und im Besitze einzelner priesterlicher Familien verblieben waren und von ihnen erforderlichenfalls beigebracht werden konnten.

Selbstverständlich wird bei zunehmender Ausdehnung des Geschäftskreises der einzelnen Priestertümer, bei der Vermehrung der Priesterstellen und bei der Heranziehung auch plebejischer Familien die private Bewahrung von solchen Akten durch offizielle Aufzeichnungen ergänzt und ersetzt worden sein: es entstanden die commentarii der pontifices, der augures, der decemviri sacris faciundis u. a. m.

Dementsprechend werden später auch die privaten Aktensammlungen der Zensoren und einiger anderer Beamtenklassen in Abnahme gekommen und durch offizielle Sammlungen in staatlichen Archiven ersetzt worden sein.

IX.
Überreste offizieller Aufzeichnungen vor Beginn einer gleichzeitigen Stadtchronik.

Wie wichtig auch die soeben besprochenen Überreste der Familienüberlieferungen sein mögen, so verbürgen doch sie allein noch nicht, daß die auf ihnen beruhenden Darstellungen über die ältere republikanische Zeit einen größeren Grad von Glaubwürdigkeit besitzen.

Um einer übertriebenen Skepsis entgegenzutreten, wie sie namentlich nach den Untersuchungen von Pais, Enmann, Neumann, Sigwart, Delbrück herrschend geworden ist, ist es daher notwendig, sich nach Elementen der Überlieferung umzusehen, welche durch ihre Qualität und ihr Alter eine höhere Glaubwürdigkeit besitzen, als die bisher besprochenen Bestandteile der römischen Geschichtsüberlieferung.

Wenn an alte und beglaubigte Überreste geschichtlicher Art aus den ersten Jahrhunderten der Republik gedacht wird, so kommen in erster Linie die Konsullisten in Betracht. Es ist also notwendig, auch hier die heikle Frage nach der Authentizität der Konsularfasten anzuschneiden.

Um 724 d. St. (= 30 vC.) hat Augustus an der Regia eine Liste der Konsuln aufstellen lassen und später noch ein Verzeichnis der Triumphe hinzugefügt. Die fasti consulares weisen seit dem Beginn des 3. Jahrhunderts vC. nur unwesentliche Differenzen auf und sind sicherlich gleichzeitig aufgezeichnet worden. Aber auch die Konsulatsjahre zwischen 388 und 454 d. St. sind so beschaffen, daß eine andere Entstehung ausgeschlossen ist. Die wenigen Varianten[1]) in den Namen einiger Konsuln können

---

[1]) Gut hat übrigens Schön in seiner Schrift „die Differenzen zwischen der Kapitolinischen Magistrats- und Triumphaltafel" (Wien 1895) gezeigt, daß die früher zwischen beiden Listen angenommenen Abweichungen nicht bestehen. S. Wochenschr. f. klass. Philologie 1907 S. 18.

auf Differenzen in den historischen Berichten, von denen namentlich die Erzählungen von L. Papirius Cursor und Q. Fabius Rullianus vielfach aus Laudationen entstammen und gefälscht sind, erklärt werden.[1]

Bedenklicher ist, daß die Fastenangaben der Historiker — in erster Linie also Livius und Diodor — die 4 Diktatorenjahre übergangen haben.

Das ganze Problem, wie die Fasten 4 Jahre bieten konnten mit dem Vermerke hoc anno dictator et mag. eq. sine consulibus fuerunt, kann hier nicht aufgerollt werden.[2] Es genüge die Bemerkung, daß es erwiesen ist, daß die Erzählung mehrerer Historiker, vor allem die wertvolle annalistische Quelle des Diodor, die frühe Existenz jener Jahre zur Voraussetzung hat. Sie waren ursprünglich im wesentlichen von Jahresdauer, sind also bei einer künstlichen Redaktion der Fasten, um einen Ausgleich zwischen Amtsjahrrechnung und natürlicher Jahreszählung herbeizuführen, verkürzt worden.[3]

Wie Sigwart (Klio VI, 272f.) richtig beobachtet hat, sind die Ereignisse der drei Diktatorenjahre 430, 445, 453 zu den vorhergehenden Jahren gezogen. Ein gleiches ist übrigens auch für 421 anzunehmen, das ebenso wie 420 (unter welchem Livius 8, 17, 4 die Diktatoren erwähnt) eine inhaltliche Leere ausweist, die es leicht machte, die Ereignisse dieses „biennium" zusammenzufassen. Auf eine zweijährige Dauer der Unruhen in Samnium weist übrigens selbst Livius 8, 17, 8 hin (Samnium quoque iam alterum annum turbari novis consiliis suspectum erat).[3]

Zur weiteren Aufklärung diene noch folgendes:

Es ist bekannt, daß der Antrittstermin der Konsuln mehrfach vor Ablauf eines vollen Jahres erfolgt ist. Namentlich wenn Feldherrn unglücklich gekämpft, oder wenn ungünstige Auspizien das Mißfallen der Götter angedeutet hatten, wurden die Oberbeamten durch den Senat zu vorzeitigem Rücktritt veranlaßt. So ist der konsularische Antrittstermin im 3. Jahrhundert vC. sicherlich vom Spätherbst auf Id. Quinct, von dort

---

[1] Über kleinere Varianten vgl. meine Röm. Chronologie S. 333f.
[2] Vgl. hierzu C. J. L. I² p. 132..
[3] Soltau, Römische Chronologie S 318f., 333f., 336f. Schwartz, Wissowa Realencycl. „Diodoros" S. 20.

auf Kal. Mai und Id. Mart zurückgewichen,[1]) und ähnliches ist auch von den Antrittsterminen der Jahre 388—354 d. St. zu sagen. Die Konsuln von Caudium z. B. durften amtlich nicht weiter fungieren und mußten lange vor dem Jahresschluß ihr Amt niederlegen (wahrscheinlich pr. Kal. Decemb.). Ihre Nachfolger traten seitdem am Ende des Jahres (Kal. Decemb.) an, während vorher nach Liv. 8, 20, 3 das neue Amtsjahr Kal. Quinct. begonnen hatte.

Wer also einen Ausgleich zwischen offizieller und natürlicher Jahreszählung herstellen wollte, mußte gelegentlich zwei Konsulatsjahre kombinieren. Das scheint zunächst bei der Geschichtserzählung zu einer sehr wohl verständlichen, ja verständigen Fastenkorrektur geführt zu haben. Es wurden vier Amtsjahre als halbe Jahre gerechnet bzw. staatsrechtlich als Teile der mit ihnen verbundenen Konsulate in Rechnung gebracht.[2]) So für das 2. Jahrhundert der Republik (= post aedem Capitolinam dedicatam = 346—445 d. St.) die 3 Diktatorenjahre 421, 430, 445, für das 3. Jahrhundert (post aedem Capitol. dedic. = 446—545 d. St.) 453. So war von 454 d. St. ab jede Differenz in der Zählung zwischen Amts- und Kalenderjahren gehoben.[3])

Wie dem aber auch sein möge,[4]) sicherlich beruhen die zunächst seltsamen Diktatorenjahre nicht auf einer Unkunde der Eponymen oder auf einer Unsicherheit der Zählung. Vielmehr sind sie ein deutliches Zeichen dafür, wie klar der Gegensatz erkannt worden ist, welcher zwischen der feststehenden und

---

[1]) Vgl. das Urteil so verschiedener Forscher wie Matzat, Röm. Chronologie S. 188f., Holzapfel, Röm. Chronologie S. 98f., Soltau, Röm. Chronologie S. 302f.

[2]) Es kann hier nur erwähnt, nicht bewiesen werden, daß Diodor dieselben mitzählt, nicht nur in der detaillierten Erzählung (vgl. Soltau, Röm. Chronologie S. 318f., Schwartz, Pauly-Wissowa „Diodoros"), sondern auch bei der Berechnung des 2. Samnitenkrieges, der nach Diodor 22 Jahre 6 Monate, von 428—450 d. St. gedauert haben soll.

[3]) Die Anfänge beider fielen natürlich erst seit 601 d. St. = 153 vC. genau zusammen.

[4]) Einige wenige Differenzen über die Konsulnamen 388—450 sind zum Teil dadurch erklärlich, daß bei der Einführung der Diktatorenjahre kleine Modifikationen in der Liste unvermeidlich waren. (Vgl. meine Röm. Chronologie S. 333f.). Bedenklicher wäre es, wenn die patrizischen Kollegien Diodors zu 417 und 418 authentisch wären. Vgl. dazu Sigwart a. O. S. 286.

allgemein anerkannten Amtsjahrrechnung post aedem Capitolinam dedicatam und einer natürlichen Jahreszählung bestanden hat.

Eine künstliche Korrektur der Fasten setzt eine im übrigen fest anerkannte Liste voraus.[1]

Was aber ist von der Konsulliste in den ersten 160 Jahren der Republik zu halten? Sind sie ein „Grabmonument der Wahrheit", wie Matzat meinte, oder ist daran festzuhalten, daß die Konsularfasten „das schönste und sicherste Denkmal der ruhmreichen Geschichte Roms gewesen sind", daß sie, abgesehen von redaktionellen Änderungen,[2]) die auf die Jahreszählung ohne Einfluß waren, in allem Wesentlichen schon vor dem hannibalischen Krieg feststanden?

Zweierlei ist hier streng auseinander zu halten.

Die Fasten nach der Zeit des Dezemvirats bieten manche interpolierte Namen. Infolge des Umstandes, daß die Zahl der tribuni militum consulari potestate zwischen 3 und 6 Stellen wechselte, war es bei einer späteren Redaktion der Fasten leicht, hier und da einen Namen nachzutragen, welcher aus sachlichen oder persönlichen Gründen den Fasten erhalten bleiben sollte.

Namentlich hat Mommsen hier gut bewiesen, wie alles dafür spreche, daß Diodors Angaben über die Zahl der Militärtribunen älter und glaubwürdiger seien als die der Capitolinischen Fasten, im übrigen aber auf die gleiche Grundlage zurückgehen.[3]) Die 18, den Militärtribunaten bei Diodor fehlenden Namen gehören insgesamt[4]) den Patriziern an. „Die Beseitigung aller dieser Namen kann erfolgen, ohne daß irgend-

---

[1]) Auf die Jahre 399, 400, 401, 403, 405, 409, 411, 420, 431, 433, in denen zwei patrizische Konsuln fungierten, wird unten (XI) näher eingegangen werden.
[2]) Mommsen, Röm. Chronologie ²S. 132. Vgl. Röm. Forsch. 1, 295 „wenn in unserer gesamten Überlieferung etwas gut und zuverlässig ist, so ist dies die Magistratstafel".
[3]) Soltau, Röm. Chronologie S. 341f. Mommsen, Röm. Forschungen 2, 226f., 230f.
[4]) 371 fehlt bei Diodor aus Irrtum M. Trebonius, dieser aber findet sich bei ihm unter 374. Daher sind hier 18 statt der 19 Stellen bei Mommsen angenommen.

ein fester Punkt der Überlieferung erschüttert wird." Es darf danach als sicher gelten, daß die älteren Annalen diese achtzehn Namen nicht enthalten haben, und daß sie selbst, samt den hie und da an ihnen hängenden Kriegsgeschichten auf später Fiktion beruhen. Auch sonst sind in die Fasten mancherlei Ergänzungen von späten Forschern ein- bzw. nachgetragen. Darauf hat neben Seeck[1]) neuerdings Fruin „Beiträge zur Fastenkritik" (Neue Jahrb. 149, 103f.) hingewiesen. So werden namentlich zwei Namen zu 374 d. St., durch die die Zahl der Militärtribunen von 6 auf 8 erhöht wurde, und mehrere consules suffecti und interreges zu beanstanden sein. Aber kein Mensch wird diese gelehrten Klügeleien und „wissenschaftlichen Errungenschaften" des varronischen Kreises dazu mißbrauchen, um daraus die Haltlosigkeit der alten Fastentafel herzuleiten.

Stets muß eben beachtet werden, daß eine Differenz über die Zahl der Militärtribunenstellen und eine Differenz über einzelne Namen oder gar nur cognomina keine Verschiedenheit der Zählung bedingt, ja sogar die Existenz einer älteren, den Quellen gemeinsamen Fastenliste zur Voraussetzung hat. Denn, wie paradox es erscheinen mag, gerade wenn nur Abweichungen in Einzelheiten, namentlich über die Vornamen und die Beinamen einiger Eponymen bestanden, muß umgekehrt geschlossen werden, daß eine alte, offizielle Liste bereits früher vorhanden war, an welcher dann aus mehr oder weniger sachlich begründeten Erwägungen Korrekturen redaktioneller Art vorgenommen worden sind.

In den Fasten, welche das nächste halbe Jahrhundert nach dem Dezemvirat betreffen, finden sich allerdings einige nicht unbedenkliche Differenzen und Abweichungen, welche dringend einer Erklärung bedürfen. Die wichtigste ist die, daß Diodor die 5 Eponymen von 331 bis 335 ausläßt und dafür kurz vorher zu Ol. 90, 1 ein Konsulpaar (gleichsam 326 [bis]) L. Quinctius A. Sempronius einschiebt. Außerdem ist beachtenswert, daß zu 310 die älteren Annalen A. Sempronius T. Cloelius L. Atilius bieten, während andere diese als vitio creati abtreten lassen,

---

[1]) Kalendertafel der Pontifices S. 76—80. Es ist wahrscheinlich, daß auch einige der patrizischen Militärtribunen von 338—348 interpoliert sind.

und an ihre Stelle die Konsuln L. Papirius Mugillanus L., Sempronius Atratinus angeben.[1])

Zur Erklärung der ersteren Abweichungen diene folgendes. Es ist bekannt, daß der Sieg des A. Cornelius Cossus, bei welchem er die spolia opima errang, bei den Schriftstellern verschieden angesetzt wird. Diodor und Florus verlegen seine Tat ins Jahr 328 d. St., während Livius sie schon zu 317 erzählt. Wie eigentümlich aber auch diese Verschiedenheit zu sein scheint, so ist doch in Wahrheit die Ursache dieser Verschiebung leicht erkennbar. Die Überlieferung verlegte diese zeitlich nicht genau fixierte Sage bald an den Anfang, bald an den Abschluß des Vejenterkrieges. Ersterer ist frühestens 317 d. St., d. i. 40 Jahre nach der Fabierkatastrophe 277 d. St., anzusetzen, letzterer spätestens vor dem 20 jährigen Waffenstillstand mit Veji 329 bis 348.

Die Künstlichkeit beider Ansätze geht auch daraus hervor, daß gezeigt werden kann, daß beide falsch sind. Die Ehre der spolia opima konnte nur der beanspruchen, welcher als Oberfeldherr den feindlichen Fürsten erschlagen hatte. Oberfeldherr war Cossus aber weder im Jahre 317 noch im Jahre 328. Man erwies ihm zwar die Ehre, ihn 317 unter die Kriegstribunen einzureihen und ihn 328 als magister equitum aufzuführen. Aber damit wurde er noch nicht qualifiziert, sich der Gewinnung der spolia opima zu rühmen. Erst als man ihn unter die Eponymen von 328 eingesetzt hatte, war er solcher Ehrung vom staatsrechtlichen Standpunkt aus würdig. Und das hat offenbar den Anlaß zur Interpolation der Fasten 328 gegeben. Leider aber war dabei nicht genügend beachtet worden, daß die Tat des Cossus, wie die Cossusinschrift Liv. 4, 20 bezeugt, in sein Konsulat 326 fiel, womit dann alle Schwierigkeiten gehoben worden wären. Aber der Fehler war nun einmal gemacht, und der eine Fehler hatte mehrere andere im Gefolge. Nachdem man die Namen der Konsuln von 326 unter die Militärtribunen von 328 versetzt hatte, wurden auch die echten Konsuln, welche

---

[1]) Die ganz unglaubwürdige Notiz, daß statt der drei Militärtribunen von 320 d. St. von den jüngeren Annalisten Konsul angesetzt worden seien, übergehe ich hier (Liv. 4, 23). Über das Jahr 310 d. St. s. C. J. L. I² p. 110.

[2]) Soltau, Röm. Chronologie S. 461f. und vorher S. 379f. S. auch oben II, S. 52 und VII, S. 165.

auf Cossus folgten, unter die Militärtribunen von 329 hineingefälscht, ihre Stelle aber durch andere ersetzt.

Gerade diese Interpolation der Fasten unter 328 und 329 aus 326 bis 327 wäre dann nicht zu erklären, wenn, wie Diodor annimmt, ein weiteres Jahr zwischen 326 und 327 eingeschoben werden müßte, sie ist aber andererseits nur dann zu erklären, wenn Diodor zu 326 ^{bis} die echten Konsuln geboten hatte.[1])

Eine der wichtigsten Abweichungen, welche zwischen den älteren Fasten Diodors und den späteren Fasten des Livius und der Regia bestanden, führt also gerade umgekehrt darauf hin, daß letztere aus gewissen wissenschaftlichen Erwägungen durchinterpoliert worden sind, und — infolge der Einreihung der Konsuln von 327 unter die Militärtribunen von 329 — bei 327 andere Namen bringen mußten, daß aber keinesfalls mit Diodor ein Konsulat eingeschoben werden darf. Die Zahl der Eponymenstellen steht fest. Bemerkenswert ist zwar, daß Diodor die Eponymen von 331 bis 335 d. St. ausgelassen hat. Diese Anomalie ist in der Tat noch nicht endgültig aufgeklärt. Aber einerseits hat Seeck (Kalendertafel S. 79f.) Matzats Versuch, in Diodors Vorgehen eine tiefe Weisheit zu suchen, hinreichend widerlegt, und sodann wird die Auslassung von 5 Eponymen nicht ohne gleichzeitige Beachtung der Tatsache, daß Diodor nach 364 die 5 Eponymen von 360 bis 364 d. St. wiederholt, erklärt werden dürfen. Er holte hier also das Versäumte nach. Sind aber die letzteren, was kein Verständiger leugnet, gefälscht, indem Diodor oder sein Chronograph 5 Jahre vermißte, so ist dem entsprechend anzunehmen, daß auch die 5 ausgelassenen Jahre aus irgendwelchen chronologischen oder synchronistischen Rücksichten übergangen sein werden.

Desgleichen ist durchaus wahrscheinlich, daß die 18 Stellen, um welche, wie oben erwähnt ward, die capitolinischen und livianischen Fasten in den Jahren 360 bis 387 d. St. gegenüber Diodor mehr belastet sind, aus pseudo-wissenschaftlichen Bestrebungen eingeschoben sind. Man wollte den in den Fasten — sei es mit Grund, sei es mit Unrecht — vermißten Personen die Ehre, unter den Oberbeamten zu stehen, nicht vorenthalten.

Noch immer halte ich es für das Wahrscheinlichste, daß

---

[1]) Röm. Chronologie S. 381f.

diese ca. 18 patrizischen Beamten zu denen gehört haben, welche in den Zeiten der Anarchie gewählt, aber als nicht rechtmäßig anerkannte Beamte später ihre Stelle in den Fasten verloren hatten, indem statt ihrer die solitudo magistratuum per quinquennium offiziell verzeichnet wurde.[1])

Denn auch diese so oft beanstandete Jahresreihe darf für die Jahreszählung nicht in Frage gezogen werden. Es ist zwar nicht denkbar, daß Rom 5 Jahre lang ohne Oberbeamte gewesen sei. Auch können nur Vermutungen aufgestellt werden, weshalb die Namen der leitenden Beamten getilgt sind und wie eine solche Anomalie staatsrechtlich zu erklären ist.[2])

Dagegen ist eine Zeit von 5 Jahren 379/383 d. St. chronologisch notwendig, so lange noch die ältesten und

---

[1]) Der Chronograph bringt allein die Eponymen für diese Jahre: 378 Lanato IV et Praetextato, 379 Baccho solo, 380 Papirio et Vivio, 381 Sacrabiense et Cellemontano, 382 Prisco et Cominio, 383 Mamertino et solo. Wie auch sonst, gibt er in der Regel cognomina, und diese gehören, soweit sie gedeutet werden können, folgenden Personen an:

378 L. Menenius Lanatus   Servius Sulpicius Praetextatus
379   I (Furius Pacilus)   II (Cornelius Cossus)
380 Papirius   P. Valerius Volusus
381 III Sacraviensis   IV Caelimontanus
382 Sp. Servilius Priscus V Cominius (= Sulpicius Camerinus)
383 L. Aemilius Mamercinus VI (Cornelius Cossus)

Erwägt man weiter, daß wahrscheinlich in den anderen (I—VI) bekannte Namen von Patriziern stecken — so ist (V) Cominio auch sonst verschrieben für (C. Sulpicius) Camerinus, (I) Baccho (= Pacilo) für (Agrippa Furius) Pacilus gesetzt, und in solo (II VI) wird Cosso stecken —, so ist es beachtenswert, daß alle Stellen den Patriziern gehören. Die Beinamen Caelimontanus und Sacraviensis sind gewiß nicht alt, aber es finden sich gerade bei den Adligen jener Zeit sehr häufig Beinamen, welche ihren Wohnsitz angeben (so Esquilinus, Capitolinus, Aventinensis, Regillensis u. a.). — Auch Huelsen (Klio II, 256) glaubt, daß die Namen des Chronographen auf irgendwelche Namen zurückgehen, welche die zu 379—383, trotz der solitudo, recht ausführlichen Fasten dargeboten hatten.

[2]) Vgl. Soltau, Prolegomena zu einer römischen Chronologie S. 48f. Sollte es Zufall sein, daß alle Namen bekannten Patriziern angehören (irrig vermutet Burger a. O. S. 200 in Vibio und Cominio plebejische Gentilnamen), und daß sie gerade dieselben Namen enthalten, welche bei Diodor fehlen und später in die Fasten der Jahre 360—387 interpoliert sind? Vgl. Mommsen, Röm. Forsch. 2, 226f.

sichersten Zeitangaben der annalistischen Berichte respektiert werden.[1])

Ich sehe dabei ganz davon ab, daß die Flaviusinschrift eine solche zur Voraussetzung hat. Wer von 304 vC. bis zum 1. Jahr der Republik 204 Jahre rechnete, mußte zweifellos ein solches quinquennium mitgezählt haben. Entscheidend ist namentlich folgendes:

Vor allem ist die sogenannte annalistische Zählung, welche 509 — 4 Diktatorenjahre + 1 Dezemviraljahr[2]) rechnend um 506 den Beginn der Republik, um (506 + 244 =) 750 = Ol. 7, 2 Roms Gründung setzte, auf einer Rechnung der Anarchiejahre aufgebaut, ebenso sämtliche sonstige Fasten.

Ja, Diodor muß selbst dieses Manko gemerkt haben, da er zwischen Alliaschlacht und erstem plebejischen Konsulat 5 fiktive Eponymenkollegien einschiebt. Fabius Pictor, in der lateinischen Bearbeitung, setzte die Wahl des ersten plebejischen Konsuls duovicesimo [3]) anno, postquam Romam Galli ceperunt. Er rechnete also 4 Jahre der Anarchie mit. Da aber wahrscheinlich einige Konsulate jener Periode verkürzt sind, auch das 5. Anarchiejahr schwerlich vollständig gewesen ist, so kann es nicht zweifelhaft sein, daß er doch 5 Amtsjahre (379—383) mitgezählt hat. Ferner: die von Polybius [4]) nach Cato angegebenen Galliereinfälle sollen im 30. Jahre nach Roms Einnahme und dann wieder im 12. Jahre danach erfolgt sein. Diese Rechnung beruht auf Angaben nach Kriegsjahren. Die in Frage kommenden Gallierfeldzüge nun sind sicherlich dieselben, welche in der annalistischen Überlieferung unter den Jahren 393 bis 394 und 404 bis 405 d. St. erzählt werden. Der zweifache parallele Ansatz

---

[1]) Burger a. O. S. 197 bemerkt treffend: „es besteht keine sichere Spur einer Rechnung, die (in 364—388) weniger Jahre hat als die varronische." „Die diodorische und die varronische haben da genau dieselbe Zahl von Jahren. Daß diese Übereinstimmung zufällig wäre, ist undenkbar; sie muß absichtlich zustande gebracht sein."

[2]) d. h. ein besonderes Jahr für die Verlängerung des 2. Dezemvirats.

[3]) So ist wohl statt des üblichen duo et vicesimo zu lesen. Sachlich ist die Variante gleichgültig. Erstes Jahr der Rechnung ist 365, letztes 387 (nicht 388), also 23 Amtsjahre.

[4]) 2, 18. Vgl. zu allen Einzelheiten meine röm. Chronologie S. 350—367.

zeigt, daß nicht nur Livius und seine unmittelbaren Quellen, sondern weit ältere Chroniken die Anarchiejahre mitgezählt haben, und zwar so, daß die Intervalle von 30 bzw. 30 + 12 Jahren zweimal und unabhängig von einander in das Jahrbuch eingesetzt sind; einmal vielleicht nach Amtsjahren, das andere Mal nach natürlicher Zeit berechnet

Auch die doch jedenfalls nicht erst spät oder willkürlich erfundenen 10 jährigen Kämpfe um das Konsulat, welche ein 10 jähriges Tribunat des Licinius und Sextius zur Voraussetzung haben, zeigen, daß die Anarchiejahre keineswegs spät gefälscht sein können, sondern die notwendige Voraussetzung für alle Einzelheiten der Erzählung der Annalen bilden. Um so eigentümlicher ist es, daß die auf Diodor schwörenden Gelehrten, so vor allem Schwartz in seinem Artikel über Diodoros (Wissowa S. 20), die Anarchiejahre einfach streichen und als ein spätes Einschiebsel der offiziellen Fastenredaktion und der jüngeren Annalistik hinstellen.

Gegenüber diesem willkürlichen Verfahren kann jetzt namentlich auf die vor einigen Jahren gefundenen Überreste der capitolinischen Fasten hingewiesen werden, welche Huelsen (Klio II, 248f.) einer sorgfältigen Besprechung unterzogen hat. S. 256 urteilt Hülsen auf Grund der wichtigen Funde über die Konsularfasten folgendermaßen: die Lücke zwischen der Diktatur von 374 und der des Jahres 383 betrage etwa 80 cm oder 42 Zeilen, wovon für die Jahre 374 bis 378 16 Zeilen abgingen. Die Größe der Lücke zeigt also, daß Henzen und Detlefsen (C. I. L. I²) recht hatten, als sie ihren Umfang für größer als 10 Zeilen taxierten. „Es scheint sogar," sagt Huelsen, „daß die solitudo magistratuum noch erheblich mehr Platz eingenommen hat, indem zu jedem einzelnen Jahre historische Notizen beigegeben waren." Huelsen schätzt dann ihren Umfang auf über 20 Zeilen.

Nun sind die capitolinischen Fasten allerdings kein Orakel, aber sie zeigen doch bestimmt, was in Chroniken und Fasten des 1. Jahrhunderts vC. gestanden und in den damaligen Gelehrten- und Kennerkreisen allgemein angenommen worden ist. Und dieser consensus der annalistischen Überlieferung wiegt in der Tat nicht leicht. Gegenüber einer solchen Menge von einzelnen Tatsachen, welche die pontifices der varronischen Zeit unter die Anarchiejahre eingefügt haben, ist es undenkbar, daß diese ganze Jahresreihe eine der spätesten und törichtsten Fiktionen sein sollte. Der Inhalt im einzelnen mag durch Kombinationen der jüngeren Annalisten ergänzt worden sein: die letzteren schlossen sich aber jedenfalls an eine viel ältere Überlieferung an, welche diese Jahre bereits enthielt. Diodor selbst mußte ja, wie erwähnt ward, 5 Jahreskollegien nach 364 d. St. wiederholen, um den durch die Auslassung der 4 Anarchiejahre und des Jahres 387 d. St. entstandenen chronologischen Fehler wieder auszugleichen. Er ist damit selbst ein Zeuge dafür geworden, daß ohne 4 + 1 Anarchiejahre der bekannte Synchronismus für die Alliaschlacht — 364 d. St. gleich 387 vC. — unhaltbar sei.

Es ist aber klar, daß, wenn die Anarchiejahre alt sind, und der Abstrich, den Diodor bei ihnen gemacht hat (379 bis 382 + 387 d. St.) zu Unrecht geschehen ist, die Zahl der Eponymen bis 335 d. St. aufwärts bei allen Fastenangaben übereinstimmt. Ja, sie stimmt sogar von 268 bis 330 überein, wenn eben die Umstellung eines Fabierkonsulats von 272 nach 297 d. St. (= Ol. 82, 3) nicht als eine Differenz in der Zählung Diodors angesehen werden darf. Das wird jetzt übrigens auch von den verschiedensten Seiten anerkannt,[1] ebenso wie man noch von keiner Seite jemals besonderes Gewicht darauf gelegt hat, daß zu Ol. 82, 1 „aus Versehen" kein Konsulat gesetzt ist, also genau genommen von Diodor hier ein Amtsjahr mehr gezählt wird,[2] oder daß die Konsulate 407 bis 409 vor 406 d. St. gestellt sind.

Zum Abschluß dieser Erörterung über die Fasten und die vielfachen Abweichungen, welche Diodor in ihnen aufweist, stehe hier noch folgendes.

Das Ergebnis der Untersuchungen über die Quellen Diodors hat gelehrt, Licht und Schatten bei der diodorischen

---

[1] Nur hier und da wagen sich Hypothesen ans Licht, daß ein oder das andere Jahr gefälscht sei. Merkwürdig, daß selbst Sigwart bei seinem gesunden Urteil daran denken konnte, 387 d. St. für gefälscht zu halten. Eine synchronistische Geschichtschreibung mag derartige Hilfsmittel wie Plüljahre nicht entbehren können — in den römischen Annalen ist so etwas unerhört.

[2] Matzat, Röm. Chronologie 1, 214 A 1: „wie es scheint, durch Versehen Diodors; ein Konsulat ist, soviel wir wissen (!), hier nicht ausgefallen". Zu 406—409 vgl. eb. S. 85, ferner Soltau, Röm. Chronologie S. 381.

Berichterstattung richtiger zu verteilen, als dieses früher geschehen ist.

Burger und nach ihm Sigwart[1]) haben unwiderleglich gezeigt, daß Diodors Berichte über römische Geschichte nicht allein seiner annalistischen Quelle entstammen. Sie sind aus Abschnitten zusammengesetzt, welche sich teils durch die Art der Übertragung als Übersetzungen aus einer lateinischen Quelle, teils als Excerpte aus einem griechischen Schriftsteller ausweisen. Eben diese Verschiedenartigkeit der Ausdrucksweise[2]) zeigt aufs deutlichste, daß nicht etwa schon der griechische Autor die Kombination der griechischen und lateinischen Quelle vorgenommen, sondern erst Diodor selbst dieses getan hat.

Bei dieser Herkunft der diodorischen Nachrichten wäre es selbst dann, wenn die annalistische Quelle, die nach allgemeiner Annahme die fabische Version widerspiegelt, völlig korrekt wiedergegeben wäre, unmöglich, die diodorische Überlieferung als Grundlage der ganzen älteren republikanischen Geschichte festzuhalten. Bei so fragmentarischen Annalenexcerpten, die noch dazu kombiniert auftreten mit Notizen einer oberflächlicheren griechischen Berichterstattung,[3]) ist jedes argumentum e silentio prinzipiell unzulässig. Ja, wenn jede Silbe in Diodors Annalenresten den Wortlaut seiner Quelle genau wiedergäbe, so wüßten wir doch nicht, ob sie an die rechte Stelle, in den richtigen Zusammenhang gebracht sind, und es wäre daher unvernünftig, aus den Annalenexcerpten Diodors allein eine Entwickelung der römischen Verfassung und Entstehung der römischen Staats- und Machtentfaltung zu rekonstruieren.

Aber die Erforschung der Quellen Diodors hat auch Auf-

---

[1]) a. O. S. 18 f. (Klio VI, 341 f.) und vorher schon Burger, „60 Jahre aus der älteren Geschichte Roms" 1891 S. 156 f.

[2]) Ein Ineinanderarbeiten zweier verschiedensprachiger Quellen ist bei der Verschiedenartigkeit der Namensformen (z. B. Κελτοί, neben Γαλάται, συνέδριον neben σύγκλητος) nicht zu bezweifeln.

[3]) Sigwart hatte in musterhafter Weise nachgewiesen, wie oft in demselben Passus die gleichen Begriffe durch verschiedene griechische Worte ausgedrückt werden, bald den griechischen Schriftsteller, bald den Übersetzer verraten. Wie konnte er da dieses Ergebnis wieder dadurch trüben, daß er beide Bestandteile demselben griechischen Schriftsteller zuschrieb!

schluß gegeben, wie er zu seinen zunächst befremdlichen Abstrichen in der Konsulliste gekommen ist. Diodor hat griechisch-geschriebene Fasten benutzt, hat also — wie das nach den mancherlei Angaben seiner Annalen in Kriegsjahren nicht anders zu erwarten war[1]) — wenigstens in der Erzählung der beiden ersten Jahrhunderte der Republik diese Fasten gar nicht zur Grundlage seiner annalistischen Erzählung verwenden können. Beide waren inkongruent und es bedurfte mehrfach eines künstlichen Ausgleichs.

Ein griechischer Chronograph mußte, wenn er die Epochen der römischen mit denen der griechischen Geschichte gleichen wollte, hie und da Korrekturen vornehmen. Wenn z. B. die Gesetzgebung der XII Tafeln mit der Gründung von Thurii oder mit der dortigen Verfassungsordnung durch Charondas zeitlich gleichgesetzt werden sollte,[2]) so mußten einige Eponymen nach 305 d. St. übergangen werden, wie andererseits später, um den bekannten Synchronismus für die Alliaschlacht (= Friede des Antalkidas 387/6 vC.) herzustellen, 5 Militärtribunenstellen nach 364 eingesetzt werden mußten, wenn anders seine Quelle die Anarchiejahre übergangen hatte. Solche Manipulationen schließen im übrigen ja keineswegs das allgemein als richtig befundene Urteil aus, daß Diodors Fastenangaben älter und ursprünglicher sind, als die übrigen.

Diodor hat Fasten benutzt, die von manchen Interpolationen und Klügeleien der „Geschichtskundigen" des 1. Jahrhunderts vC. frei geblieben sind. Aber bis 388 d. St. aufwärts weicht er weder in der Zählung noch in bezug auf die Namen wesentlich von denen der Annalen z. B. des Livius ab.[3]) Die großen Korrekturen, welche er zwischen 326 und 328 d. St. vorgenommen hat, sind durch die Differenz seiner Fasten zu 327, wenn auch nicht gut motiviert, so doch durchaus verständlich, bedingen aber nicht die Hypothese, daß er Fasten folgte, welche in bezug auf die Zählung von denen der übrigen annalistischen Quellen abwichen, sondern schließen eine solche Annahme aus. Nur sehr selten ist die Verschiedenheit der Eponymen in den

---

[1]) Vgl. meine Römische Chronologie S. 373f.
[2]) Sehr gut so Sigwart a. O. S. 28, vgl. Diodor 12, 11, 3.
[3]) Nur zu 418 und 419 erwähnt er, wenn seine Lesart richtig ist, zwei patrizische Kollegien.

Fasten derart, daß ein Ausgleich oder eine Entstehung der Abweichungen nicht erklärt werden könnte.[1]

Die Korrekturen, welche Diodor weiterhin bei Einzelheiten der Konsularfasten, namentlich von 305 bis 387 d. St., gemacht hat, zeigen klar, daß bereits seit langem eine viel ältere Liste bestand und anerkannt war. Erst wenn eine solche gemeinsame Grundlage vorhanden war, können die mannigfachen kleineren Abweichungen die rechte Erklärung finden.

Die größeren Abstriche 331—335 und 379—382 u. 387 d. St. sind ebenso, wie die Einlage von 5 Jahren nach 364 aus synchronistischen Angaben seiner griechischen Quellen zu erklären.

Umgekehrt machen gerade die geringen Varianten, welche in den Konsularfasten von 246 bis 303 d. St. anzutreffen sind, den Eindruck, daß dieser Teil der Liste auf einmal rekonstruiert worden ist.

Diese Annahme ist zwar nicht notwendig geboten, und nicht bestimmt erweisbar. Immerhin aber wird die Möglichkeit ins Auge gefaßt werden müssen, daß nach der Gallischen Invasion, nach dem Verlust mancher Akten und offiziellen Verzeichnisse, hier die wissenschaftliche Altertumsforschung mit tätig gewesen ist und unrichtige Angaben der Familienarchive mit benutzt haben wird. Einige plebejische Gentilnamen mitten unter den reinpatrizischen Konsulnamen (wie VI zeigte, namentlich der Genucii, Minucii, Junii, Sempronii) führen auf die gleiche Annahme hin.

Für das, was hier in Frage steht, kommt aber nicht viel darauf an. Hier ist vielmehr vor allem der Tatbestand hervorzuheben, daß für alle diejenigen, welche im 3. Jahrhundert vC. und später den Versuch machen wollten, die Geschichte der beiden ersten Jahrhunderte der Republik zu ergründen, in den Konsularfasten ein fester Ausgangspunkt geboten war, welcher bis auf Roms Eroberung, ja bis auf die Zeiten des Dezemvirats rückwärts auf guten, größtenteils gleichzeitigen Aufzeichnungen beruhte.

Die Namen der Konsuln und Diktatoren, der Militärtribunen und der Zwischenkönige sind in der Tat eine überaus wichtige Grundlage für die spätere Entwicklung einer römischen

---

[1] Vgl. Anhang II.

Annalistik gewesen. An die hier gefundenen Personalnotizen konnten sich die wichtigsten historischen Angaben, welche von äußeren Kriegen und inneren Kämpfen anderweitig erhalten waren, leicht anfügen lassen. Es mußte sich so eine, wenn auch nur kurze, so doch in allen wichtigen Punkten zuverlässige Überlieferung ausbilden über Zeiten, welche selbst noch einer gleichzeitigen Aufzeichnung der geschichtlichen Vorgänge entbehrten, ihr um einige Menschenalter vorangegangen sind.

Daneben ist zu beachten, daß, wie Cichorius[1]) gezeigt hat, die älteren Fasten keine cognomina gebracht haben, und wahrscheinlich auch die Bezeichnungen von Vaters und Großvaters Vornamen erst später nachgetragen sind. Soweit die Fasten solche Angaben enthielten, steht also ihre Glaubwürdigkeit nicht in gleicher Weise fest. Vielmehr hat das Bestreben der späteren Antiquare und Familienhistoriographen, hierbei die Lücken der Fasten zu ergänzen, auch zu sachlichen Korrekturen geführt, welche die abweichenden Angaben der Historiker in Einzelheiten erklären. Ohne derartige Überarbeitungen wäre schwerlich auch die fälschliche Einfügung einiger Plebejernamen in die ältesten Konsullisten 245—305 d. St. möglich gewesen.[2])

---

[1]) De fastis consularibus antiquissimis p. 220 f. — Unger hat manche seiner Beweise zu entkräften gesucht (Neue Jahrb. f. Philol. 1891 S. 289 f.); er hat aber nur insoweit recht, als er das frühere Vorkommen der cognomina in nichtoffiziellen Angaben behauptet. Selbstverständlich haben die einzelnen Zweige der Adelsgeschlechter, wie z. B. die Cornelii Cossi, Scipiones, Lentuli u. a. m. Beinamen gehabt, um ihre Mitglieder auseinander zu halten. Wenn bei Historikern schon früh cognomina auftreten, so liegt das vielfach an dem Bestreben, die Herkunft der späteren Beinamen zu erklären (Fidenas, Ahala, Coriolanus). Die verhältnismäßig wenigen Ausnahmen in älteren Fastenangaben können nichts gegen die Regel beweisen, während ja sehr zahlreiche Beispiele es sicher stellen, daß die cognomina nicht zum alten Bestand der Fastenlisten und zu den sonstigen offiziellen Notierungen gehört haben.

[2]) Gut hat Fruin, Beiträge zur Fastenkritik (Neue Jahrb. f. Philol. 1894; **149**, 103 f.), gezeigt, wie leidlich verständige, wenigstens ehrlich gemeinte Erwägungen wissenschaftlicher Art zur Interpolation von Militärtribunen z. B. zu 374 d. St. geführt haben, so daß dort acht Stellen in den capitolinischen Fasten gestanden haben müssen. Ähnliche Erwägungen haben die capitolinische Liste bei der Erwähnung von consules suffecti (eb. S. 107 f.) verderbt. Hinsichtlich der später in die Fasten eingestellten interreges vgl. Fruin S. 113 f.

Im übrigen erhellt aber auch hier wieder, daß die Differenzen in derartigen Zusätzen (cognomina, Vaters- und Großvatersnamen) nicht die Unsicherheit der Liste erweisen, sondern umgekehrt eine bereits vorher anerkannte Liste zur Voraussetzung haben.

Leider läßt sich nicht ein gleiches Urteil über die **Triumphalfasten** fällen. Erst nach den Samnitenkriegen liegen Triumphalangaben vor, welche größtenteils echt, und wenn nicht gleichzeitiger Aufzeichnung, so doch zeitgenössischen Angaben entsprossen sind. Während aber gegen die Triumphaltafel seit Pyrrhus nur Bedenken untergeordneter Art vorgebracht werden können,[1]) sind gegen manche Triumphe des zweiten und namentlich des dritten Samnitenkrieges gewichtige Einwände zu erheben.[2])

Im einzelnen kann dieses hier nicht bewiesen werden. Es genüge hervorzuheben, daß, wie die Schilderungen, welche Livius von den Siegen des dritten Samnitenkrieges gibt, so auch die Siegesberichte der Triumphalliste voller Erfindungen der Laudationen sind. Zu dem Sieg des Diktator M. Valerius Maximus 453 d. St. bemerkt Livius 10, 5, 13 habeo auctores sine ullo memorabili proelio pacatam ab dictatore Etruriam esse. Der Triumph des M. Valerius wird also unhistorisch sein. Die beiden Triumphe des Jahres 456 (Liv. 10, 10—12) widersprechen der Scipioneninschrift (C. J. I p. 16) und ebenso sind die Triumphe des Jahres 460 suspekt. Es erweckt also nicht viel Glauben, daß gerade kurz vor Beginn einer gleichzeitigen Chronistik derartige Dinge in die Triumphaltafel eingetragen sein sollten. Dieselben sind sicherlich erst spät nachgetragen. Damit soll nicht die Authentizität z. B. der Triumphe nach dem Latinerkrieg oder der meisten Triumphe gegen Ende des zweiten Samnitenkrieges angezweifelt werden. Aber die mancherlei späten Nachträge lassen es zweifelhaft erscheinen, ob damals schon eine offizielle Triumphtafel geführt wurde. Schwerlich ist dieses der Fall gewesen für die voraufgehende Zeit 387—435 d. St. Von den zwischen 393—408 d. St. angegebenen 11 Triumphen sind zunächst alle 4 Galliertriumphe zu streichen, da es in jener Zeit zu gar keiner Schlacht zwischen Römern

---

[1]) Vgl. Matzat, Röm. Chronologie 1, 189f.
[2]) eb. 1, 179f.

und Galliern gekommen ist[1]) und obenein werden auch noch die beiden Triumphe von 397 und 398 d. St. durch Diodor 16, 31 und 16, 36 in das Gebiet der Phantasie verwiesen. Auch sie verdanken also erst viel späterer Eintragung ihre Stelle in der offiziellen Liste.

Die Triumphalfasten des voraufgehenden Jahrhunderts sind größtenteils verloren gegangen. Selbst das Wenige aber, was von ihnen erhalten ist, macht einen ungünstigen Eindruck. Der Sieg des Cossus über Vejenter und Fidenaten gehört, wie gezeigt wird, nicht in das Jahr 317, sondern ins Jahr 326 d. St. und so wird der Triumph des Diktators Mam. Aemilius Mamercinus de Veientibus Falisceis et Fidenatibus in ein bedenkliches Licht gestellt. Glaubwürdiger ist es, daß im Jahre 305 über die Aequer und Sabiner, im Jahre 311 über die Volsker triumphiert ist. Die Erinnerung des einen Triumphs pflanzte sich fort, weil es der erste Triumph war, der sine auctoritate senatus populi iussu (Liv. 3, 63, 11) gefeiert sein soll, der andere, weil er einen bedeutenden Fortschritt gegenüber den Volskern bezeichnete. Aber um die Existenz einer in jener Zeit dauernd geführten Triumphalliste zu erweisen, reichen diese wenigen gutbeglaubigten Angaben gewiß nicht aus.

Hinsichtlich der Triumphaltafel wird demnach das Resultat negativ lauten. Es gab keine alte Triumphalliste, welche bis in das 4. Jahrhundert vC. hinaufreichte. Erst als der Triumph etwas mehr war, als der Einzug des Heerführers nach einem leidlich erfolgreichen Feldzug gegen die Nachbarn, hat man das Datum desselben offiziell verzeichnet. Aus der Zeit, da solche Aufzeichnungen häufiger wurden, scheint hervorzugehen, daß die neu aufstrebenden plebejischen Geschlechter Wert darauf gelegt haben, daß einige solcher Ehrentage ihrer Mitglieder dauernd in Erinnerung blieben, und daraus wird sich dann nach der Zeit der Samnitenkriege eine offizielle Triumphalliste entwickelt haben, vielleicht gleichzeitig mit den pontifikalen Aufzeichnungen in der tabula pontificis.

Weit eher als offizielle Listen der Triumphe werden von

---

[1]) Soltau, Prolegomena zu einer Röm. Chronologie S. 76 f. Über das Alter der Scipioneninschrift s. Wölfflin, Die Dichter der Scipionenelogia (Sitz. d. bayr. Akad., 11. Juni 1892).

den pontifices sowie von anderen Priesterkollegien anderweitige Verzeichnisse sakraler Art gemacht sein.
Es gab z. B. schon sehr früh Verzeichnisse der feriae latinae. Die auf dem Albanerberg gefundenen Überreste eines Verzeichnisses der Latinerfeiern sind allerdings erst in viel späterer Zeit im Jupitertempel aufgestellt worden. Aber sie beruhen sicherlich auf älteren Aufzeichnungen der Priester, zumal die Überschrift lehrt, daß die 305 d. St. gehaltene Feier als die erste zu gelten habe. Die älteren Feiern, die schon unter Roms Oberleitung stattgefunden hatten, sind also nicht rekonstruiert, und andrerseits ist es wahrscheinlich, daß, wie Mommsen erkannt hat, die Dezemvirn durch ein Edikt die regelmäßige Aufzeichnung der feriae latinae veranlaßt haben.

Wenn das aber richtig ist, so ist kein Grund vorhanden, etwa die Daten von 358 bis 360 d. St. höher zu werten als die der Jahre 303 bis 306.[1])

Jedenfalls konnten die in den Priesteraufzeichnungen enthaltenen Angaben für die, welche später die Fasten revidierten oder die Geschichte des 4. Jahrhunderts d. St. festzustellen suchten, von Wichtigkeit sein. Mit ihrer Hilfe konnten namentlich die Termine, wann die Konsuln antraten, ergänzt oder festgestellt werden.

Ähnlich war es mit manchen anderen Aufzeichnungen, welche in Priesterkollegien gemacht worden sind. So namentlich über die Spiele, über ihre erste Einführung, die historischen Anlässe und die Kosten ihrer Veranstaltung.

In späteren Zeiten bildete die Aufzeichnung der Festspiele, oft mit Angaben über den Geber derselben und den Aufwand, den er gemacht hatte, ein ständiges Fach des pontifikalen Jahrbuchs. Aber es hat sich auch schon in den älteren annalistischen Berichten eine gute antiquarische Tradition hierüber erhalten, — so über den Ursprung mancher Spiele, über ihre religiöse Bedeutung, über ihre Wiederholung — Angaben, die ihre Entstehung in Priesterkreisen wahrscheinlich machen.

So sei hier vor allem der Bericht des Fabius Pictor über die ludi magni (Terentini) erwähnt, welchen Dionys 7, 71—77 (Liv. 2, 36) erhalten hat. Andere Angaben boten, wie Censorin de

---

[1]) Vgl. Wernerus de feriis latinis (Leipzig 1888).

die natali 17, 8 hervorhebt, z. B. Valerius Antias und Varro, gleichfalls nach älteren antiquarischen Quellen.

Gelegentliche Erwähnungen der Spiele finden sich beispielsweise:

362 Liv. 5, 31, 2: consules magnos ludos fecere, quos M. Furius dictator voverat Veiente bello.

388 Liv. 6, 42, 12: meritoque . . . fore, ut ludi maximi fierent et dies unus ad triduum adiceretur; Einführung der curulischen Ädilität.

391 Liv. 7, 2: et cum vis morbi nec humanis 'consiliis nec ope divina levaretur, victis superstitione animis ludi quoque scenici . . . instituti dicuntur.

459 Liv. 10, 47: eodem anno coronati primum ob res bello bene gestas ludos Romanos spectarunt; palmaeque tum primum translato e Graecia more victoribus datae.

Noch bedeutsamer sind die zahlreichen Angaben, welche über die von den decemviri sacris faciundis angeordneten religiösen Feiern in den Aufzeichnungen dieses Priesterkollegiums gemacht sein müssen.

Auf diese gehen voraussichtlich die Anekdoten über die Einführung der sibyllinischen Orakel in Rom zurück. Vor allem aber weist auf sie die genaue Aufzählung der supplicationes und der lectisternia hin. Das „Bittfest" war ja das wichtigste Sühnmittel, welches „Graeco ritu" vorgenommen wurde.

Nachrichten von solchen Supplikationen aus älterer Zeit haben sich, ohne Zweifel durch die Vermittlung der duumviri bzw. decemviri sacris faciundis, erhalten. Das Gedächtnis an dieselben hat sich aber, auch ohne daß eine gleichzeitige Aufzeichnung vorgenommen wurde, schon deshalb leicht erhalten können, da solche Feiern mit außergewöhnlichen Ereignissen mit Pesten oder Wunderscheinungen verbunden waren. Die älteste supplicatio, die Livius (4, 21, 5) erwähnt (318 d. St.), fand bei Gelegenheit einer Pest statt, welche sich sogar über mehrere Jahre erstreckte, während auch ein Erdbeben die abergläubische Furcht der Menge vermehrte.[1]) Eine solche supplicatio wird auch zu 410 d. St. von Livius 7, 28, 7, offenbar nach priesterlichen Aufzeichnungen, erwähnt.

---

[1]) Livius 4, 21, 5. Vgl. im übrigen das unter I Gesagte (S. 12 f.).

Besonders wichtig für das religiöse Leben waren die ebenfalls zum Graecus ritus gehörigen „lectisternia", bei welchen vor den Bildern der 12 griechischen Hauptgötter Kissen hingelegt und Speisen geopfert wurden. Auch diese Sühnmittel wurden, da Gaben an die einheimischen Gottheiten nichts ausrichten konnten, bei Krankheiten und Pestilenzen anbefohlen. So hat sich dann ihr Andenken, wie in I gezeigt ward, auch ohne daß sofort eine Aufzeichnung gemacht worden war, ein bis zwei Menschenalter im Gedächtnis der Mitlebenden erhalten können. Denn Mißwachs, Erdbeben, Pesten bleiben lange Zeit in der Erinnerung aller, die solche Kalamitäten mit durchlebt haben.

Als aber seit 355 d. St. bereits in mehreren solchen Fällen lectisternia angesetzt worden waren, da scheint auch das Priesterkollegium, welches sie anordnete, ein solennes Verzeichnis der lectisternia angelegt zu haben. Man vergleiche zu 390 Liv. 7, 2, 1, zu 406 Liv. 7, 27, 1, zu 426 Liv. 8, 25, 1.

Diese und ähnliche Angaben weisen, wie gesagt (S. 10f.), nicht auf gleichzeitige annalistische Chroniken zurück, sondern, wie schon die Aufzählung der lectisternia dartut, auf sachlich geordnete priesterliche Aufzeichnungen sakraler Art hin.

Inhaltlich sind sie aber jedenfalls älter. Sie haben sich zuerst, bei den in solchen Formalien überaus konservativen Römern, viele Menschenalter hindurch in Fachkreisen mündlich fortgepflanzt. So die indigitamenta der pontifices, so die disciplina augurum, so die Kunde, welche die Orakelbewahrer über die sibyllinischen Weissagungen und ihre Auslegung besaßen.

Solche Satzungen, Gebetsformeln, Aussprüche der verschiedenen Priesterkollegien standen nun vielfach auch in Beziehung zu den alten Verfassungszuständen und zu den historischen Ereignissen. Sie wurden mit Präzedenzfällen, welche für spätere Vorgänge bedeutsam werden konnten, verknüpft überliefert, und dieser Umstand mußte überall zu schriftlicher Aufzeichnung derselben innerhalb der Beamten- und Priesterkollegien führen. Es entstanden so die commentarii der verschiedensten Priesterkollegien.

Von besonderer Bedeutung unter solchen priesterlichen Aufzeichnungen waren die commentarii pontificum, augurum, decemvirorum.¹) Bekannt ist der Hinweis Ciceros de republ. 2, 31, 54 auf die gewichtige Autorität der beiden zuerstgenannten: provocationem autem etiam ab regibus fuisse declarant pontificii libri, significant nostri etiam augurales. Es geht daraus hervor, daß beide Arten von Priesteraufzeichnungen in Fällen, die für ihren Geschäftsbereich kompetent waren, auf staatsrechtliche Fragen der Vorzeit zurückgegriffen und selbst auf die im einzelnen sagenhafte Praxis der Königszeit zurückverwiesen haben.

So werden die Augurn gewiß die Beobachtung besonders unglücklicher Auspizien an manchen Monatsdaten in ihren Akten notiert und daraus dann ihre Folgerungen für die geschichtlichen Vorgänge ihres eigenen Zeitalters gezogen haben. Nach Varro stand in den Schriften der Augurn, daß man an einem öffentlichen Feiertag (feriae publicae) keine Aushebung vornehmen dürfe.²) In den pontifikalen Akten war verzeichnet, daß sowohl vor der Schlacht an der Cremera (277 d. St.) als vor der Alliaschlacht an einem unglücklichen Kalendertag das Opfer dargebracht sei. Fabius Maximus Servilianus schrieb mindestens 12 Bücher über das Pontifikalwesen. Wie hätte er dieses können, wenn er nicht ausführliche Aufzeichnungen der Pontifices vorgefunden hätte, die nicht nur die Rechtssatzungen darboten, sondern auch über die Anwendung derselben im einzelnen Auskunft gaben? Diese aber mußten vielfach an historische Ereignisse, an historisch bedeutsame Entscheidungen des Pontifikalkollegiums anknüpfen und haben mithin auch ohne direkt einem historischen Zweck zu dienen, doch zahlreiche Angaben enthalten, welche in die frührepublikanische Geschichtsepoche hinaufreichten und geschichtlichen Wert besaßen.

Solche historische Angaben der commentarii pontificum werden natürlich auch von den Pontifices ausgiebig benutzt sein, welche um 130 vC. eine vollständige Stadtchronik, die annales maximi, ausarbeiteten. Aber sie lagen bereits den älteren Annalisten vor. Diese fanden in derartigen priester-

---
¹) Diese sind natürlich zu unterscheiden von den Protokollen (acta) und den libri (Dienstvorschriften) jener Priesterkollegien.

²) Macrobius Saturn. 1, 16, 19 sicut Varro in augurum libris scribit in haec verba: viros vocare feriis non oportet; si vocavit, piaculum esto. Vgl. ferner 1, 16, 23 f.

lichen Aufzeichnungen sicherlich Erzählungen, wie etwa die Anekdote, wie Horatius die Einweihung des kapitolinischen Tempels vorgenommen hatte, oder wie etwa eine Devotion vorgenommen wurde (vgl. Macrobius Sat. 3, 9, 10). In ihnen wird u. a. die heitere Geschichte enthalten gewesen sein, wie die tuskischen Bläser wider ihren Willen gezwungen gewesen waren, nach Rom zurückzukehren und bei den Opfern zu blasen, wie andrerseits die Fälle verzeichnet sein werden, an welchen die Opfer Unglück verheißend gewesen und somit die Ursache der Niederlagen der Römer gewesen sein sollen.

Es mag Zufall sein — immerhin aber ist es bemerkenswert, daß von den Berichten der Kommentare der Pontifices und der Augurn aus älterer Zeit nicht viel Überreste vorhanden sind. Daß aus historischer Zeit zahlreiche Entscheidungen jener Priester, viele ihrer Satzungen und manche der für sie wichtigen Präzedenzfälle in ihren Kommentaren verzeichnet waren, ist sicher. Denn ohne eine derartige umfängliche Literatur hätten die späteren Altertumsforscher aus dem letzten Jahrhundert der Republik nicht so ausführliche Darlegungen des ius pontificium und des ius augurale schreiben können.

Neben den in priesterlichen Kreisen gemachten, mehr oder weniger offiziellen Aufzeichnungen mußte sich in ihrer Mitte sowie in Beamtenkreisen die Kunde von manchen bedeutsamen Vorgängen staatlicher und staatsrechtlicher Art erhalten, insoweit dieselben in irgendeiner Weise mit den sakralen Verhältnissen in Verbindung standen.

Derartige Dinge waren z. B. das Datum einer Tempelgründung. Dasselbe war nicht willkürlich gewählt, fiel oft mit einem Feiertag der verehrten Gottheit zusammen, wurde also auch später noch gefeiert. Mit der Kunde hiervon erhielt sich nicht selten die Erinnerung an den Anlaß der Gründung oder der Dedikation, sowie der Name des Gründers und seiner Verdienste.

Erklärlicherweise hat sich so auch bei Einweihungen von Tempeln aus längst vergangenen Tagen die Kunde von beachtenswerten Einzelheiten erhalten und ist dann später, als man ein Jahrbuch führte, aus der mündlichen Tradition auch in dieses eingetragen worden. Umgekehrt knüpfte an solche Notizen dann das sonstige historische Wissen der Priester oder Staatsmänner, welche Kommentarien niederschrieben, an, und mancher wichtige Vorgang, wie andrerseits auch manches Priestermärchen ist auf diese Weise[1]) der späteren Chronik übermittelt worden.

Ein besonders belehrendes Beispiel bietet hier wieder Liv. 7, 28. Der Tag der Gelobung wie der Einweihung des Junotempels stand fest, da alljährlich Kal..Jun. ein Gedenktag der Juno Moneta gefeiert ward. Zugleich hatte sich damit die Kunde erhalten an einen Meteorsteinfall, wie er früher schon mehrfach auf dem Albanergebirge beobachtet worden war, sowie an ein Unwetter und eine Verfinsterung, welche Zeichen[2]) dann zur Wahl eines Diktators geführt hatten. Alles dieses blieb gewiß so in der Erinnerung haften, trotzdem die Aufzeichnung dieser Einzelheiten ohne Zweifel erst einige Zeit später erfolgt ist.

Sicherlich werden sich in ähnlicher Weise auch die Daten der Gründungstage der Kolonien, die Namen der Führer, wie die Zeitumstände bei Anlage der coloniae Romanae und der coloniae latinae erhalten haben. Die mehrfache Anführung solcher Gründungen[3]) auch in den Berichten der 1. Dekade spricht dafür, daß früh schon Listen derselben angelegt sind.

Ferner werden auch in Beamtenkreisen mancherlei Aufzeichnungen gemacht, Listen geführt, außergewöhnliche Vorfälle[4]) notiert worden sein, bevor an eine historische Darstellung im eigentlichen Sinne gedacht worden ist.

Für das Dasein von Aufzeichnungen staatsrechtlicher Art bürgen die trefflichen antiquarischen Berichte Livius 1, 43—44; 8, 8.

Noch eine besondere Art, wie sich geschichtliche Erinnerungen schon vor einer gleichzeitigen Aufzeichnung erhalten konnten, muß hier erwähnt werden. Die ädilicischen Strafgelder oder die den Censoren zur Verfügung gestellten Gelder

---

[1]) Daher z. B. Notizen wie Liv. 2, 21, 7 aedes Mercurii dedicata est Idibus Maiis.
[2]) Keine Sonnenfinsternis s. Ginzel, Kanon der Finsternisse (Sitzungb. der berl. Akademie 15. XII. 1887 S. 31).
[3]) Z. B. Liv. 4, 30, 6f.
[4]) Philologus 55, 273. So ist es zu erklären, wenn lange vor Beginn einer gleichzeitig geführten Stadtchronik Pestilenzen oder Kalamitäten notiert sein werden. Daß dieselben trotzdem nicht an der richtigen Stelle im Jahrbuch erscheinen (vgl. Liv. 4, 30, 7f.) spricht eher für, als gegen ihre Authentizität (vgl. 4, 20, 9).

(die ultro tributa) wurden zur Errichtung von Denkmälern, zu Tempelbauten, zu Wasserleitungen, Wegebauten u. a. m. verwandt. Teils werden Inschriften derartiger Bauwerke näheres darüber verzeichnet haben, teils wird die Erinnerung an ihre Errichtung sich einige Menschenalter erhalten haben, auch ohne daß gleichzeitige Aufzeichnungen zu historischen Zwecken gemacht sein werden. Anderseits aber ist es natürlich nur wahrscheinlich, daß schon früh auch in den Akten der Beamten Notizen über die Verwendung jener Gelder gemacht sein werden.

Viele dieser vereinzelten Angaben und Listen fanden seit 300 vC., seitdem die tabula pontificis ausgestellt ward, einen festen Anhaltspunkt in den gleichzeitigen Angaben der pontifices, welche z. B. so auch die Notizen der zuletzt genannten Beamten und die Kunde antiquarischer Kreise mit in den Bereich ihrer Aufzeichnungen zogen.

Den wichtigsten Einfluß übte aber die ausgestellte Pontifikaltafel selbst aus, indem sie zunächst in den Fachkreisen, also bei den pontifices, dann aber überhaupt in den Kreisen der Priester und Beamten das historische Interesse für die vorausgehende Epoche wachrief und wach erhielt.

Die Angaben der Tafel veranlaßten die pontifices nicht nur die wichtigsten Angaben alljährlich zu sammeln und zusammenzustellen, sondern sie werden dann auch zweifellos rückwärtsschreitend die bedeutsamsten Ereignisse der vorausgehenden Samniten-, Etrusker- und Gallierkriege aufgezeichnet und chronologisch fixiert haben.

Das geschah, wie ich in meiner römischen Chronologie nachwies und wie aus den Angaben der älteren Annalistik hervorgeht, anfangs so, daß nur die wichtigsten Epochen hervorgehoben wurden. Bald wurden die Waffenstillstandsfristen angegeben, bald nach den Intervallen der Kriegsjahre die wichtigsten Ereignisse festgesetzt. Solche Angaben waren mindestens oft noch in einer nicht nach Eponymen geordneten Berichterstattung erzählt.

Selbstverständlich aber schließt dieses nicht aus, daß nicht zugleich auch viele, ja die Mehrzahl jener Notizen unter das entsprechende Konsulat eingefügt worden sind. Namentlich, wenn Siege der Konsuln oder sonst Taten der Oberbeamten zu erwähnen waren, sind ohne Zweifel seit der Zeit, da man anfing auch die vorausgehenden Zeiten geschichtlich zu rekonstruieren, manche historische Angaben über die früheren Epochen direkt in die Konsulliste eingefügt worden und haben so die Grundlage zu einer nach Eponymen geordneten, glaubwürdigen Chronik selbst über die Zeit des 4. und 5. Jahrhunderts der Stadt gelegt.

Dadurch nahm das Interesse für historische Vorgänge in einem bisher unbekannten Grade zu.

Die Beziehungen, welche Rom mit der sizilischen, karthagischen, griechischen Geschichte verknüpften, förderten dieses Interesse aufs lebhafteste. Wer im Senat, wer als Beamter über die politischen und kommerziellen Verhältnisse mitreden wollte, der mußte nicht nur den Blick vorwärts wenden, sondern auch rückwärts auf die frühere Entwickelung der Machtverhältnisse der einzelnen Völkerschaften und Staaten, welche in Italien, in Sizilien und in den angrenzenden Mittelmeerländern Einfluß ausgeübt hatten: vor allem natürlich auf die Entwickelung der Machtverhältnisse der eigenen Vaterstadt.

Alles dieses aber führte weitere Kreise Roms zur Beschäftigung mit griechischer Sprache und griechischer Literatur. Man las, was griechische Mythographen über die Vorzeit, was griechische und sikulische Schriftsteller über die letzte Vergangenheit Roms und Italiens berichtet hatten.

Der so erwachende historische Sinn führte dann die gelehrten Priester- und Beamtenkreise mit einer gewissen Notwendigkeit zu einer sorgfältigeren Beachtung der Überreste der vergangenen Zeit und zu einer Feststellung wenigstens der wichtigeren Epochen der frühesten Geschichte Roms.

X.
Ältere und jüngere Annalistik.

Die hier gebotene Übersicht über die verschiedenen Klassen von geschichtlichen Angaben, welche über die Zeiten des 5. und 4. Jahrhunderts vC. Glaubwürdiges überliefert erhalten haben, macht es möglich, einen bestimmten Kern der Überlieferung festzustellen und festzuhalten, welcher die Grundlage der späteren Stadtchronik gebildet hat und der erst durch jüngere, fremdartige Zusätze zu jenem Gemisch von Wahrem und Erfundenem geworden ist, welches jetzt den historisch geschulten Leser mehr abstößt als anzieht.

Welche Mittel aber besitzen wir, um jene Reste älterer Kunde aus Priester- und Beamtenkreisen von dem zu sondern, was jüngere Generationen hinzugetan haben? Ist man nicht, nachdem diese kleine Oase wissenschaftlicher Kenntnis entdeckt ist, sogleich wieder dem subjektiven Umherirren in der Wüste der Unbestimmtheit verfallen? Gibt es objektive Kriterien, um jene älteren Elemente der Überlieferung von den späteren Erfindungen und Rekonstruktionsversuchen zu trennen?

Diese Frage ist zu beantworten, oder vielmehr — sie ist bereits in genügendem Maße durch alles das beantwortet worden, was die gewissenhaften Quellenuntersuchungen der deutschen Geschichtsforscher der letzten Jahrzehnte festgestellt haben. Über die Ergebnisse derselben hätte Pais nicht so leicht zur Tagesordnung übergehen dürfen.

Es ist bekannt, und steht nach dem Urteil aller besonnenen Forscher fest, daß vor allem die Berichte über die ältere republikanische Zeit einen besonderen Quellenwert besitzen, welche auf die ältesten Annalisten zurückgehen. Vieles von dem, was sie gebracht haben, mag späterhin ergänzt und vollständiger dargestellt sein: sicherlich reichen die Angaben, welche dieselben bieten, in eine Epoche hinauf, welche Berichte kannte, die noch nicht durch spätere Vermutungen und Klügeleien entstellt worden waren. Und eben so sicher ist, daß wir damit indirekt auf das Wissen jener Zeit zurückgelangen, welche, bereits vor Beginn einer römischen Annalistik liegend, angefangen hatte, einiges Wenige, die wichtigsten Epochen der frührepublikanischen Geschichte, zu fixieren, die bedeutendsten Persönlichkeiten aus den voraufgehenden Jahrhunderten zu verzeichnen und ihren Einfluß zu erfassen!

Nachdem die Pontifices einmal angefangen hatten, eine Tafel mit bemerkenswerten Nachrichten auszustellen und die Zahl und Art der auf ihr erwähnten Gegenstände schnell und stetig zunahm, muß auch das historische Interesse für die voraufliegende Zeit so zugenommen haben, daß diese Priester und die fachkundigen Kreise über die wichtigsten Abschnitte der voraufgehenden Menschenalter eine gewisse Kunde zu gewinnen strebten und auch erlangten.

Der vorige Abschnitt hat gezeigt, daß manche Elemente dazu vorhanden waren, und wie dieselben den Wißbegierigen Material genug bieten konnten, um weiter zurückliegende Partien festzustellen. Die Konsulliste, die Angaben über vorzeitigen Rücktritt der Konsuln bei irgendeiner Niederlage oder Kalamität, die Erwähnung eines Triumphs oder einer Koloniegründung konnten in vielen Fällen zur Feststellung bedeutsamer historischer Angelegenheiten führen, welche in der Erinnerung der älteren Leute haften oder in dem Dunkel einiger Familienarchive aufbewahrt geblieben waren. Daß z. B. der Tod des älteren Decius bzw. seine voraufgehenden Taten im Samniterkrieg ebensogut wie die Niederlagen von Caudium und Lautulae, zeitlich genau fixiert und an die richtige Stelle der Konsulliste gestellt werden konnten, ja mußten, ist klar. Größere Abweichungen werden erst über eine Epoche möglich gewesen sein, die 100 und mehr Jahre vor den Samnitenkriegen zurücklag.

Wählen wir einige für die Beschaffenheit jener Rekonstruktionsversuche über die Vorgeschichte charakteristische Beispiele.

Wie Polybius nach einer jedenfalls guten alten Angabe erzählt, kamen die Gallier im 30. Jahre nach der Alliaschlacht wieder nach Latium.[1]) Dadurch erweist sich zunächst die von

---

[1]) Über alle Einzelheiten vgl. meine „Römische Chronologie" S. 350f. S. auch oben IX S. 170.

Livius 6, 42, 5 überlieferte Notiz des Claudius Quadrigarius zu 387 d. St., daß schon damals die Gallier wieder herangestürmt seien, als falsch, ja als ein Schwindel. Dagegen treten durch die polybianische Angabe die unter 393 (Liv. 7, 9) und 394 d. St. (Liv. 7, 10) erwähnten Einfälle in das rechte Licht. Sie zeigen durch ihre Verdoppelung ebenso sicher, daß damals eine gleichzeitige Notierung des Galliereinfalls noch nicht stattgefunden hat, wie andererseits, daß das Intervall von 30 Jahren zwischen diesem und der Alliaschlacht so bekannt war und allgemein feststand, daß es selbständig von zwei Geschichtskundigen oder Geschichtsfreunden in die Konsulliste eingetragen worden ist. Das gleiche gilt natürlich von dem dritten Einfall der Gallier im 12. Jahre darauf, den Livius 7, 23 unter 404, 7, 26 unter 405 d. St. berichtet. Bekannt ist ferner, daß zahlreiche Ereignisse des 5. Jahrhunderts in verschiedenen Quellen um 2 bis 3 Jahre verschoben worden sind. Die erste Diktatur wird von Livius ins Jahr 253, von Dionys ins Jahr 256 d. St. gesetzt, und dementsprechend weichen beide auch um 3 Jahre bei der Schlacht am See Regillus voneinander ab. Solche Differenzen zeigen zwar, daß die einzelnen Angaben erst viel später in die Chronik aufgenommen sind, ebenso wohl aber auch daß die Intervalle zwischen den einzelnen Vorgängen, wie diese selbst, gut beglaubigt und allgemein bekannt waren. Die seit dem zweiten punischen Krieg einsetzende gleichzeitige Annalistik hat zur Voraussetzung, daß schon ein Fideikommiß von zahlreichen historischen Angaben über das 4. Jahrhundert, ja auch schon über die wichtigsten Epochen des 5. Jahrhunderts vC. vorhanden war. Eine solche Sammlung von historischen Angaben wird für das 4. Jahrhundert vC. sogar schon im Anschluß an die Eponymenliste vorgenommen worden sein, wenn sich dabei auch im einzelnen manche Fehler und Ungenauigkeiten eingeschlichen haben mögen.

Weiter rückwärts allerdings werden die Anfänge einer solchen Chronistik schwerlich schon damals der Beamtentafel eingefügt sein. Zwar die wichtigsten Friedens- und Waffenstillstandsverträge, die bedeutsamsten Verfassungsveränderungen, der Beginn der XII Tafelgesetzgebung wie der Sturz der Dezemvirn, die leges Canuleiae und die Einführung der Censur werden auch damals schon in der Beamtenliste erwähnt worden sein. Im übrigen aber waren doch die chronologischen und sachlichen Differenzen, welche in den Angaben über das 5. Jahrhundert vC. enthalten waren, soweit sie in einer mündlichen oder in einer Familientradition sich fortgepflanzt hatten, derart, daß es oft schwer fiel, sie unter die richtigen Beamten einzustellen. Die Kämpfe und Ereignisse zu Anfang der Republik kehrten, wie eben erwähnt, in den Chroniken mehrfach um 2 bis 3 Jahre verschoben noch einmal wieder, auch die Kämpfe mit Veji vor dem 40jährigen Waffenstillstand werden mehrfach, 277 bis 280 d. St., verschieden variiert, von Livius 2, 44—53 erzählt. Die Cossussage, welche an bestimmte Fakta, an den Gesandtenmord, an die Einnahme von Fidenae und die Erlegung des Vejenterkönigs Tolumnius anknüpfte, ist, wie erwähnt ward, von den Geschichtskundigen, welche trotz des Cossuskonsulats 326 d. St. unfähig waren, sie genauer zu fixieren, bald sogleich nach Ablauf des 40jährigen Waffenstillstands 317 d. St., bald vor Beginn des neuen Waffenstillstandes von 20 Jahren (329 bis 348) unter dem Jahre 328 d. St. erzählt worden. Ähnliche Verschiebungen der gleichen Ereignisse lassen sich nachweisen bei den kurz vorhergehenden Äquerzügen 296/299 d. St. oder bei den Volskerkriegen 308/311 d. St.

Diese und ähnliche Fälle, so die erwähnten Varianten über die tumultus Gallici, sind nur erklärlich, wenn sie nachträglich in eine nach der Konsulliste geordneten Chronik eingetragen sind, d. h. also, wenn sie selbst, etwa mit Intervallenangaben versehen, solchen historischen Berichten entnommen waren, die noch nicht eine, Jahr für Jahr weiter zählende und erzählende, Chronik kannten.

Offenbar sind die Nachrichten selbst viel älter als ihre Einreihung in das annalistische Schema. Sie entstammen einer Zeit, da man noch nicht viele Einzelheiten über jedes Konsulatsjahr zu erzählen wußte, sondern soweit die Erinnerung und gewisse sonstige Anhaltspunkte (wie Inschriften, Denkmäler) es zuließen, nur über die wichtigsten Ereignisse einiges wenige feststellen konnte. Noch über den 2. Samnitenkrieg scheint die ältere Überlieferung, wie sie z. B. bei Piso vorliegt, noch nicht nach annalistischer Art Jahresberichte gegeben, sondern nur da ausführlicher erzählt zu haben, wo hervorragende Vorfälle die Erinnerung für die Vergangenheit geschärft hatten. Das geht z. B. auch aus der merkwürdigen Angabe des Livius

9, 44, 3 hervor: creati consules (449) L. Postumius Ti. Minucius; hos consules Piso Q. Fabio et P. Decio suggerit, biennio exempto, quo Claudium Volumniumque et Cornelium cum Marcio consules factos tradidimus.

Selbst also über diese schon historisch lichte Periode der römischen Geschichte, hatte ein Piso nicht streng annalistisch, unter Voranstellung der Eponymen, erzählt. Vielmehr hatte er nur die wichtigsten Kriegsereignisse eingehend hervorgehoben, Nebensächliches aus den Vorjahren sachlich, nicht chronologisch mit eingeordnet.

Derselbe Piso hat in seiner bekannten Schilderung der Tätigkeit des Flavius (Plin. N. H. 33, 1, 20) gleichfalls Vorgänge verschiedener Jahre zusammengefaßt. Nicht nur die Tätigkeit des Flavius während seiner Ädilität, noch mehr seine Wirksamkeit als pontifex ist berücksichtigt; denn die Herausgabe der Fasten und kleinere kalendarische Neuerungen, wie z. B. daß die nundinae zu Gerichtstagen gemacht wurden (Macrob. Sat. I, 16, 30) sind offenbar erst später, nicht während der Ädilität des Flavius eingeführt. Überhaupt ist ja die Beschaffenheit der ältesten und glaubwürdigsten Angaben über das 4. Jahrhundert vC. derart, daß sie Aufzeichnungen verraten, die den Stoff sachlich ordnend, oft sogar nur eine Übersicht der Ereignisse mehrerer Jahre geboten hatten.

Dahin gehört auch die Notiz des Fabius, daß im 22. Jahr nach Befreiung der Stadt der erste plebejische Konsul gewählt sei, oder manches, was Cicero de republica mit Intervallangaben (wahrscheinlich nach Piso) berichtet hat.

Die ältesten Annalisten fanden also noch keine Stadtchronik vor, welche die beiden ersten Jahrhunderte der Republik ausführlich geschildert hatte. Wohl aber haben ihre Ausführungen eine kurze Darstellung der Hauptepochen der älteren republikanischen Geschichte zur Voraussetzung. Bei der Ausstellung der Pontifikaltafel, bei dem Wachsen des Interesses für die frühere Geschichte müssen auch schon damals, also in der ersten Hälfte des 3. Jahrhunderts vC., die wichtigsten Momente der voraufgehenden Geschichte durch die geschichtskundigen Kreise, in erster Linie also durch die pontifices, völlig sichergestellt gewesen sein.

Es fehlt nun wahrlich nicht an Indizien, welche uns über die Beschaffenheit dieser älteren annalistischen Berichte, die ihrerseits auf diesen pontifikalen Aufzeichnungen fußten, orientieren können. Vor allem ist die Tatsache beachtenswert, daß alle älteren Annalisten trotz ausführlicher Behandlung der Königszeit, nur eine geringe Anzahl von Büchern der Geschichte der Republik gewidmet haben. Trotzdem sie gleichfalls auch ihre Zeitgeschichte eingehend behandelt hatten, umfaßten ihre Annalen nur wenige Bücher. Obwohl Cassius Hemina 2 Bücher über die Königsgeschichte schrieb, hat er im 4. Buche den 2. punischen Krieg erzählt. Cato wie Piso schrieben nur je 7 Bücher. Alle miteinander können also die republikanische Geschichte nur überaus kurz behandelt haben, und ein gleiches Vacuum findet sich auch noch bei Ennius, welcher die Geschichte der Republik bis auf Pyrrhus in 2 Büchern absolviert hat und dabei doch bei einigen poetisch besser zu verwertenden Gegenständen ausführlicher verweilt haben muß (vgl. III S. 65).

Wie aber ist es möglich, auch im einzelnen die Überreste dieser älteren Überlieferung festzustellen und aus den späteren Überarbeitungen auszusondern?

Am besten würden wir uns ein Bild von der Beschaffenheit der ältesten Geschichtsdarstellung und Geschichtsauffassung der römischen Geschichtskundigen aus Polybius machen können, wenn eben nicht gerade seine Berichte über die republikanische Zeit vor dem 1. punischen Krieg so sehr lückenhaft wären.

Um so mehr hätte hier Ciceros Schrift de republica Beachtung verdient.[1]

Cicero führt in seinem Dialog de republica den jüngeren Scipio und seine Zeitgenossen redend ein. Dabei wachte er offenbar mit einer gewissen peinlichen Sorgfalt darüber, daß alle Anspielungen auf eine spätere Zeit, selbst solche wissenschaftliche Anschauungen vermieden wurden, welche sich erst in späterer Zeit Geltung verschafft hatten. Deshalb hielt er sich bei der Einleitung an die astrologischen Ansichten des Sulpicius Gallus († 160 vC.), deshalb in chronologischer Hinsicht

---

[1] Vgl. zu dem folgenden meinen Aufsatz Philologus 56, 118 („Der Annalist Piso").

an Polybius.¹) Es ist daher nur wahrscheinlich, daß Cicero auch in bezug auf die historischen Schilderungen der ersten Epoche der Republik einen der Annalisten jener Zeit als Leiter gewählt hat.

Wirklich begegnen wir bei ihm auch nur sehr geringen Spuren einer späteren Annalistik. In der Regel boten die älteren Annalen zweistellige Namen ohne cognomina. So auch Cicero de republica 2, 50 Sp. Cassius et M. Manlius et Spurius Maelius 2, 54 P. Valerius 2, 55 Sp. Lucretius usw.

Eine Ausnahme machen nur die Konsuln von 305 d. St., welche 2, 54 zur Unterscheidung von den gleichnamigen ersten Konsuln (245) mit cognomen zu setzen waren, sowie 2, 47 Lucretiae, Tricipitini filiae²). Von späteren Zügen der Tradition, welche übrigens auf einer ehrenwerten antiquarischen Doktrin beruhen, ist mir namentlich der consul suffectus³) 245 aufgefallen. Sonst ist alles einzelne archaistisch und atmet die Luft der älteren Annalistik.

Eine auffallende Ähnlichkeit findet sich nun zwischen Ciceros annalistischen Notizen und den Fragmenten Pisos:

Zu Piso 3 (= Dionys 1, 79—81) s. Cic. 2, 4.
Piso 9 schließt sich gut an Cic. 2, 27 an.
Zu Piso 16 s. Cic. 2, 45.
Zu Piso 19 s. Cic. 2, 47 und 54.
Zu Piso 22 s. Cic. 2, 58⁴) (vgl. 2, 63).
Zu Piso 23 (2 Tribunen) s. Cic. 2, 59.

Cicero hebt 2, 47 von Brutus hervor: qui quum privatus esset, totam rem publicam sustinuit, primusque in hac civitate docuit in conservanda civium libertate esse privatum neminem. Herrscht hier nicht dieselbe Tendenz wie in dem bekannten

---

¹) Vgl. ad Quintum fr. 3, 5—6 und Richarz de politicorum Ciceronis librorum tempore natali (Wirceb. 1829).
²) Cic. de republica 2, 55 sibi collegam Sp. Lucretium subrogravit suosque ad eum, quod erat maior, lictores transire iussit. Anders die „quidam veteres auctores" Livius 2, 8, 5.
³) Vgl. Soltau, Röm. Chronologie S. 473—475.
⁴) Piso wird die secessio in montem sacrum nicht abgeleugnet haben, vielmehr wie Cicero 2, 58 erzählt haben: plebs montem sacrum prius, deinde Aventinum occupavit. Vgl. S. 166 f. die Ausführungen über die beiden secessiones plebis.

Fragment 24 des Piso über Sp. Maelius? Dort heißt es Cincius und Piso hätten überliefert, οὔτε δικτάτορα ὑπὸ τῆς βουλῆς ἀποδειχθῆναι τὸν Κοίντιον οὔτε ἱππάρχην ὑπὸ τοῦ Κοιντίου τὸν Σερουίλιον!

Hier haben wir die direkt unter dem Einflusse der Ermordung des Ti. Gracchus in Senatskreisen formulierte Doktrin; der nach der Tyrannis strebende darf auch ohne Richterspruch von jedem patriotisch gesinnten römischen Bürger niedergestoßen werden (vgl. S. 124).

Wenn neben Polybius auch Piso die Quelle von Ciceros Schrift de republica gewesen ist, so gewinnen wir aus der Art und Weise, wie Cicero daselbst erzählt — nur die Hauptepochen hervorhebend und alles persönliche Detail vermeidend —, einen neuen, trefflichen Einblick in das Wesen und den Charakter der älteren Annalistik, wodurch das oben über sie ausgesprochene Urteil vollauf bestätigt wird. Die älteren Annalisten hatten über die republikanische Geschichte der beiden ersten Jahrhunderte der Republik sehr summarisch berichtet. Eine nach Eponymen geordnete, Jahr für Jahr weiter zählende Chronik hat über jene Epoche vor dem Beginn des letzten Jahrhunderts der Republik noch nicht existiert.

Statt dessen treffen wir überall bei den Angaben der älteren Annalisten Abstandsangaben, welche, wie ich Röm. Chronol. S. 438 gezeigt habe, nach natürlichen Jahren bemessen waren.

Piso selbst hat in den Berichten über die späteren Zeiten überall Konsuln angegeben (vgl. die Fragmente 33—39), dort, wie namentlich fr. 36 (Censorinus de die natali 17, 13) zeigt, eine peinlich annalistische Ordnung befolgt. Gerade in seinen Annalen muß sich also der Übergang von jener älteren Anordnung nach natürlichen Jahren und Intervallen zu der annalistischen Erzählung nach Konsulaten ausgebildet haben.[1]

Wirklich entsprechen dieser Voraussetzung die Zeitangaben bei Cicero de republica, wo Intervallbestimmungen mit Konsulaten kombiniert auftreten. 2, 32, 56 findet sich allein das Intervall: atque his ipsis temporibus dictator est institutus decem

---

[1] Vgl. über diesen Gegensatz der älteren und jüngeren Annalistik meine Ausführungen in den Verhandlungen der 43. Versammlung deutscher Philologen und Schulmänner in Köln (Leipzig 1896) S. 148.

fere annis post primos consules T. Larcius. In den folgenden Kapiteln werden aber Angaben beider Art geboten. So 2, 33, 57 und 2, 35, 60. S. auch S. 225.

Selbst wenn aber der Beweis, daß Cicero de republica Pisos Annalen gefolgt ist, noch nicht als vollgültig angesehen werden würde, kann doch darüber kein Zweifel bestehen, daß Cicero hier absichtlich die Erzählungen älterer Annalen vorträgt, welche zugleich sich gut mit den auf dieselbe Quelle zurückgehenden polybianischen Erzählungen ineinander fügen lassen. Vor allen Dingen die einfache Schilderung der frührepublikanischen Reformen 2, 34, 59—60 und die schlichte Darstellung des Dezemvirats — noch ohne die Gesandtschaft nach Athen[1]) — können uns so recht eine Vorstellung geben von jenen älteren Geschichtsaufzeichnungen, welche nur über einige der bedeutsamsten Vorgänge einen kurzen, aber bestimmten Aufschluß zu geben wußten. Hier allein wird klar, wie man dazu kam, den Dezemvirat wieder zu stürzen. Nach 2, 36, 61 war es die fehlende Provokation, nach 2, 37, 63 das fehlende Conubium zwischen Patriziern und Plebejern, welche das Volk nicht dulden wollte. Weit entfernt davon, hierin die alleinigen historischen Motive zu sehen, werden wir doch in ihnen die Anschauung derjenigen rechts- und geschichtskundige Kreise wiedergegeben finden, welche im 3. Jahrhundert vC. die Katastrophe zu erklären suchten. Zugleich finden wir hier den Ursprung der beiden Musterbeispiele[1]) — Sestius und Verginia —, welche für die beiden genannten sachlichen Ursachen das „argumentum ad hominem" abgeben sollten (s. oben V S. 101). Auch die Annalenreste des Diodor sind in ihrem Wert voll erkannt, vielfach sogar etwas überschätzt. Tatsächlich sind seine annalistischen Angaben, wertvoller als seine Fasten, der wichtigste Beleg dafür, wie die Annalen des Fabius und die von diesem benutzten ältere Geschichtstradition beschaffen, und wie eine solche gegen Ende des 5. Jahrhunderts d. St. in Priester- und Gelehrtenkreisen Roms herrschend war. Die bei Diodor erhaltenen Berichte, sagt Mommsen röm. Forsch. 2, 221, „weisen eine Rein-

---

[1]) Diese kannte er natürlich und hat de leg. II 23, 59 und 25, 64 erwähnt, daß Solonische Gesetze in die XII Tafeln Aufnahme gefunden haben.

heit der Tradition auf, welche von den späteren, namentlich auch den licianischen Annalen weit absticht." „Dieser Satz kann überhaupt mit wissenschaftlichen Gründen nicht angefochten werden!"

Es ist, wie ich in meiner römischen Chronologie gezeigt habe, ein lateinisch schreibender Annalist, welchen Diodor ausschreibt, nur hie und da noch einige Ergänzungen anderswoher hinzufügend. Dieser Annalist gab im wesentlichen die fabische Überlieferung wieder, es war die lateinische Bearbeitung und Erweiterung der Annalen des Fabius Pictor.[1])

Diese Ergebnisse der Quellenforschung haben durch Burger und Sigwart noch eine wichtige Ergänzung erfahren,[2]) welche sie zwar etwas einschränkt, nicht aber aufhebt.[3]) Beide haben mit Glück nachgewiesen, daß Diodor in seine annalistische Quelle größere Einlagen aus einer griechischen Quelle gemacht hat. Sigwart hat sogar, wie oben erwähnt ward, aus sprachlichen Indizien nachweisen können, in welchen Abschnitten, ja Sätzen der lateinischschreibende Annalist, dem Diodor folgt, durch solche Angaben eines griechischen Berichterstatters Ergänzungen erhalten hat. Wenn die letzteren voraussichtlich einem besseren griechischen Chronographen wie Kastor angehören, so werden auch sie solchen annalistischen Berichten entnommen sein, welche noch nicht von den Mißbildungen der jüngeren Annalistik angekränkelt, vielmehr, vielfach auch unter Berücksichtigung guter griechischer Schriftsteller (z. B. Posidonius) vervollständigt worden sind. Indirekt können also auch sie als Reste einer älteren Annalistik reklamiert werden, die allerdings durch die griechische Mittelquelle manche ungeschichtliche Modifikationen erlitten haben mögen.[4])

---

[1]) Röm. Chronologie S. 373 f., J. Bader de Diodori rerum Romanarum auctoribus (Lips. 1890), namentlich S. 32 f., doch mehrfach irrig. Diels Sibyllinische Blätter S. 10.

[2]) Auf weitere Einzelheiten der diodorischen Quellenfrage und Chronologie kann hier natürlich nicht eingegangen werden, zumal ja in der Untersuchung von IX und XI einige der Hauptprobleme derselben behandelt werden mußten.

[3]) Burger, „60 Jahre aus der älteren Geschichte Roms" (1891), Sigwart, Römische Fasten und Annalen bei Diodor (Klio 1906 VI S. 341 f.).

[4]) Vgl. Sigwart a. O. 378.

Auf Grund dieser Berichte und mit Berücksichtigung der verhältnismäßig wenigen Fragmente, welche noch sonst von den älteren Annalisten über die ältere republikanische Geschichte erhalten sind, läßt sich auch bei Livius das ausscheiden, was auf diesen älteren und ältesten Aufzeichnungen beruht.

Die älteren Berichte erzählten, wie schon in IX hervorgehoben ward, noch nicht Jahr für Jahr die Taten der Magistrate und des Senats auf. Sie berichteten — wenigstens vielfach [1]) — nach Kriegsjahren oder boten Intervallangaben. Soweit solche Berichte auch in die nach Konsuln geordnete Chronik eingesetzt sind und kenntlich gemacht werden können, verdienen sie gewiß eine größere Beachtung als andere Berichte, die den Stempel jüngerer Herkunft an sich tragen. Es ist z. B. den nach Kriegsjahren zählenden Berichten Diodors über den 2. Samnitenkrieg ein weit höherer Wert beizumessen, als allen Siegesberichten über die Erfolge des Papirius Cursor und des Fabius Maximus, wie sie Livius 9. Buch überliefert enthält.

Daneben kommen noch einige andere Kriterien für das Alter und die Glaubwürdigkeit der älteren Überlieferung in Betracht. Die älteren Aufzeichnungen, welche zwar erst nachträglich, aber doch schon früh, vor Beginn einer Annalistik in die Reihe der Konsuln mit aufgenommen worden sind, sind durch ihren Lapidarstil, durch die stilistisch unzusammenhängende Form der Darstellung, welche noch jeden cratorischen Schmuck vermied, kenntlich.

Solche Angaben fehlen z. B. im 10. Buche des Livius ganz,[2]) und ebenfalls sind sie von der Mitte des 7. bis zum 9. Buche d. h. in den Büchern, welche der Verherrlichung der Römersiege in den beiden ersten Samnitenkriegen[3]) gewidmet waren, selten. Aber sie fehlen keineswegs ganz, und sind nicht zu verkennen. Meist hat Livius, nur um die historische Wahr-

---

[1]) So Diodors Quelle im 2. Samnitenkrieg, Polybius in seiner Übersicht über die tumultus Gallici. Cato nannte vielfach nicht einmal die Namen der siegreichen Feldherrn.

[2]) Natürlich nach Abzug der drei kleinen Abschnitte 10, 23, 11 bis 13; 31, 8—9; 47, 1—7, welche oben I. S. 12 auf gleichzeitige Angaben der tabula pontificis zurückgeführt wurden.

[3]) Bez. auch der Latinerkrieg 8, 1—14.

heit neben den Siegesberichten nicht ganz zu unterdrücken, solche
Berichte als Varianten nachträglich zitiert. Man beachte z. B.
im 10. Buche die kurzen Angaben zu 450 und 451 (10, 1; 10, 3,
1—3). Vgl. zu 452 (10, 5, 13): habeo auctores sine ullo memorabili proelio pacatam ab dictatore Etruriam esse seditionibus
tantum Arretinorum compositis et Cilnio genere cum plebe in
gratiam reducto, oder zu 453 (10, 9, 14) nach dem Zitat aus dem
„vetustior annalium auctor Piso": et lustrum eo anno conditum
a P. Sempronio Sopho et. P. Sulpicio Saverrione censoribus,
tribusque additae duae Aniensis ac Terentina; haec Romae gesta.
Aus dem 8. Buche seien hier erwähnt:

8, 1—2, 4 8, 25, 1—4
8, 12, 1—3 8, 29, 11—14
8, 13, 1—9; 15. 1—16, 6 8, 37, 3—38, 1
8, 21, 11—22, 4

Aus dem 9. Buche:

9, 12, 5—8 9, 30, 5—10
9, 20—21 9, 37, 11—38, 3
9, 25, 1—26, 5 9, 40, 18—41, 7
9, 28—29, 5 9, 43, 22—44, 6

Weiteres zur Begründung ist in meinem Buche „Livius
Geschichtswerk" S. 117 f. nachzusehen. Die Qualität aller dieser
Angaben ist derart, daß sie in ein Zeitalter hinaufreichen, welches
dem der ältesten Annalisten voraufging. Und die Entstehung
derartiger „Erinnerungen" und ihre Konservierung ist nur durch-
aus naturgemäß und verständlich. Seitdem gleichzeitige Aufzeichnungen gemacht und oft am Ende des Jahres die wichtigsten
Angaben der Pontifikaltafel zusammengestellt wurden und so eine
Art pontifikales Jahrbuch geführt ward — „potestas ut esset domi
cognoscendi!" — da mußte das Interesse für geschichtliche
Dinge allgemeiner erwachen. Das Auge mußte sich oft rückwärts wenden zu den Vorgängen des voraufgehenden Zeitalters.
Von der lex Ogulnia, welche den Plebejern den Zutritt zu den
Priestertümern gewährte, mußte man unwillkürlich zu der Frage
geführt werden, seit wann der erste Konsul, der erste Prätor,
Censor oder Diktator aus der Plebs genommen worden sei. Der
Einfall der Gallier 455 nach dem 30jährigen Frieden mußte
zur Fixierung der früheren Einfälle im 30. und im (30+12=)
42. Jahre nach der Alliaschlacht 393/4 und 404/5 führen, sowie

zu der Feststellung, wann Rom, wann Veji, wann Fidenae erobert wurden. Kurz, sobald eine Reihe von Jahren die Aufzeichnungen der tabula pontificis gemacht waren, mußte zunächst in pontifikalen, dann aber auch in weiteren Kreisen das Bedürfnis entstehen, das Bedeutsamste festzuhalten. „Das historische Interesse mußte sehr bald rege werden und den andern Zielen dieser Aufzeichnungen (sakralen, publizistischen, parteipolitischen Rücksichten) ebenbürtig zur Seite treten." Als aber einmal das historische Interesse für die Pontifices maßgebend geworden war, konnte die Feststellung der wichtigsten Epochen der Vorzeit nicht ausbleiben.

In Ciceros Schrift de republica findet sich 2, 32—37 ein treffliches Musterbeispiel für die Art und Weise, wie jene älteren Annalen angelegt waren. Nachdem die Einführung der Republik ausführlicher behandelt war, folgen die Hauptepochen der nächsten 60 Jahre. Sie werden folgendermaßen angereiht:

1. Atque his ipsis temporibus dictator etiam est institutus decem fere annis post primos consules T. Larcius.

2. Sed . . . non longo intervallo sexto decimo fere anno Postumo Cominio Sp. Cassio consulibus . . . quum esset ex aere alieno commota civitas, plebs montem sacrum prius, deinde Aventinum occupavit . . . duobus tribunis plebis per seditionem creatis.

3. Quo in statu rei publicae Sp. Cassium de occupando regno molientem, summa apud populum gratia florentem quaestor accusavit . . .

4. gratumque etiam illam rem quarto circiter et quinquagesimo anno post primos consules de multae sacramento Sp. Tarpeius et A. Aternius consules comitiis centuriatis tulerunt;

5. annis postea XX ex eo, quod L. Papirius P. Pinarius censores multis dicendis vim armentorum a privatis, in publicum averterant, levis aestimatio pecudum in multa lege C. Julii P. Papirii consulum constituta est.

6. Sed aliquot ante annis, quum summa esset auctoritas in senatu populo patiente atque parente, inita ratio est, ut et consules et tribuni plebis magistratu se abdicarent atque ut X viri maxima potestate sine provocatione crearentur.

Es wäre höchst kritiklos zu verkennen, daß uns hierin ein treues Bild von jenen einfachen Annalen geboten ist, wie diese zur

Zeit von Fabius bis Piso die ältere republikanische Geschichte behandelt haben. Denn auch Diodor schreibt in derselben intermittierenden Weise, bei der die Hauptepochen scharf hervortreten und ausführlicher behandelt werden, während das dazwischenliegende ganz oder kurz übergangen wird.

Und auf die gleiche Beobachtung führt die Betrachtung der durch ihren Lapidarstil und ihre Dürftigkeit deutlich sich abhebenden Jahresberichte des Livius aus den Jahren 245 bis 400 d. St.

So z. B.:

Liv. 2, 7, 5—9, 1   Liv. 4, 30; 34, 6—35, 4
„   2, 16, 1—18, 5   „   5, 15; 16, 8—17, 1
„   2, 21   „   5, 21, 8—9
„   2, 40, 10—41, 2   „   5, 27
„   3, 32   „   5, 31

oder aus der Zeit nach der Eroberung Roms bis zu den Samnitenkriegen:

6, 1   7, 3, 1—5
6, 4, 3—12   7, 6, 1—6
6, 5, 6—6, 3   7, 12
6, 21, 1—22, 5   7, 16, 7—17, 13
6, 30—31   7, 21—22
7, 1, 1—2, 3   7, 26, 12—28, 10

Die Elemente, aus denen diese und verwandte Abschnitte pontifikaler Chronikenschreiberei gebildet waren, sind, wie ich gezeigt habe,[1]) von der einfachsten Art. Offenbar lagen den Pontifices bei der Bearbeitung der vorgeschichtlichen Zeit des 4. und des 5. Jahrhunderts vC. fasti consulares vor, in denen zugleich einzelne bemerkenswerte Vorgänge bei der Wahl, die Zwischenkönige, Verkürzungen des Amtsjahres und a. m. notiert waren, wahrscheinlich auch einige der wichtigsten Angaben über Kriege. Soweit nicht hier und da die Erfolge, die Triumphe und Gelöbnisse bei siegreicher Beendigung des Kampfes mit verzeichnet waren, werden die gelehrten Priester das Fehlende aus den Familienarchiven und den Unterschriften der imagines eingesetzt haben. Schon dieses genügte, um z. B. einen Bericht wie 7, 1, 1—2, 3 abzufassen. Kaum ist es nötig, an dieser

---

[1]) Philologus 55, 275 und oben IX S. 205 f.

Stelle noch an die kurzen Angaben über die ersten Lectisternia und die Pesten zu erinnern — Dinge, die jedem nur etwas mit der Geschichte Vertrauten bekannt sein mußten. Gelegentlich werden sakrale Mitteilungen, die Gründung von Tempeln oder von Kolonien, die Satzungen, die bei Abschluß von Friedens- oder Bündnisverträgen aufgezeichnet worden waren, denen, welche die Chronik rekonstruierten oder weiter ausarbeiteten, von Nutzen gewesen sein und ohne Zweifel in nicht geringer Zahl zur Verfügung gestanden haben.

So wird es aufgeklärt erscheinen, wie sich selbst über die Zeiten, welche einige Menschenalter der Führung einer gleichzeitigen Stadtchronik vorangingen, eine gewisse glaubwürdige Überlieferung hat feststellen lassen. An geschichtlichem Material, das in eine frühere Epoche heraufreichte, fehlte es keineswegs. Der Sammlung solcher Angaben im 3. Jahrhundert vC. und den Rekonstruktionsversuchen der folgenden Zeit wird es verdankt, daß neben den ungeschichtlichen Zutaten, welche Dichtung und Erfindung späterer Jahrhunderte hinzugefügt haben, ein Kern von glaubhaften und brauchbaren Nachrichten erhalten geblieben ist und die römische Geschichte vor völligem Zerfall bewahrt hat. Es ist ein Zeichen arger Kritiklosigkeit, daß von manchem der modernsten Forscher diese geschichtlich bedeutungsvollen Elemente in ihrem positiven Werte völlig verkannt werden konnten!

XI.
Schlussübersicht.

Jahrhundertelang hat es gedauert, bis aus der bald von tuskischen, bald von latinischen Kriegerscharen okkupierten Hügelstadt am Tiber der selbständige Vorort Latiums und die Hauptstadt der benachbarten Gebirgsvölker geworden ist. Weitere Jahrhunderte waren nötig, um Rom zur Beherrscherin Italiens zu machen, etwas kürzere Zeit um Rom die Herrschaft über die Mittelmeerländer zu erringen.

Nur über die letzte Epoche haben gleichzeitige Annalen Bericht erstattet. Kaum reichen die Anfänge jener kümmerlichen Aufzeichnungen der ältesten Pontifikaltafel noch in die letzten Jahrzehnte der zweiten Periode hinauf. Keine Spur führt darauf hin, daß griechische Schriftsteller des 4. Jahrhunderts vC. irgendeine eingehendere Kenntnis von Rom und Roms Machtgebiet gehabt und jene Lücke ausgefüllt haben, welche das Fehlen einer gleichzeitigen römischen Annalistik gelassen hat.

Da mußte es eine besonders wichtige Aufgabe sein zu ergründen, wie sich trotzdem eine römische Geschichtsüberlieferung, eine ausführliche Schilderung der Schicksale Roms und der Römer über die ersten 500 Jahre „ab urbe condita" gebildet hat.

Das vorstehende Buch hat die Elemente aufgedeckt, aus denen eine solche Darstellung entstanden ist.

Vor allen Dingen mußten zahlreiche ältere Hypothesen und Lösungsversuche prinzipiell abgewiesen und definitiv beseitigt werden.

Die Römer hatten keine Mythologie, sie kannten überhaupt keinen Mythus.

Die wenigen greifbaren Vorstellungen, welche sie sich von ihren Göttern und vom Göttlichen machten, waren verbunden mit den heiligen Orten, die sie verehrten, mit den heiligen Zeiten, die sie feierten, mit den heiligen Formeln (der verba concepta, der indigitamenta), zu welchen sie den Inbegriff des göttlichen Wesens hatten erstarren lassen. Der Phantasie, der Idee, dem Ideal hat diese Götterwelt nicht zu dienen vermocht.

Selbst die aus der Fremde nach Rom getragenen Erzählungen mythischer Art von Herkules und den Dioskuren, von Apollo und Aesculap, von Ceres und Proserpina, gelangten in Rom nicht zu einem wirklichen Leben. Sie blieben Schattengestalten, ohne Einfluß auf die geschichtliche Tradition.

Es fehlte zwar nicht ganz an Priester- und Küstererzählungen,[1]) welche an die Erklärung bemerkenswerter Stätten, an Denkmäler und Inschriften anknüpfend, zu den sogen. ätiologischen Mythen Anlaß gegeben haben. Aber dieselben beruhten auf der meist verkehrten Etymologie der Namen und hatten selten einen historischen Hintergrund, nie ein Ehrfurcht- und Glaubengebietendes Alter. Der lacus Curtius ward bald mit dem Sumpf in Verbindung gebracht, in welchem Romulus versunken sein sollte, bald mit einem späten Märchen aus der Fremde, wonach ein römischer Ritter sich daselbst in den einst klaffenden Abgrund gestürzt haben sollte. Den harmlosen Anlaß zu diesen Fabeleien gab die Inschrift auf dem Forum, welche die Stelle bezeichnete, wo der Blitz unter dem Konsulat des Curtius eingeschlagen hatte (Varro l. l. 5, 148f.). Die fossa Cluilia, der Grenzgraben zwischen dem römischen und dem albanischen Gebiet, hat eher mit cloaca Verwandtschaft, als mit dem Albanerfürsten Cluilius oder gar mit der Cloelia.

Der Hinweis auf solche Namensverwandtschaft hat überall zu ungeschichtlichen, ja unsinnigen Kombinationen geführt.

Die cognomina der Familien gaben Anlaß zu den vielseitigsten Erklärungsversuchen, welche in den seltensten Fällen historisch beglaubigt erscheinen. Von den alten Geschichten, welche belehren wollten, woher die Beinamen des Mucius

---

[1]) Vortrefflich hat Pais 1, 106, Anm. 7 diese Art von Überlieferung von den volkstümlichen Mythen und Religionsvorstellungen der Vorzeit geschieden. Doch bei der Durchführung solcher Prinzipien ist er sich leider nicht treu geblieben.

Scaevola, des Horatius Cocles, des L. Junius Brutus, des P. Valerius Poplicola stammten, wollen wir ganz schweigen. Sie haben höchstens der tendenziösen Familientradition und der späteren Dichtung Anlaß geboten, dort etwas zu erfinden, wo jede historische Kunde versiegte. Historisch sind sie völlig wertlos. Aber auch die Deutung der cognomina bei bekannten Staatsmännern steht meist im Widerspruch zu den Tatsachen und ist ohne Quellenwert.

Appius Claudius Caecus[1]) und Q. Fabius Maximus[2]) haben ihre cognomina sicherlich nicht so erhalten, wie von Livius gefabelt worden ist. Die historische Spekulation der Annalenschreiber hat hier in den seltensten Fällen das Richtige getroffen und nie eine wirklich historische Überlieferung als Grundlage gehabt.

Dichtung und Erdachtes, poetische Erfindung und willkürlich Erfundenes — sie sind die Elemente gewesen, welche an die Stelle des Erstorbenen und Vergessenen ein anschauliches Bild der römischen Geschichte gesetzt haben. Dieses Bild hat viele angenehm unterhalten und getäuscht, kluge Leute haben hinter ihm die Wirklichkeit zu schauen vermutet. Manche hat die poetische Schönheit der künstlichen neuen Gebilde erfreut und begeistert. Nur der Geschichtsforscher hat mehr und mehr lernen müssen, daß alle jene Geschichtsbilder einer längst vergessenen Epoche mit der historischen Wirklichkeit gar keine Verwandtschaft besitzen, ja nicht einmal der einheimischen Volkssage entsprossen sind.

Gleichzeitige historische Aufzeichnungen der Pontifikaltafel wurden erst seit Flavius gemacht. Nur allmählich führten diese trockenen Mitteilungen sakraler Art zu einer regelmäßigen Zusammenstellung bedeutsamer, auch historisch wichtiger Vor-

---

[1]) Er erblindete erst als Greis (Appian Samn. 10). Als ein Blinder hätte er nicht Censor oder gar Konsul sein können. Falsch Liv. 9, 29, 11.
[2]) Q. Fabius Maximus hat sicherlich seinen Beinamen nicht seiner Tätigkeit als Censor zu verdanken; eher vielleicht seinen Großtaten in den Samniterkriegen. Die Angabe des Livius 9, 46, 15 ist eine gentilicische Fälschung. Die Beschränkung der Aufnahme von Freigelassenen in die Tribus war nach Abschluß des zweiten Samniterkrieges naturgemäß gegeben. Seit dem Frieden brauchte die Zahl der Wehrfähigen in den Tribus nicht durch außergewöhnliche Mittel vermehrt zu werden.

fälle. Mit der Zunahme des Interesses für die historische Gegenwart erwachte auch der Sinn für die historische Vergangenheit. Rückwärts schreitend legten die Pontifices,[1]) vielleicht auch die decemviri sacris faciundis[2]), Aufzeichnungen und Sammlungen an, um das für die Zeitfragen Bedeutsame aus früheren Epochen festzuhalten und zu verwerten. So wurden die Konsularfasten, wo es nötig schien, ergänzt und verbessert, die Zwischenkönige eingetragen, die konsularischen Antrittstermine beigefügt. So bewahrte man die Erinnerung an die Gelobung und Stiftung der Tempel. Es entstanden die Verzeichnisse von Koloniegründungen und über sonstige wichtige Anlagen staatlicher Art.

Auch die Kriegsereignisse der vorausgehenden Menschenalter traten mehr in den Vordergrund des Interesses. Die gefährlichen Galliereinfälle 455 und 459 d. St. mußten das Auge auf die „tumultus Gallici" des 4. Jahrhunderts vC. lenken. Es entstand jenes berühmte Verzeichnis Polybius 2, 18, das Polybius aus Cato, dieser aus noch älteren römischen Aufzeichnungen entnommen hatte.[3])

Der 4. römisch-karthagische Vertrag zu Pyrrhus' Zeit brachte die früheren Verträge in Erinnerung und veranlaßte die pontifices unter 406, 411, 448 d. St. die entsprechenden Einträge zu machen. Die Friedensverträge, welche 450 und 464 d. St. mit den Etruskern geschlossen wurden, führten unmittelbar dazu, auch der langen Waffenstillstandsfrist von 40 Jahren (403 bis 443) zu gedenken und rückwärts dann weiter die Kriege mit Veji und den südetrurischen Städten zeitlich festzustellen.

So werden wohl noch manche historische Einzelheiten in Verbindung mit den Hauptschicksalen der römischen Waffengänge zeitlich fixiert und chronologisch in die Fastentafel eingefügt sein. Die Überreste einer älteren Annalistik verraten uns, daß eine nicht geringe Zahl von kurzen Angaben im Lapidarstil früh der Konsulliste beigefügt gewesen sein muß. Dieselben gehören inhaltlich wie formell mehr in den Anfang

---

[1]) Vgl. Philologus 55, 275.
[2]) Vgl. oben I S. 12; nicht die aediles plebis, an die früher gedacht wurde.
[3]) Vgl. Soltau, Prolegomena zu einer römischen Chronologie S. 64 f.

als an das Ende des 3. Jahrhunderts vC. Kann man bei ihnen auch nicht von absoluter Sicherheit reden, so ist doch festzustellen, daß ihr Wert relativ sehr hoch steht, teils weil diese Angaben bis vor den Anfang einer römischen Annalistik hinaufreichen, teils wegen der rein sachlichen Bedeutung, welche eine Erfindung oder Erdichtung ausschließt. Ciceros Darstellung in der Schrift de republica wie die Reste der ältesten Annalisten, des Polybius wie Diodors Fragmente über die republikanische Geschichte sind hier die Marksteine unseres Wissens, aber auch die unverrückbaren Grundlagen.

Wichtiger noch als solche schon früh verzeichnete Angaben über politische Ereignisse des 4. und z. T. auch des 5. Jahrhunderts vC. waren die antiquarischen und staatsrechtlichen Aufzeichnungen, welche damals in Fachkreisen gesammelt oder systematisch geordnet worden sind. Der Zweck solcher Aufzeichnungen war kein historischer. Das Vermerkte sollte der Praxis dienen, dem Priester und Beamten die mündliche Tradition ersetzend, das bieten, was er zu seinem Fachwissen, bei der Ausübung seiner amtlichen Tätigkeit nötig hatte. So knüpfte denn diese Überlieferung überall an die noch lebendigen Einrichtungen und Satzungen der Gegenwart an, suchte diese mit dem Vergangenen in Verbindung zu setzen und aus ihm zu erklären, und stieg so aufwärts bis zu den Zuständen und Verhältnissen, welche in einer vorhistorischen Zeit Geltung gehabt hatten. Ein solches Bestreben hat nicht nur eine ungewisse Kunde von den Einrichtungen der frührepublikanischen Epoche ausgebreitet, sondern auch über zahlreiche Angelegenheiten ein gesichertes Wissen ermöglicht. Wenn z. B. Polybius hervorhebt, daß noch zu seiner Zeit die Mitglieder der 1. Klasse den Kettenpanzer getragen, so ist damit ein wesentlicher Punkt der Bewaffnung der servianischen Klassen festgestellt, wonach zugleich die historische Richtigkeit mehrerer anderer Seiten der militärischen Klassenordnung nicht mehr bezweifelt werden darf. Es sollte danach also nicht mehr bestritten werden, daß lange bevor ein geordneter Census und eine Vermögensschätzung in Geld bestand, das römische Heerwesen Abstufungen in der Bewaffnung besaß, welche den Vermögensklassen entsprachen.

Das Plebiszit, welches die Unverletzlichkeit der tribuni

plebis, aediles, iudices, decemviri garantierte,[1]) ist zwar erst zu der Zeit der älteren römischen Annalisten in die Chronik eingesetzt worden. Es gehörte aber damals schon mit zu dem Wissen, das sich in den traditionellen Überlieferungen der römischen Beamten jahrhundertelang ebenso sicher erhalten hat, als wenn es seit langem niedergeschrieben gewesen wäre.

Solche Angaben mit den sonstigen Berichten der Annalen über Kriegsvorgänge, politische Wirren und Unruhen auf die gleiche Stufe zu stellen, das wäre mehr als kritiklos.

Sie sind überaus bedeutungsvoll für den Geschichtsforscher, wenn sie allein allerdings auch noch nicht imstande sind, ein geschichtliches Bild jener vorgeschichtlichen Zeiten zu entwerfen.

Aber bei diesen guten Anfängen einer alten und glaubwürdigen Annalistik ist man nicht stehen geblieben. Allen diesen Listen und Berichten der älteren Annalistik fehlte das Persönliche, das durch die Persönlichkeiten getragene Leben. Welchen Eindruck konnte man mit einer Angabe zu machen hoffen, welche im Pontifikalstil berichtete „alter consul ex plebe creatus" oder „hoc anno cum Gallis pugnatum; ambo consules triumpharunt"?!

Der Dürftigkeit solcher Annalennotizen konnte nur dadurch abgeholfen werden, daß durch Verwendung der Angaben der Familienarchive und der Familientraditionen der Anteil der einzelnen Familienmitglieder, die persönlichen Vorzüge der einzelnen Beamten und der Kriegshelden Roms in den Vordergrund gestellt wurden.

Nur schade, daß die römische Chronik das, was sie hierbei an Anschaulichkeit und Lebendigkeit der Darstellung gewann, an Objektivität und Wahrheit eingebüßt hat.

Um eine geschichtliche Darstellung herzustellen, wie sie dem Geschmack des römischen Publikums zusagte, boten so gut wie allein die imagines, die Ahnenbilder der patrizischen Geschlechter mit ihren Unterschriften, sowie einige der mit ihnen erhaltenen amtlichen Aktenstücke das Material dar, daneben wohl noch einige wenige Inschriften. Indem die Stammbäume der Valerier, Fabier, Quinctier, Servilier, Claudier selbst hinauf bis

---

[1]) Die iudices sind die Richter im Zivilprozeß, die decemviri das Kollegium der decemviri stilitibus iudicandis.

in das 5. Jahrhundert vC. Angaben boten oder solche schon früh hergestellt werden konnten, war es möglich, eine genügende Auskunft über die bedeutsameren Feldherrn, denen Rom seine Siege in alter Zeit verdankte, zu erhalten, sie bei Namen zu nennen, und damit ihre Geschlechter wie ihre persönlichen Eigenschaften in das gebührende Licht zu stellen. Den patrizischen Geschlechtern suchten es naturgemäß die plebejischen Geschlechter nachzumachen, aus denen seit dem Dezemvirat, namentlich aber seit den licinischen Gesetzen manche zu den höheren Ämtern zugelassen waren.

Es ward in VI gezeigt, wie die Marcier, Sempronier, Genucier, die Cassier und Junier ihre Ahnen nicht nur bei der Erringung plebejischer Rechte und Freiheiten in den Vordergrund gestellt haben, sondern es hat sich auch herausgestellt, daß diese und einige andere Geschlechter es direkt darauf abgesehen hatten, ihre Ahnen unter die patrizischen Geschlechter zu versetzen, oder doch ihre Herkunft mit ihnen zu verknüpfen. Und endlich war es ihnen nicht genug, daß ein Junier als Befreier Roms von der Königsherrschaft an die Spitze der Konsulliste gestellt war. Auch die Könige suchten sie mit ihren Familien in Verwandtschaft zu bringen.

Daß der kriegerische (hostilis) König Tullus zum Ahnherrn der Hostilier gemacht wurde, war ebenso leicht wie daß König Numa, des Pompo Sohn (etrusk. Pumpu, Pumpuni), zum Ahnherrn der Pompilier kreiert ward. Auch wird es für die frommen Marcier nicht schwer gewesen sein, den Begründer des Kriegs- und Fetialenrechts den König Ancus, den sacerdos Martius,[1]) zu ihrem Ahnherrn zu stempeln.

Was hier den Familienarchiven anvertraut wurde, das brachten dann die Laudationen in weitere Kreise, und was bei so feierlicher Gelegenheit verkündet ward, das wurde vom Volke geglaubt. Wie konnte das wohl als erlogen gelten, was im Angesicht des Grabes öffentlich und feierlich verkündet war!

Aber es ist hier nicht nur die einschneidende Bedeutung betont worden, welche Ahnenbilder und Leichenreden, Familien-

---

[1]) Liv. 1, 32, 5 ut tamen, quoniam Numa in pace religiones instituisset, a se bellicae caerimoniae proderentur, . . ius quod nunc fetiales habent, descripsit.

traditionen und Familienerfindungen für die Ausbildung einer römischen Annalistik gehabt haben, sondern es sind auch die verschiedenen Stufen, welche diese „Geschichte bildenden" Mächte durchlaufen haben, klargelegt worden.

In der schlichtesten Form liegt uns eine solche Familienüberlieferung bei den beiden ersten Konsuln nach Brutus' Tod vor. Bei Livius 2, 7—8 zeigt sich die Familienüberlieferung in ihrer einfachsten und glaubhaftesten Fassung. Daß Publius Valerius — als plebi acceptus, als Poplicola — den Familiensitz vom Palatin in die Unterstadt verlegt, und daß M. Horatius trotz aller Schikanen anderer Gentilhäupter den kapitolinischen Tempel eingeweiht habe, sowie die aus beiden gezogenen Folgerungen für den Charakter beider Konsuln, sind schon deshalb besser als hunderte von Familiengeschichten, weil sie in ihrem Kern historische Fakta enthalten.

Welch ein Abstand besteht zwischen diesen einfachsten Familienerinnerungen und den bei Dionys im 5. Buch und bei Plutarch Poplicola erzählten Taten des Poplicola und seiner nächsten Verwandten, des Marcus und Manius Valerius? Und wie weit war die „Familiengeschichte" der Valerier vorgeschritten, als Varro, Atticus und Valerius Messala ihre genauen stemmata, die Genealogien des valerischen Geschlechtes, herausgaben und in ihnen bald den einen, bald den andern Valerier zum ersten Diktator machten, bald Marcus, bald Publius zu Haupthelden der Erzählung stempelten!

Zwischen den Anfängen von Familienerinnerungen und jenen ausgebildeten Familienfälschungen liegt eine Kluft, welche durch dramatische und epische Poesie, durch die Nachahmungen der Schilderungen, welche griechische und römische Geschichtsschreiber geschaffen hatten, durch Rhetorik und Erfindung reichlich ausgefüllt ist.

Mit Hilfe der Gestalten, welche die griechischen Dramen darboten, gelang es den Dichtern der Römerdramen auch den einheimischen Helden Leben einzuhauchen, ihnen Fleisch und Blut zu geben und die Phantasie des römischen Volks mit Bildern auszustatten, welche auch den übrigen Figuren der alten Zeit zugute kam. Wie ganz anders wurde ein Valerius Poplicola beachtet und gewürdigt, nachdem Brutus und Lucretia durch Ennius' und Accius' ergreifende Werke der dramatischen und epischen Poesie bekannte und bewunderte Persönlichkeiten geworden waren! Wie ganz anders lernte man die Bedeutung der Männer schätzen, welche Rom von den tyrannischen Lukumonen befreit hatten, nachdem in der Herrschaft wie in dem Sturz der Tarquinier ein Geschichtsdrama gegeben war, das dem Sturz der Pisistratiden verwandt erschien, oder als die Wirksamkeit des Tarquinius Superbus den Schilderungen Herodots nachgebildet war, die er von den attischen Herrschern gegeben hatte, welche einst die Bürger Athens geknechtet hatten!

Der Stoff, welcher so im 1. Jahrhundert einer römischen Annalistik geschaffen und gesammelt worden war, ist dann in die annales maximi des pontifex maximus übergegangen. Die Stadtchronik hat den Übergang zwischen der älteren Annalistik, welche nur kurz und sachlich über die Hauptvorgänge der republikanischen Geschichte zu berichten wußte, und den jüngeren Produkten der römischen Annalenschreiber vermittelt. In den letzteren traten das Persönliche, die Familientradition, die dichterische und schriftstellerische Erfindung jedenfalls ganz anders hervor, als in jenen alten Chroniken von Fabius bis Cassius und Cato, welche noch Geschichte und Poesie, volkstümliche Überlieferung und schriftstellerische Fälschung zu unterscheiden wußten.

Vor allem aber ward diese Weiterentwickelung, welche die Rekonstruktion der älteren römischen Geschichte durch die Stadtchronik erfuhr, dadurch hergestellt, daß auch die ältere Zeit in das Schema der Konsultafel eingefügt und der allmählich anwachsende Erzählungsstoff über die frührepublikanische Epoche zweckmäßig über diese Ruhmesliste des römischen Beamtentums verteilt wurde.

Ein solches Vorgehen war wiederum nur dann möglich, wenn die Familientradition, die Ahnenbilder mit ihren Unterschriften und die Laudationen gebührend berücksichtigt wurden. Selbstverständlich hat das gelehrte Pontifikalkollegium daneben noch zahlreiche Überreste einer authentischen oder doch gutbeglaubigten Überlieferung mit hinzugezogen, als es die älteste Zeit der römischen Republik wiederherzustellen suchte. Eine achtbare antiquarische Überlieferung, die Beachtung der monumentalen Überreste früherer Zeiten, nicht zum wenigsten auch die Verwertung amtlicher Aktenstücke, welche sich in der Regia wie in den Privatarchiven fanden, haben einen gewissen soliden Unterbau geschaffen, auf dem die mehr luftigen und sagenhaften Erfindungen der sonstigen Überlieferung einen gesicherten Platz finden konnten.

Aber eben jener solide Unterbau hat auch das seine dazu beigetragen, den darauf weiterhin rekonstruierten Gebilden unsolider Art größere Beständigkeit zu verleihen. Gutbeglaubigtes und Wertloses fand hier nebeneinander Platz. Indem das Erdichtete in die feststehende Konsulliste eingereiht ward, fand der erfundene Triumphator neben dem geschichtlichen alten Interrex, fanden die Konjekturen des Geschichtsfreundes neben der alten Überlieferung gleiche Wertschätzung. Altes und Neues verband sich zu einem Ganzen, welches durch die quasihistorische Außenseite den Glauben erweckte, als ob uralte Berichterstattung zugrunde liege, zugleich damit aber auch das Ursprüngliche und Authentische in seiner Bedeutung verkennen ließ.

Hier ist der kritischen Geschichtsforschung seit längerer Zeit schon eine lohnende Aufgabe geworden, das Alte und Authentische aus der späteren Übermalung und Verfälschung zu scheiden. Sie kann dieses nur, wenn sie sich an die Überreste der älteren Annalistik des 2. Jahrhunderts vC. hält, und wenn sie daneben das Hauptgewicht legt auf die antiquarische Überlieferung der Priester- und Beamtenkreise. Damit verzichtet sie zwar auf jede detaillierte Kunde über die Zeiten, welche ein oder einige Jahrhunderte einer gleichzeitigen Chronik vorausgingen. Aber sie ist doch noch imstande die wichtigsten Epochen der Geschichte der älteren Republik festzustellen und zugleich die Grundlinien der römischen Verfassung und ihrer Entwickelung klar zu erfassen.

Und das ist wahrlich nach so vielen negativen Ergebnissen von einer nicht zu unterschätzenden Bedeutung.

Denn es fehlt leider nicht an Gelehrten, welche in dilettantischem Wissensdünkel vermeinen, daß nach Aufdeckung von so viel Dichtung und Erfindung die Bahn frei sei, auch für die verwegensten ihrer Vermutungen, ja welche es als das Zeichen eines starken, kritischen Geistes ansehen, an nichts mehr recht glauben zu wollen, was der gleichzeitigen Annalistik vorangeht.

Gerade dieses Buch hat, nach der genauen Feststellung alles unhistorischen Beiwerks, die Güte der antiquarischen Tradition, der Fasten und der älteren Eintragungen in dieselben klargelegt.

Zeigen wir dieses an einigen der gefährdetsten Positionen der fable convenue über die römische Verfassungsgeschichte: zunächst an den leges Liciniae Sextiae.

Daß die beiden Tribunen gelebt und im Sinne der Plebs gewirkt haben, daß erst nach ihren Erfolgen der Ständekampf in ruhigere Bahnen geleitet ist, wird selbst der einräumen, welcher bei Diodors Schweigen von den leges Liciniae Sextiae selbst absieht, aber die auch von ihm kurz vor 388 d. St. mehrfach erwähnten Unruhen beachtet.[1]

Alles weitere wird allerdings der auf Diodor schwörende Kritiker ablehnen müssen. Sehen wir zu, ob wirklich mit Grund!

Die Überlieferung über die licinische Gesetzgebung ist allerdings sehr wenig vertrauenerweckend. Keiner außer Livius und seinen Ausschreibern erwähnt, daß diese drei Gesetze von Licinius und Sextius durchgebracht seien. Der livianische Bericht ist in allen Einzelheiten der denkbar schlechteste. Er beruht auf den tendenziösen Schilderungen des Licinius Macer.

Bedenklich ist ferner, daß verwandte Schilderungen von Kämpfen um leges agrariae mit ermüdender Weitschweifigkeit und Eintönigkeit in früheren wie in späteren Epochen des Ständekampfes wiederkehren.

Auch gehören die Klagen über die Verschuldung der Plebs, die Verordnungen über die teilweise Abzahlung der Schulden, sowie gesetzliche Maßnahmen gegen den Wucher gewissermaßen zu dem eisernen Bestand der Annalen, welcher herhalten muß, wenn die sozialen Mißstände geschildert werden sollen.

Bei den letzten kommt noch hinzu, daß ja in griechischen Quellen gute Vorbilder und heilsame Rezepte gegen die Verschuldung vorlagen, welche sehr wohl auch den Anlaß gegeben haben könnten, ähnliche Verhältnisse in die römischen Annalen einzuführen.

Aristoteles stellt z. B. in seiner „Politeia" die Zustände Athens so dar (c. 4): „Unter Drakon dauerte die Schuldsklaverei der verarmten Bauern fort und der Grundbesitz blieb in der Hand weniger." „Diese Zustände und besonders dieses Verhältnis

---

[1] Diodor 15, 61; 15, 75 (ἀναρχία).

der Knechtschaft, in welchem die große Masse zu den wenigen Reichen stand, trieb das Volk zur Empörung". (c. 6): „Als dann Solon von den Parteien unumschränkte Vollmacht bekommen hatte, ward er der Gesetzgeber seines Volkes und der Befreier des gemeinen Mannes, indem er für jetzt und für immerdar die Schuldsklaverei abschaffte. Er verfügte einen allgemeinen Schuldenerlaß, die Seisachtheia, wie man es euphemistisch nannte."

Solchen Schilderungen entsprechen die Berichte des Livius 6, 34, 1—5, und das, was er über die Beseitigung der Schuldenlast sagt 39, 9 f.

Ja, wenn später die Nachricht kursierte, Licinius habe gegen sein eigenes Ackergesetz gefehlt und sei deswegen mit einer Geldstrafe belegt worden, so könnte auch dieses nach dem Muster von Aristoteles' Mitteilungen erfunden sein; schon Solon soll sich und die Seinigen bei den Landankäufen und dem Schuldenerlaß· widergesetzlich bereichert haben.

Trotz alledem ist festzuhalten, daß die licinisch-sextische Gesetzgebung nicht aus der römischen Geschichte eliminiert werden darf.

Das steht vor allem bei dem ersten Gesetz über die Wahl eines plebejischen Konsuls fest. Früher hat man wohl, da einige plebejische Namen in den Fasten vorkamen, die Vermutung geäußert, daß ein strenger Ausschluß der Plebejer vom Konsulat auch der Zeit vor 388 d. St. fremd gewesen sei. Dieselbe ist aber, bei der zweifelhaften Herkunft jener Plebejerkonsulate, nicht zu halten. Die Fasten von 305—388 d. St. enthalten keinen plebejischen Konsul und in ihrer ersten Hälfte keine plebejischen Militärtribunen.[1]) Es ist daher hierin sogar die sonst so gute Berichterstattung Diodors 12, 24 zu beanstanden. Wenn dieser unter die Friedensbedingungen nach der 2. secessio die Wahl von plebejischen Konsuln angibt,[2]) so muß dieses ein Irrtum

---

[1]) Sempronius 310 ist als Konsul zu beanstanden; ob auch als Kriegstribun? Nur M. Genucius 309 ist vielleicht plebejisch.

[2]) Diodor 12, 25 τέλος δὲ πεισθέντων πάντων ὁμολογίας ἔθεντο πρὸς ἀλλήλους .. τῶν δὲ κατ' ἐνιαυτὸν γινομένων ὑπάτων τὸν μὲν ἕνα ἐκ τῶν πατρικίων αἱρεῖσθαι καὶ τὸν ἕνα πάντως ἀπὸ τοῦ πλήθους καθίστασθαι, ἐξουσίας οὔσης τῷ δήμῳ καὶ ἀμφοτέρους τοὺς ὑπάτους ἐκ τοῦ πλήθους αἱρεῖσθαι.

sein, der wohl nur darin seine Erklärung finden kann, daß Diodor die in jener Zeit von den Plebejern aufgestellten **Forderungen**, welche von Canuleius aufs neue **vorgeschlagen** und auch dann nur z. T. Gesetz geworden sind,[1]) mit den **wirklich angenommenen** Gesetzen zusammengestellt hat. Wenn es sich nicht um festangenommene Gesetze, sondern um Verabredungen und vorläufige Zugeständnisse gehandelt hatte, so kann es nichts Befremdliches haben, daß einerseits bei der 2. secessio, andererseits infolge der Nichteinlösung der Zusage auch vor den leges Canuleiae die gleiche Forderung gestellt worden sein soll. Umgekehrt erklärt sich die Einführung des Konsulartribunats erst dann vollkommen, „wenn man diesen Teil des diodorischen Berichts als im wesentlichen historisch ansieht."[2])

Für die Richtigkeit des 1. licinischen Gesetzes „ut alter consul ex plebe crearetur" besitzen wir also in der Fastenliste einen nahezu urkundlichen Beweis,[3]) d. h. wenn man den in IX vertretenen Nachweis der wesentlichen Echtheit der Fasten anerkennt.[4])

Nicht so günstig steht es mit dem 2. Gesetz, der lex agraria.

---

[1]) Vgl. Livius **4**, 1 et **mentio primo sensim illata a tribunis, ut alterum ex plebe consulem liceret fieri,** (C. Canuleius) eo processit deinde, ut **rogationem novem tribuni promulgarent,** ut populo potestas esset seu de plebe sen de patribus vellet consules faciendi. Unrichtig urteilt hier über Diodor Klimcke, Diodorus Siculus (Progr. Königshütte 1881) S. 3.

[2]) Richtig sagt Matzat, Röm. Chronologie 2, 42 A. 1: „Ich sehe nichts Unglaubliches darin, daß die Patrizier in ihrer augenblicklichen Notlage der Plebs Zusagen ($\delta\mu o\lambda o\gamma l\alpha\varsigma$ nicht $\nu \acute{o}\mu o\nu\varsigma$ ist gesagt) wegen der Teilung des Konsulats gemacht haben, welche hinterher von den wahlleitenden Beamten nicht gehalten worden sind, ebenso wie diese sogar auch nach 387 oft noch (399, 400, 401, 403, 405, 409, 411) zwei Patrizier haben wählen lassen."

[3]) Derselbe wird auch dadurch nicht entkräftet, wenn unsere Fasten zwei Patrizier als Konsuln bieten. Der wahlleitende Beamte hatte eine große Freiheit hinsichtlich der Anerkennung bzw. der Kassierung der abgegebenen Stimmen und konnte sich unter Umständen, natürlich mit Angabe der Gründe, weigern einen Gewählten zu renuntiieren. Vgl. Cicero Brutus **14**, 55, Liv. **10**, 15, Mommsen, röm. Staatsrecht 2, 75.

[4]) Sigwart, welcher die plebejischen Kriegstribunen nach 354 d. St. verdächtigen will (S. 277f.), kann doch an den Fasten 305—354 keinen Anstoß nehmen.

Die livianische Darstellung ist, wie hervorgehoben ward, möglichst unbrauchbar, und wenn wir nur sie hätten, wäre es allenfalls denkbar, daß ihr Berichterstatter Licinius Macer auch ihr Erfinder gewesen wäre, indem er das, was einige Menschenalter später gesetzlich festgestellt worden, schon seinem verdienten Ahnherrn zugeschrieben hätte.

Immerhin hätte man aber allen Grund gehabt, Vorsicht bei solchen Vermutungen zu beobachten. Denn wenn Licinius Macer gar keinen genügenden Untergrund für seine Geschichtskonstruktion vorgefunden hätte, so würde er sich mit einer derartigen neuen Entdeckung unsterblich blamiert haben.

Das Ackergesetz, welches das Höchstmaß der Possessionen auf 500 Morgen normierte, war in Rom, wie Catos Erwähnung (Gell. N. A. 6, 3, 37) zeigt, etwas so Allgemeinbekanntes, daß doch nicht leicht jemand mit einer neuen Vermutung über ihren Ursprung Anerkennung finden konnte.

Wichtiger ist ein anderes. Die vereinzelten annalistischen Angaben aus der Zeit nach 388 d. St. geben, und zwar z. T. in den pontifikalen Jahresberichten, Angaben, welche die Geltung eines solchen Gesetzes, das die Zahl der Ackerländereien und des okkupierten Weidelandes beschränkte, zur Voraussetzung hatten. So Liv. 7, 16, 9 eodem anno C. Licinius Stolo a M. Popilio Laenate sua lege decem milibus aeris est damnatus, quod mille iugerum agri cum filio possideret, emancupandoque filium fraudem legi fecisset.

In anderer Form überliefert das gleiche Dionysius 14, 22.

Die Nachricht also, daß damals ein Gesetz de modo agrorum (Liv. 6, 36) gegeben sei, ist jedenfalls weit älter als die unmittelbare Quelle des Livius, sie beruht auf einer früheren Überlieferung, welche von den späteren Annalisten verschieden ausgemalt und rhetorisch breitgetreten, nicht aber aus der Luft gegriffen ist. Auch wurden sowohl 458 d. St. (Liv. 10, 23, 13) wie 461 d. St. (Liv. 10, 47, 4) die pecuarii, welche das Gesetz über das Weiderecht am ager publicus verletzt hatten, von den Ädilen bestraft. Die gesetzlichen Vorschriften, welche sie mißachteten, werden aber von Appian bell. civ. 1, 8, 33 (Mendelssohn-Viereck) bestimmt auf das gleiche Gesetz zurückgeführt: μόλις ποτὲ τῶν δημάρχων εἰσηγουμένων ἔκριναν μηδένα ἔχειν τῆσδε τῆς γῆς πλέθρα πεντακοσίων πλείονα μηδὲ προβατεύειν ἑκατὸν πλείω τὰ μείζονα καὶ πεντακοσίων τὰ ἐλάσσονα.

Entscheidend für diese ganze Frage sind die weiteren Angaben Appians, welcher zweifellos einem ausgezeichneten Berichterstatter folgt. Er erwähnt drei Bestimmungen, durch welche die Durchführung des Ackergesetzes erzielt werden sollte. Um eine Umgehung der gesetzlichen Forderungen zu vereiteln, sollten zuerst die Possessoren gehalten sein, eine bestimmte Anzahl von freien Arbeitern bei den Possessionen zu verwenden: καὶ ἐς ταῦτα δ' αὐτοῖς ἀριθμὸν ἐλευθέρων ἔχειν ἐπέταξεν, οἳ τὰ γιγνόμενα φυλάξειν τε καὶ μηνύσειν ἔμελλον.

Sodann waren Strafen bei Übertretung des Gesetzes festgesetzt, und drittens wird dort von einer eidlichen Bekräftigung des angenommenen Gesetzes geredet (οἳ μὲν δὴ τάδε νόμῳ περιλαβόντες ἐπώμοσαν ἐπὶ τῷ νόμῳ).

Schon die beiden ersten Bestimmungen weisen auf eine Zeit hin, da das Gesetz schon längere Zeit erlassen, aber ebenso lange auch umgangen war; vor allen Dingen aber die dritte: ἐπώμοσαν ἐπὶ τῷ νόμῳ ... φροντὶς δ' οὐδεμία ἦν οὔτε τῶν νόμων οὔτε τῶν ὅρκων.

Gerade diese dritte Bestimmung kann aber zeitlich fixiert werden. Zu einer Beschwörung der angenommenen Gesetze ist es sehr selten gekommen. Nur in ganz außergewöhnlichen Fällen, vor allem nach revolutionären Ausschreitungen, kam es zu einer solchen lex sacrata, welche durch einen Eidschwur die Bedeutung des Gesetzes verschärfte, wie Festus p. 318 erklärt: sacrosanctum dicitur, quod iureiurando interposito est institutum.[1]

Soweit wir Kunde besitzen, haben seit dem Beginn der punischen Kriege keine derartigen staatlichen Umwälzungen stattgefunden, die zu einer lex sacrata Anlaß gegeben und nur durch eine solche ihren Abschluß gefunden haben könnten.

Anders in dem voraufgehenden Jahrhundert. Es ist möglich, daß der militärisch-sozialistische Aufstand (Liv. 7, 38, 6) schon zu einer lex sacrata geführt hat, welche einer Ausnutzung des ager publicus entgegentreten sollte: Vgl. 7, 38, 7 die Erwägungen der Aufständischen: an aequum esse, dediticios suos

---

[1] Hermes 30, 625.

illa fertilitate atque amoenitate perfrui, se militando fessos in pestilenti atque arido circa urbem solo luctari aut in urbe insidentem tabem crescentis in dies foenoris pati?

Auch 7, 41, 4 erwähnt eine damalige lex sacrata militaris „ne cuius militis scripti nomen nisi ipso volente deleretur."

Aber weit bedeutsamer ist hier alles, was über die 3. secessio plebis überliefert ist. Sie hat nach einer Militärrevolte, nach harten Kämpfen, die definitive und völlige Gleichstellung von Plebeszit und Gesetz errungen, ja sogar die Komitialtage auch den Plebejerversammlungen eingeräumt.[1]) Dieser volle Sieg des Plebejerstandes ist, wie es in Livius Per. 11 heißt, erst post graves et longas seditiones, nachdem die plebs auf den Janiculus hinausgezogen war, erreicht worden, indem der Diktator Hortensius die plebs zum Einlenken bewogen hatte. Daß dabei bindende Abmachungen der plebs in der alten Form der leges sacratae getroffen sind, ist nicht direkt überliefert, aber mehr denn wahrscheinlich. Die kurze Notiz aus Livius periocha gibt als Ursache der Unruhen propter aes alienum an. Die Verschuldung der Plebs stand nun in einem unmittelbaren Zusammenhang mit der agrarischen Frage und hat zweifellos auch zu Abmachungen geführt, welche die Possessionen beschränkten und Landzuweisungen an verarmte Plebejer veranlaßten, wo nicht gar anordneten. Hierher gehören auch jene den Besitzenden abgetrotzten Gesetzesbestimmungen, daß jeder Possessor eine Anzahl Freier auf seinem Gute beschäftigen müsse (Appian 1, 8, 33), sowie die Festsetzung bestimmter Strafen gegen die, welche das Ackergesetz umgingen oder unbeachtet ließen. Denn es ist durchaus unwahrscheinlich, daß das agrarische Grundgesetz, wann es auch gegeben sein mag, gleich anfänglich so bestimmte und so eigenartige Strafsätze enthalten hat, wie sie Appian überliefert hat. Bei dem Multrecht, welches die Ädilen und Konsuln besaßen, waren bestimmte Strafandrohungen anfänglich überflüssig. Diese Beamten müssen imstande gewesen sein, einen notorischen Gesetzesbruch zu hindern oder

---

[1]) Das ist der Sinn der Bestimmung, daß die nundinae durch die lex Hortensia zu dies fasti gemacht seien (Macrob. Saturn. I, 16). Die dies comitiales wurden jetzt auch den concilia plebis eingeräumt. Soltau, Die Gültigkeit der Plebiszite (1884) S. 106, 169.

hinterher durch Verhängung einer Geldstrafe gegen ihn einzuschreiten. Erst als diese Beamten vielfach ihre Pflicht versäumten, und als der Mißbrauch durch das Gewohnheitsrecht legalisiert schien, ist die Plebs hier eingeschritten.[1])

Dieses Vorgehen der Plebs ist aber wohl erklärlich, wenn ihre Beschlüsse damals volle Gesetzeskraft erlangten. Es ist aber auch nicht später anzusetzen, da gerade die wirtschaftliche Not ein solches Vorgehen wohl motiviert erscheinen läßt und erst damals die Plebs in ihrer revolutionären Erhebung einen entscheidenden Einfluß auszuüben imstande war. Damals, und nicht später, wird eine lex sacrata mit Fug anzusetzen sein.

Wenn aber bereits 467 d. St. eine bedeutende Verschärfung des alten agrarischen Grundgesetzes notwendig gewesen ist, so muß dieses selbst eine geraume Zeit vorher gegeben worden sein, und es gewinnen somit alle jene Einzelangaben, welche Verfehlungen gegen dieses Gesetz in den voraufgehenden Jahrzehnten melden, bedeutend an Glaubwürdigkeit.

Wir sind nicht mehr imstande mit Sicherheit zu beweisen, daß gerade durch Licinius das Maximalmaß der Possessionen in derselben Weise festgesetzt worden ist, wie später überliefert ward. Es ist möglich, daß hierüber erst die folgenden gesetzlichen Anordnungen namentlich aus dem Jahre 467 d. St. definitive Anordnungen getroffen haben. Aber es wäre leichtfertig, die hierüber bestehende Überlieferung, welche in sich geschlossen ist und den Verhältnissen entspricht, zu verwerfen, falls nicht triftige sachliche Gründe dagegen angeführt werden könnten. Solche hat Niese (Hermes 23, 410) zusammenzustellen gesucht; doch, wie ich gezeigt habe,[2]) reichen dieselben nicht aus, um den Ansatz eines ziemlich hohen Maximalmaßes in einer so frühen Zeit bedenklich erscheinen zu lassen. Es kam anfänglich weniger darauf an, das Übermaß der Okkupationen zu hindern, als vielmehr leistungsfähige Okkupanten zu gewinnen, Pachtgesellschaften anzulocken, welche Garantie boten, daß die okkupierten Ländereien auch wirtschaftlich verwertet wurden und genügenden Ertrag an die Staatskasse lieferten.

---

[1]) Hermes 30, 626 f.
[2]) Hermes 30, 623.

Die Tribunen Licinius und Sextius haben also voraussichtlich, wie ein Gesetz über die Teilung des Konsulats, so auch eine lex agraria de modo agrorum gegeben.

Ob sie schon selbst das später auf ein Gesetz des 4. Jahrhunderts bezogene Maximalmaß von 500 iugera festgesetzt haben,[1]) möge dahin gestellt bleiben; unmöglich ist dieses nicht.[2])

Am meisten könnten gegen das dritte licinische Gesetz „de aere alieno" Einwendungen gemacht werden, vor allem gegen die Form (Livius 6, 35, 4) ut deducto eo de capite, quod usuris pernumeratum esset, id, quod superesset, triennio aequis portionibus persolveretur.

Doch ist auch hier zwischen der Existenz eines Gesetzes und der von Licinius Macer gegebenen Formulierung zu unterscheiden. Rogationen de aere alieno, gegen den Wucher, die Wucherzinsen und die Schuldhaft kehren bei jeder größeren Kalamität und allen wichtigen Phasen des Ständekampfes wieder.[3]) Sie sind am allerwenigsten da zu entbehren, wo alle Anzeichen vorliegen, daß ein langer ständischer Kampf erst nach vielen Zwischenfällen beendigt worden ist. Wenn die sozialen Mißstände und die Verschuldung der Plebs im Jahre 411 d. St. zu einer Militärrevolte und zu einer Beseitigung der Schuldhaft geführt haben,[4]) wenn dieselben Elemente 467 d. St. eine hauptstädtische Revolution und den Auszug der Plebs auf den Janiculus veranlaßt hatten, so darf auch die Bedeutung dieser Kalamität nicht beanstandet werden, wenn die Überlieferung zu 388 d. St. ein Gesetz zur Beseitigung solcher Mißstände darbietet.

---

[1]) Häufig werden durch spätere Gesetze die Satzungen früherer Gesetze nicht nur eingeschärft, sondern auch verschärft und präzisiert. Das könnte auch hier hinsichtlich des Maximalmaßes der Fall gewesen sein.

[2]) Hermes 30, 627. Maschkes Versuch (Zur Theorie und Geschichte der römischen Agrargesetze S. 52 f.), die licinische Gesetzgebung zu eliminieren, ist völlig verunglückt. Wenn man so leichten Herzens über die guten Berichte von Appian und Plutarch hinweggeht, dann ist allerdings der Weg frei für die gewagtesten Vermutungen.

[3]) Liv. 6, 15, 10: de capite deducite quod usuris pernumeratum est und 6, 14, 6 f.

[4]) Schon vorher berichtet Livius (7, 21, 5) nach der besseren antiquarischen Überlieferung: consules foenebrem quoque rem, quae distinere undanimos videbatur, levare aggressi, solutionem aeris alieni in publicam curam verterunt.

Weit schlimmer ist sicherlich alles das, was man an die Stelle einer solchen Verfassungsentwicklung hat setzen wollen. Ich erwähne hier nur den einen allerdings bekanntesten Versuch, der sich mit Mommsens Autorität deckend, viele schlimme Früchte gezeitigt hat.

Nachdem die licinischen Gesetze und manche älteren Gesetze eliminiert oder umgedeutet waren, mußte man sich natürlich nach Männern umsehen, welche in einer späteren Epoche den Streit der Stände beendet und die bürgerlichen und sozialen Mißstände beseitigt haben sollten. Vor allem kam hier der berühmte Censor Appius Claudius (442 d. St.) in Betracht, von dem Diodor in einem der genaueren Jahresberichte hervorhebt: οὐδένα λόγον ἐποιεῖτο τῆς συγκλήτου ..., ἔδωκε δὲ τοῖς πολίταις καὶ τὴν ἐξουσίαν.., ὅποι προαιροῖντο τιμήσασθαι.

Beide Urteile sind natürlich cum grano salis zu verstehen. Ganz ohne Mitwirkung des Senats konnten die Censoren nicht über die Gelder des Staates verfügen, und noch weniger konnte eine volle Willkür bestehen hinsichtlich der Tribus, der jemand angehörte. Offenbar hat Appius Claudius für den Bau der via Appia und der appischen Wasserleitung größere Summen verwandt, als sie ihm ursprünglich vom Senat zugebilligt worden waren, wahrscheinlich auch einen Konflikt mit dem Senat nicht gescheut, um seine großartigen Bauabsichten zu verwirklichen, und jedenfalls hat er manche Klassen der Bevölkerung in die ländlichen Tribus aufgenommen, welche früher, und auch wieder nach der Censur des Fabius Maximus 450 d. St., nicht in ihnen Stimmrecht hatten. Aber in beiden Fällen kann von einer schrankenlosen Willkür keine Rede sein. Am allerwenigsten aber sollte man daran denken, den Appius Claudius zu einem Reformer der ganzen römischen Staatsordnung zu machen. Ein Censor besaß gar nicht das ius cum populo agendi. Populum rogare, comitia habere: derartige Rechte standen ihm nicht zu. Appius Claudius ist mit recht als einer der weitsichtigsten Staatsmänner gepriesen worden. Das war er durch seine großartigen Bauten, noch mehr dadurch, daß er die weitesten Kreise der Halbbürger und Libertinen mit in die Bürgerlisten aufnahm und dadurch die Zahl der Wehrfähigen in dem Entscheidungskampf um die Herrschaft Italiens so vermehrt hat, daß Rom nach zwei Seiten hin den Kampf aufnehmen und siegreich beendigen konnte. Dieses war ferner nur dann möglich, wenn er bei der Bemessung des Vermögens und der Klassenstellung außer dem quiritarischen Eigentum auch das bonitarische, das bewegliche Vermögen zum Census heranzog, wodurch allerdings die Grundlagen der bisherigen Klassenordnung in liberalem Sinne umgestaltet wurden. Nach allen diesen Seiten hin wird die Bedeutung dieses Staatsmannes gewiß hoch eingeschätzt werden dürfen.[1]) Aber ein Gesetzgeber im größeren Stil oder gar ein Begründer eines neuen römischen Staatsrechts ist Appius Claudius nicht gewesen.

Noch weit weniger ist die Tradition über die XII Tafeln zu beanstanden, da sie ja in allem wesentlichen auf die Kenner des Zivilrechts, auf die im praktischen Leben geltenden Rechtsgrundsätze und die durch Fachleute vermittelte Rechtswissenschaft zurückgeht. Manche Einzelheiten sind uns heute nicht mehr verständlich, andere zeigen Spuren der Modernisierung. Aber die juristische Tradition läßt überall festen Untergrund entdecken und gewährt uns den Eindruck, daß in jenen Fragmenten der XII Tafeln ein Stück des alten römischen Rechtslebens erhalten ist, welches weniger als irgend etwas anderes durch den Sturm der seitdem verflossenen Zeit Schaden gelitten hat.

Und doch hat gerade die allermodernste Kritik französischer und italienischer Gelehrten gegen dieses Bollwerk aller rechtswissenschaftlichen Erkenntnis Sturm gelaufen und sogar das ganze Zwölftafelwerk in Frage gestellt.[2])

Nach Pais Ansicht, dem nicht nur Lambert, sondern auch deutsche Forscher beigestimmt, haben die ersten Annalisten

---

[1]) In verständiger Weise urteilt hierüber Carl Sieke, Appius Claudius Caecus Censor (Marburg 1890) S. 71f.

[2]) Die wichtigsten Schriften hierüber sind: E. Lambert, la question de l'authencité des XII tables et les annales maximi (Paris 1902). Widerlegt wurden diese Theorien durch P. F. Girard l'histoire des XII tables (nouvelle revue historique de droit français et étranger) März-April 1902. S. namentlich auch Ermans Besprechung, Zeitschrift der Savigny-Stiftung für Rechtsgeschichte (1902) 23, 450. Verteidigt ist Lamberts Theorie durch ihn selbst: l'histoire traditionelle des XII tables (Lyon 1903). Doch bin ich nicht durch diese Schrift überzeugt worden, und schließe mich in folgendem an Girard und Ermann an.

die politisch-juristischen Wendepunkte der römischen Geschichte durchweg zu früh angesetzt.

Wie von den Gesetzen über die Gültigkeit der Plebiscite wohl nur das letzte echt sei,[1]) so soll auch von den XII Tafeln nur so viel historisch feststehen, was Cn. Flavius in seiner Herausgabe der fasti und der dezemviralen Zwölftafelgesetzgebung um 300 vC. gesammelt und herausgegeben hat; in Wirklichkeit war dies nur eine Sammlung des Gewohnheitsrechts. Diese Gesetzgebung selbst ist nach Pais und seinen Nachfolgern fiktiv, nur durch eine falsche Verdoppelung der späteren flavischen Tat in die Annalen und in die Geschichte eingesetzt worden. Der Censor Appius Claudius Caecus wäre damit die historische Gestalt, nach welcher der bekannte Dezemvir gefälscht ward.

Noch weiter geht Lambert. „Wie die Erfindung des ius Papirianum," meint er, „jetzt vielfach dessen erstem Kommentator Granius Flaccus unter Augustus zugeschrieben werde,[2]) so würden auch wohl die XII Tafeln als die Schöpfung ihres ersten Kommentators S. Aelius Paetus Catus um 200 vC. anzusehen sein."

Selbst in der minder gewagten Form, welche Pais dieser Hypothese gegeben hat, ist sie völlig unhaltbar, wie die Widerlegung von Girard dartut.

Auch wenn die Namen der Dezemvirn nicht in den ältesten Konsularfasten standen, ist doch die Erwähnung dieser Gesetzgebungskommission alt und beglaubigt, da, wie gezeigt worden war und allgemein zugestanden werden muß, der Archetypus der Fastenliste von 305 bis 388 d. St. authentisch ist. In der ältesten Rezension der Fasten ist R durch S ersetzt gewesen (Fusius statt Furius). Dieser Übergang wird aber von Cicero schon um 414 d. St. angesetzt.

Und dann: unter dem Namen der Eponymen der voraufgehenden Zeit finden sich manche ausgestorbene patrizische Geschlechter, deren Namen zu fälschen keinem Zeitgenossen des Flavius in den Sinn kommen konnte. Wie sehr die Liste später durch Hinzufügung der cognomina und der Vorfahren, einzelner Militär-

---

[1]) So irrig Eduard Meyer, s. unten S. 250.
[2]) Vgl. dagegen Hirschfeld, Abhandlungen der Berliner Akademie der Wissenschaften 8./I. 1903 S. 1f.

tribunennamen und einiger interregna ergänzt und modernisiert sein mag; über die Namen der meisten Eponymen zwischen 305—388 d. St. kann ein Zweifel überhaupt nicht bestehen.[1]

Dazu kommt: „sehr wenig sieht die Angabe, daß die 10 Gesetzgeber gerade XII Tafeln hergestellt haben, nach Erfindung aus",[2] und wenn sich die Juristen auch über die Bedeutung von „iudices" in der lex sacrata (Liv. 3, 55, 7) gestritten haben, so doch gewiß nicht über die „decemviri", in welchen bisher noch ein jeder die decemviri stlitibus iudicandis erblickt hat.

Sehr leichtfertig war auch der Angriff, der auf die Sprache der XII Tafel-Fragmente gemacht ist. Mit vollem Recht hebt dagegen Girard hervor, daß, wenn die XII Tafeln, deren Formeln in jahrhundertlangem Umlauf, ja in Einzelbestimmungen sich mehrfach abgeschliffen haben werden, fast 2 Jahrhunderte später entstanden wären, sie von der Sprache der damaligen Juristen beeinflußt gewesen sein müßten. Das aber ist nicht der Fall. Sachkundige Philologen haben ihre ganz abweichende, vielfach archaisierende Ausdrucksweise (z. B. Plautus gegenüber) nachgewiesen. Schon Sextus Aelius verstand manche Ausdrücke nicht mehr.

Entscheidend aber sollte sein, daß zahlreiche rechtliche Ordnungen der XII Tafeln ganz archaisch, dem 3. Jahrhundert vC. fremd waren: so z. B. „die Exekutionsordnung mit arcera, iumentum, far, nervi und compedes, sowie die venditio trans Tiberim statt der Todesstrafe". Wie könnte z. B. diese letztere nach Schluß der Samnitenkriege noch festgehalten, oder gar erst erfunden sein!

Wer die XII Tafeln an das Ende statt an den Anfang des römischen Ständekampfes und der römischen Rechtsentwickelung des alten Stadtstaates stellt, der beraubt sich der Möglichkeit, Klarheit darüber zu gewinnen, wie sich die einzelnen Rechtsinstitutionen, wie Emanzipation und Adoption sich ausgebildet, wie die einzelnen Gesetze aufgekommen sein könnten, welche schon vor Flavius Bestimmungen der XII Tafeln derogiert haben. Es muß eine längere Zeit vergangen sein, ehe sich das alte Bauernrecht der XII Tafeln weiter entwickeln konnte zu dem

---

[1] S. oben IX S. 189f. und im Anhang II.
[2] Ermann in Zeitschrift der Savigny-Stiftung (1902) 23, 455.

Rechte, welches das herrschende Volk Italiens während der punischen Kriege angewandt hat.

Gerade hier zeigt sich das Verderbliche, ja Sinnlose der modernen, radikalen Methode. Sie hebt jede Möglichkeit auf, eine Entwickelung der Rechtsverhältnisse Roms festzustellen, auf welche doch schon die Formen und Formeln der antiquarischen Tradition mit Notwendigkeit hinführen.

Wie diese Gesetzgebung, so war auch die nach dem Sturze der Dezemvirn eingreifende valerisch-horatische Gesetzgebung, welche die Grundlage der späteren staatlichen Ordnung geworden ist (Liv. 3, 55), ein Rüstzeug, das keiner entbehren konnte, welcher im staatlichen Leben seine Stellung ausfüllen wollte. Wie genau der Wortlaut jener wichtigsten Gesetzesbestimmung — ut qui tribunis plebis aedilibus iudicibus decemviris nocuisset, eius caput Jovi sacrum esset — allen römischen Beamten vertraut gewesen sein muß, zeigt eben die von Livius 3, 55 besprochene Kontroverse, ob die Ädilen sakrosankt seien oder nicht,[1]) sowie ferner die staatsrechtliche Doktorfrage, ob unter den iudices die Konsuln zu verstehen seien.

Selbstverständlich kann von einer schriftlichen Überlieferung über die sonstigen Gesetze des Ständekampfes oder über die allmähliche Entwicklung der plebejischen Freiheiten keine Rede sein. Aber es erweckt einen günstigen Eindruck für die Art der antiquarischen Überlieferung, daß die Spezialausführungen über den Ständekampf in allen Hauptpunkten mit dem übereinstimmen, was an alten Gesetzen und staatsrechtlichen Formeln überliefert ist. Die allmähliche Erweiterung der Kompetenz, welche die plebejischen Konzilien für ihre Beschlüsse errungen haben, läßt sich ebensogut an der Hand der vier Gesetze über die Gültigkeit der Plebiszite[2]) wie unter Beachtung der Einzelschilderungen des Ständekampfes während der 200 Jahre nach

---

[1]) Die Entscheidung war in der Theorie leichter zu geben, als bei den einzelnen Fällen im staatlichen Leben. Als Vorsteher der plebs waren sie infolge des „sacer esto" der lex sacrata ebenso sicher sakrosankt, wie ihnen andrerseits diese Qualität fehlte, insoweit sie seit dem Dezemvirat staatliche Funktionen erhalten hatten und magistratus populi Romani geworden waren. Vgl. Soltau, die ursprüngliche Kompetenz der aediles plebis (Bonn 1882 S. 145 f.).

[2]) Vgl. Soltau, die Gültigkeit der Plebiscite (Berlin 1884) S. 87f., 147f.

der 1. secessio plebis dartun.¹) Während die ältesten Beschlüsse der concilia plebis teils reine Korporationssatzungen waren, teils nur die Bedeutung von Resolutionen gehabt haben, mehr als Usurpationen aufgefaßt zu sein scheinen,²) ist in dem folgenden Jahrhundert (305 bis 415 d. St. d. h. bis zur lex Publilia Philonis) ihre staatliche Anerkennung unter gewissen Einschränkungen durchaus anerkannt, und zwar — wie das auch durch die Restaurationsverfassung Sullas unmittelbar an die Hand gegeben ist — waren seit 305 d. St. die Tribunen gehalten, die Abstimmung über die Plebiszite von einer vorgängigen Begutachtung durch den Senat abhängig zu machen. Daß diese Schranke aber seit 415 d. St. im wesentlichen beseitigt sein muß, und dann endlich die lex Hortensia 467 d. St. die formelle Gleichstellung von lex und plebiscitum erreicht hat, das zeigen auch alle Einzelheiten der annalistischen Überlieferung zwischen 415 und 467 d. St.³) Sie sind zwar nicht so alt und authentisch wie die Angaben der Kundigen des Staatsrechts, aber sie sind darum nicht minder wertvoll. Denn sie sind auf Grund des Wissens sachkundiger Kreise über die Entwickelung der älteren Verfassung früh rekonstruiert, haben also gerade zur Voraussetzung, daß über diese Entwickelung seit langem eine allgemein anerkannte Anschauung feststand.

Die gleiche Beobachtung ist bei der allmählichen Ausbildung der Amtsgewalt der Volkstribunen gemacht worden.⁴) In der Hauptsache stimmen auch hierüber die Angaben der staatsrechtlichen Überlieferung mit der annalistischen überein, und es wäre ungerechtfertigt, das von der letzteren gebotene Bild über die Entstehung der plebejischen Freiheiten deshalb zu beanstanden, weil dasselbe formell auf die Annalisten des 2. Jahrhunderts vC. zurückgeht. Denn was die damals schreibenden Staatsmänner über das in Rom geltende Staatsrecht und seine historische Herleitung berichteten, das war doch im wesentlichen nur ein Reflex von dem, was schon im 3., ja 4. Jahr-

---

¹) ebendas. S. 125 f.
²) eb. S. 87; ferner für das folgende S. 122—142.
³) eb. S. 148 f.
⁴) Hofmann, Röm. Senat S. 122 f. Mommsen, Röm. Staatsrecht 2, 255 f., 269 f., 3, 1045.

hundert vC. Gemeingut der fach- und sachkundigen Kreise gewesen war.

Schon aus diesem Grunde ist es bedauerlich, daß Eduard Meyer die historische Bedeutung der ersten oder gar der beiden ersten secessiones plebis, sowie die Einsetzung des Tribunats bei jener ersten volkstümlichen Erhebung in Frage gezogen hat.

Ein Amt, welches so wie das Volkstribunat die sämtlichen Ordnungen des alten römischen Staatsrechts durchkreuzte und zersetzte, muß irgendeinen revolutionären Ursprung gehabt haben. Eine lex sacrata, welche dem mons sacer den Namen gegeben und die regelmäßige Gesetzgebung durchbrochen hat, ist schon an sich ein revolutionärer Akt, und überall, wo eine solche lex auftritt, da ist sie mit revolutionären Erhebungen des Volkes verknüpft (s. auch VII S. 168).

Hinsichtlich der 2. secessio plebis steht die Sache noch viel günstiger. Wer kann glauben, daß die tribunizische Gewalt, welche durch den Dezemvirat beseitigt werden sollte, ohne eine spontane Erhebung der plebejischen Volksmenge wiederhergestellt sei? Die leges sacratae, welche damals beschlossen sein sollen, sind aber nicht etwa eine Fiktion,[1]) sondern waren und werden die Grundlage aller plebejischen Rechte bleiben innerhalb der Grenzen und Schranken, welche daneben das geltende Staatsrecht, die Zwölftafelgesetzgebung und die auf beiden beruhende Beamtengewalt ihnen gesetzt haben.

Gerade von diesen klar und bestimmt überlieferten Grundlagen der älteren Verfassungsentwickelung heben sich nun die z. T. achtbaren Versuche der jüngeren Annalistik ab, welche das noch fragmentarische Bild durch gelehrte Erwägungen oder noch zweifelhaftere Kombinationen zu ergänzen suchten.

Alle Quellen berichteten, daß anfänglich 2 Volkstribunen,

---

[1]) Dagegen ward in V gezeigt, wie durch die dichterischen Schilderungen von Ennius' annales, noch mehr durch seine und des Accius Römerdramen die hervorragenden Persönlichkeiten in beiden Volkserhebungen dem Vorstellungskreis und den Herzen der Römer nahe gebracht sind (Menenius, Cassius, Coriolanus, Appius Claudius, Verginia u. a. m.). Man wird nicht fehl gehen, wenn man annimmt, daß die lebendigen, staatsrechtlich allerdings unhaltbaren Schilderungen der 2. secessio, der Tribunenwahl und des Versöhnungswerkes, wie sie Livius und Dionys bieten, indirekt das Werk dieser Dichter sind.

denen die 2 aediles plebis entsprachen, gewählt worden seien.[1]) Seit den XII Tafeln war ihre Zahl auf 10 erhöht. So viel stand fest. Dagegen, wie dieser Übergang von 2 zu 10 vermittelt war, ob es überhaupt Mittelglieder gab, darüber existierte keine alte, wenigstens keine gesicherte Überlieferung. Nach der Ansicht mancher sollten gleich anfangs 3 weitere Tribunenstellen durch Kooptation besetzt sein,[2]) während Piso diese Zahl wohl erst seit 283 d. St. annimmt. Diodor läßt bekanntlich 4 Tribunen seit der lex Publilia Voleronis gewählt sein, während in der Regel damals 5 Tribunenstellen angenommen werden. Die späteren Annalen erzählten, daß nicht seit dem Dezemvirat, sondern schon seit 297 d. St. (Liv. 3, 30, Dionys 10, 25) die Zahl der Tribunen auf 10 vermehrt worden sei.

Es ist also nichts sicherer, als daß über die Vermehrung der Tribunen von 2 auf 10 keine ältere Überlieferung bestand, wie es andererseits feststehen sollte, daß die Anfangszahl 2 nicht überschritt.[3])

Ähnlich, wie es hier hinsichtlich der Zahl der Tribunenstellen klargelegt ist, bestand auch über die Art ihrer Erwählung keine authentische Überlieferung.

Fest stand, daß erst die lex Publilia Voleronis die plebejischen Tribusversammlungen gesetzlich geordnet hatte: tum primum tributis comitiis creati tribuni sunt. Wie der frühere Wahlmodus war, ist dagegen nicht überliefert, und so setzte denn hier die pseudowissenschaftliche Kombination jüngerer Annalisten ein. Einige nahmen eine militärisch organisierte Versammlung an, andere ein nach Curien geordnetes concilium plebis.

Manche glaubten, daß die Zahl der Tribunen (5 oder 10)

---

[1]) Die Mehrzahl (Tuditanus, Cicero, Atticus vgl. Ascon. in Cornel. p. 76) erwähnten zwei Tribunen, so auch Livius' Quellen (Liv. 2, 33, 4), der daneben die Ergänzung durch drei weitere erwähnt. S. Cicero de republ. 2, 34, 59.

[2]) Livius 2, 33, 2: ita tribuni plebis creati duo, C. Licinius et L. Albinus. hi tres collegas sibi creaverunt. in iis Sicinium fuisse, seditionis auctorem; de duobus, qui fuerint, minus convenit. sunt, qui duos tantum in sacro monte creatos tribunos esse dicant. 2, 58, 1 tum primum tributis comitiis creati tribuni sunt. numero etiam additos tres, perinde ac duo antea fuerint, Piso auctor est.

[3]) Vgl. Mommsen, Röm. Staatsrecht 2, 249f.

zu der Zahl der Klassen in Beziehung stehe.[1]) Diodors so sehr überschätzte Angabe von 4 Tribunen scheint ihre Zahl mit derjenigen der städtischen Tribus gleichgestellt zu haben, trotzdem die Tribunen zu keiner Zeit irgendwelche nachweisbare Beziehungen zu den einzelnen Tribus, geschweige denn zu den städtischen Tribus gehabt haben.

Gerade hier zeigt sich klar der Gegensatz, welcher zwischen der alten, allgemein angenommenen Überlieferung der rechtskundigen Kreise und den Erfindungen solcher Annalisten bestand, welche durch ihre luftigen Kombinationen und Einfälle die Lücken der geschichtlichen Erinnerung auszufüllen suchten.

Bei der Güte der antiquarischen Tradition, welche überall von der Praxis, von den staatsrechtlichen und privatrechtlichen Ordnungen der Gegenwart ausgehend über die historischen Ursprünge der Institutionen im wesentlichen gut orientiert war, ist es sogar unstatthaft, das Bild, welches die bessere, ältere Tradition über die Verfassungsentwickelung des 4. Jahrhunderts der Stadt entworfen hat, kurzer Hand zu beseitigen und durch subjektive Vermutungen zu ersetzen. Wie ich das vor 30 Jahren, den festen Grundsätzen entsprechend, welche Mommsen aufgestellt hatte, ausgesprochen habe,[2]) so wird es auch wohl nach den modernsten Entdeckungen über die staatsrechtliche Weisheit eines Diodor in Geltung bleiben: „daß nur auf dem Gebiete der Verfassungs- und Rechtsgeschichte eine Rekonstruktion der altrömischen Geschichte möglich ist."

Was hierüber die ältesten Annalisten berichteten, was sich noch jetzt in den Darstellungen von Polybius und Ciceros Schrift de republica vorfindet, aus Gesetzen und Inschriften nachweisen läßt, das geht in letzter Instanz auf die sachkundigen Urteile staatsrechtlich gut geschulter Männer des 4. Jahrhunderts vC. zurück. Das von solchen Autoritäten gebotene bedarf allerdings einer vorsichtigen Interpretation,[3]) nicht aber einer freien

---

[1]) Liv. 3, 30: tricesimo sexto anno a primis tribunis plebis decem creati sunt, bini ex singulis classibus.

[2]) Über Entstehung und Zusammensetzung der altrömischen Volksversammlungen (1880) S. 19.

[3]) Ebendaselbst habe ich betont, daß natürlich die verkehrten Etymologien der alten Antiquare nicht mit ihren vortrefflichen Angaben über Tatsächliches verwechselt werden dürfen, und daß man nicht jede

Umgestaltung oder Ersetzung durch phantasievolle, aber doch nur ganz moderne Einfälle, welche mehr Einbildung als Geschichtsbildung sind.

Für die Güte dieser staatsrechtlichen Überlieferung[1]) ist es wahrlich ein vollgültiges Zeugnis, daß auf allen Gebieten des Rechtslebens wohl über Einzelheiten, über die Interpretation und Tragweite der gesetzlichen Überlieferung, nicht aber über den Wortlaut und die Grundsätze der rechtshistorischen Überlieferung ein Zweifel bestand.

Es ist daher nichts verkehrter, als der Versuch, die Grundlagen der römischen Verfassung „die Klassen- und Centurienordnung" aus dem Zusammenhang der römischen Verfassungsentwicklung herauszunehmen und sie einer späteren, wo nicht gar der spätesten Periode der republikanischen Geschichte einzuverleiben.

Es kann nicht im mindesten zweifelhaft sein, daß alle einzelnen Seiten der sogen. servianischen Centurienordnung darauf hinführen, daß sie anfänglich allein und nichts anderes als eine Heeresordnung gewesen ist. Diese historische Tatsache würde schon genügen, um sie an den Anfang der republikanischen Zeit zu stellen, wo nicht noch etwas höher hinaufzurücken.[2])

Die Umwandlung dieser Heeresordnung in die Manipularstellung kann nicht der Zeit des Camillus abgesprochen werden und jedenfalls muß die Trennung von Kriegsheer und

---

aus einer einseitigen Systematik der Altertumsforscher geflossenen Schilderung späterer Annalisten für alte Überlieferung zu halten habe.

[1]) Nicht der einzelnen Gesetzeserwähnungen, die meist nur mit einigen Stichworten die Annahme eines Gesetzantrages notieren, ohne auf den Wortlaut des Gesetzes Bezug zu nehmen. So treffend E. Herzog, Über die Glaubwürdigkeit der Gesetzesangaben S. 14f.

[2]) Eduard Meyer (Alte Geschichte 5, 141f.), welcher im übrigen den römischen Annalenberichten skeptischer gegenübersteht, nimmt doch als gesichert an, daß „mit der Begründung der Republik der ältesten Versammlung des Volks den Curiengenossen die Heeresgemeinde der Hundertschaften (Centurien) zur Seite getreten war". Erstere waren der städtische populus Romanus XXX curiarum, letztere umfaßten die Gesamtheit der „Wehrmänner" (= Quirites), bildeten den populus Romanus (iuris) Quiritium. Der Beweis ist erbracht „Altrömische Volksversammlungen" S. 229—470.

Stimmheer schon vor Camillus angesetzt werden, d. h. sie muß spätestens in die Zeit des Dezemvirats fallen.

Alle antiquarischen Quellen stimmen ferner darin überein, daß die servianische Heeresordnung die Grundlage der comitia centuriata gewesen ist und alle Einzelheiten jener zwingen zu der Annahme, daß die Heeresordnung nicht nur die Voraussetzung für die Abstimmungsordnung war, sondern auch zeitlich ihr vorangegangen sein müsse, ebenso wie die Einführung der comitia centuriata einer ausgebildeten Census- und Steuerordnung vorangegangen ist.

Ebensowenig also, wie aus den Eigentümlichkeiten der entwickelten Censusordnung, aus den späteren Censussätzen und den folgeweis aufgekommenen Umgestaltungen irgendetwas für das Wesen der ältesten Centuriatkomitien geschlossen werden kann, darf aus der späteren Abstimmungsordnung des comitiatus maximus, welcher das ganze Volk enthielt, irgend etwas für die Zusammensetzung des Heeres abgeurteilt werden. Das Heer wurde allerdings stets aus den Tribus ausgehoben und diese haben in der Tat zu der Zeit, da sie völlig ausgebildet waren, nur die rechten Eigentümer am ager privatus enthalten. Seit wann dieses aber der Fall war, das liegt im Dunkel der Vergangenheit begraben. Es ist sehr wohl denkbar, daß das volle quiritische Eigentum an dem Ackergut den Heerespflichtigen, den Mitgliedern der Centurien, erst allmählich zugestanden ist, namentlich im Gefolge der 1. secessio plebis.[1])

Demgegenüber war es sachlich wie methodisch fehlerhaft, wenn man aus einer bestimmten Voraussetzung über die Zusammensetzung der Tribus bindende Folgerungen für die Zusammensetzung des alten römischen Heeres und für die Zeit seiner Einführung erschließen wollte.

Die servianische Klassen- und Heeresordnung hätte z. B. vollständig entwickelt bestehen können, auch wenn nicht alle Mitglieder der Bezirke und der aus ihnen ausgehobenen Centurien Grundeigentümer gewesen wären.

Umgekehrt hat hier, wie oft in der Geschichte, die Reorganisation des Heereswesens auch eine Neuordnung und Befestigung der bürgerlichen Rechte herbeigeführt. Wer im Heere

---

[1]) Vgl. Soltau, Altröm. Volksversammlungen Abschnitt VI S. 488 f.

draußen die Stadt verteidigte, konnte auch drinnen ein Stimmrecht im comitiatus maximus beanspruchen, und gleiche bürgerliche Rechte mit den übrigen „Wehrmännern", d. i. das „ius Quiritium" fordern. Nicht alle jene Umgestaltungen, welche die neuentstandene Heeresordnung im Gefolge hatte, waren gleich anfänglich mit ihr verbunden, und es war daher verhängnisvoll, wenn hier moderne Forscher aus historischen Erwägungen allgemeinerer Art das von der antiquarischen Überlieferung einstimmig gegebene Bild verworfen und umgestaltet haben.

Es ist gewiß der Erwägung wert, wenn C. J. Neumann[1]) die Entwickelung der plebejischen Freiheiten, die Gründung und Ausgestaltung der lokalen Tribus in enge Verbindung mit der Wahl der ersten Tribunen setzt. Gedeckt durch die tribunizische Gewalt haben die Plebejer erst ihr volles quiritisches Recht, eigenes Erbe und eigene Rechtsfähigkeit erworben.[2]) Aber wie durfte er danach die servianische Heeresordnung von ihrer ursprünglichen und grundlegenden Stellung in der Entwickelung der römischen Verfassung entfernen? Und aus welchen Gründen glaubte er überhaupt dieses tun zu müssen?

Diodor 11, 6, 8 erwähnt unter 283 d. St. die Wahl von 4 Tribunen. Daß es die ersten waren, sagt er nicht, noch weniger, daß damals die Tribus eingerichtet und organisiert worden sind. Die gesamte Überlieferung, namentlich auch alle Angaben der älteren Annalistik wie diejenigen antiquarischer Art setzen die Tribus als Aushebebezirke der Centurienordnung voraus und verlegen beide in eine frühere Epoche. Und da sollte durch Hinweis auf Diodor die Grundlage des römischen Staatsrechts, daß nämlich die Verfassung der ältesten republikanischen Geschichte eine ältere Heeres- und Aushebungsordnung zur Grundlage und Voraussetzung habe, umgestoßen werden dürfen?

Die Mißgriffe, die hier durch einige gewagte Vermutungen, zum Teil unter dem Einfluß moderner, dem Altertum fremder Anschauungen gemacht worden sind, sind verzeihlich, insoweit sie dem doch immerhin vielfach dunkeln Bilde jener Verfassungs-

---

[1]) Die Grundherrschaft der römischen Republik S. 20f.
[2]) Vgl. Soltau, Altrömische Volksversammlungen VI. Abschnitt S. 492f.

entwickelung mit Hilfe von Analogien Anschaulichkeit verleihen, Leben einhauchen wollten. Unstatthaft dagegen ist es, wenn alle jene Grundanschauungen der römischen Staatsmänner und Altertumsforscher als späte Fälschungen oder als ausgeklügelte Gelehrtentheorien hingestellt werden. Es ist undenkbar, daß die servianische Klassenordnung mit allen ihren militärischen Einzelheiten erst eine Erfindung der Annalisten, ein literarischer Einfall aus historischer Zeit gewesen sei.[1]) Eine militärische Ordnung, welche schon durch die Manipularstellung überwunden war, aber doch gerade in ihr zahlreiche Spuren ihrer früheren Existenz hinterlassen hat, kann in Einzelheiten mancher gelehrten Mißdeutung ausgesetzt sein; sie ist aber sicherlich nicht ein Produkt später Stubengelehrsamkeit.[1]) Die zu der Zeit der ältesten Annalisten wie auch zu Ciceros Zeit berufenen Centuriatkomitien waren im wesentlichen identisch mit der Aushebungsliste, wie sie nach Tribus, Lebensalter und Klassenstellung geordnet, noch zu Polybius' Zeit stets bei der Bildung des Heeres zugrunde gelegt wurde.[2]) Die wesentlichsten Elemente der alten Klassenordnung waren also gegebene Größen, aus welchen hinsichtlich der Bemessung der Klassenstellung oder der taktischen Verwendung der Klassen im altrepublikanischen Heere zwar verschiedene Theorien und Deutungsversuche möglich waren,[3]) die selbst aber in allen ihren Einzelheiten den historischen Zuständen der Gegenwart entnommen waren.

Das hat neuerdings ein Fund vollauf bestätigt.

Die älteste für uns erreichbare Nachricht über die Entwickelung des römischen Heerwesens liegt in der fabischen Chronik vor, wie sie in den Angaben Diodors und des Ineditum Vaticanum[4]) enthalten ist. Die in dieser erhaltene Rede des Kaeso Fabius gibt eine Entwickelungsgeschichte des römischen

---

[1]) Wie das C. Francis Smith vertritt in seinem Buch „Die römische Timokratie", vgl. namentlich S. 158f. („Die servianischen Kommentare eine Fälschung mit parteipolitischer Tendenz"). Hiergegen s. Soltau, Altrömische Volksversammlungen (1880) III. und IV. Abschnitt.

[2]) Ebendas. IV.—V. Abschnitt.

[3]) Daher die Verschiedenheiten zwischen Liv. 1, 43, Dionys 4, 15 und Cicero de republica 2, 22, 39.

[4]) Vgl. das Ineditum Vaticanum Hermes 27, 118f., das v. Arnim herausgegeben und auf die fabische Quelle Diodors zurückgeführt hat.

Heerwesens, welche genau den antiquarischen Berichten bei Livius (8, 8) entspricht. Der Befreiungskampf gegen die Etrusker wird daselbst aufs bestimmteste darauf zurückgeführt, daß die Römer die tuskische Phalanx annahmen, sowie die ehernen Schilde und die Speere derselben. Dieser Bericht setzt also aufs deutlichste die servianische Heeresordnung vor den Anfang der Republik, zu Beginn des Befreiungskampfes an, während er die Manipulartaktik eingeführt sein läßt infolge des Kampfes mit den Gebirgsvölkern und nach dem Vorbild der Samniten. Erwägt man ferner, daß Polybius die Vorzugsstellung der classici mit ihrem Kettenpanzer zwar als veraltet, aber doch als einen Überrest längst bestehender Vorrechte erwähnt, so sind damit die wichtigsten Seiten der militärischen Organisation der servianischen Heeresordnung sicher gestellt.

Die antiquarische Tradition und die Angaben der älteren Annalistik, welche auf Erinnerungen und Überlieferungen aus dem 3. und 4. Jahrhundert vC. zurückgehen, diese müssen als feste Grundlage der Erforschung der älteren republikanischen Geschichte festgehalten werden. Sie haben es ermöglicht in Mommsens Röm. Staatsrecht und in den sich daran anschließenden Untersuchungen ein gesichertes Fundament zu legen, welches nicht durch Vermutungen und Verweise auf Analogien in Frage gestellt, geschweige denn durch moderne Einfälle verdrängt werden darf.[1])

Aber nicht nur diese antiquarische Tradition über die Entwickelung des römischen Verfassungslebens verdient Glauben, sondern daneben auch die Berichterstattung über die Hauptepochen und die wichtigsten Ereignisse der politischen Geschichte, soweit sie auf die Angaben der älteren Annalistik zurückgehen. Die tuskischen Namen der ältesten Könige weisen sicherlich auf eine Erinnerung historischer Art zurück. Der Gegensatz zwischen den Tarquiniern und Servius, welchen die römische Überlieferung durch manche späte Zutaten verdeckt, nichts-

---

[1]) Die faktische und rechtliche Stellung der Clienten und Plebejer hätte z. B. nicht (vgl. C. J. Neumann „Grundherrschaft" S. 11 f.) mit derjenigen der Heloten, oder der Leibeigenen im 18. Jahrhundert gleichgestellt werden dürfen, und deshalb hätten aus solchen Vergleichen auch nicht Folgerungen für die römischen sozialen Verhältnisse gezogen werden dürfen.

destoweniger aber deutlich durchblicken läßt, wird durch die etruskischen Gräberdarstellungen bestätigt und weist also auf eine geschichtliche Überlieferung hin. Ein Porsena, welchem sich die Stadt Rom ergeben muß, ist ebensowenig eine Erfindung der römischen Volksüberlieferung, wie etwa die Vertreibung des Tarquinius Superbus und die Einsetzung der Republik.

Überall haben sich späte literarische Erfindung und Ausschmückung an diese wenigen Grundzüge echter Überlieferung angeschlossen und sie gewissermaßen überwuchert. Und doch läßt sich, je mehr wir die Berichte kritisch zu ordnen suchen, desto klarer die alte Überlieferung von einer nur literarischen Ausschmückung und Erweiterung des Ursprünglichen scheiden.

Die Konsullisten haben bis zum Dezemvirat rückwärts, wenn sie auch nicht in allen Namen und Personen authentisch sind, einen großen Wert für die Zählung wie für die sich an sie anschließende Erzählung gehabt.

Und ebenso steht es um die historische Qualität der bedeutsamsten äußeren politischen Vorgänge. Selbst gegen die entscheidenden Schlachten mit den Tarquiniern wird kein gegründeter Zweifel erhoben werden dürfen, wie sehr auch die annalistischen Berichte jetzt mit den späten und geschichtswidrigen Einzelheiten ausgeschmückt sein mögen.

Wie die beiden secessiones plebis historisch gesichert sind, so der durch Inschriften bezeugte Sturz des Cassius, die durch die Fasten angedeutete Katastrophe vieler Fabier an der Cremera.

Es wäre töricht, wollte man die durch die sonstige annalistische Überlieferung bestätigten Waffenstillstandsfristen von 40 (277 bis 317 d. St.) und von 20 (328 bis 348 d. St.) Jahren sowie den letzten 10 jährigen Entscheidungskampf (348 bis 358 d. St.) in Frage ziehen. Trotz alles unhistorischen Beiwerks wird der Sieg des Postumius Tubertus über die Äquer wie auch die siegreiche Überwältigung der Fidenaten und Vejenter durch A. Cornelius Cossus als historisch gesichert gelten dürfen.

Die Persönlichkeit des Camillus, seine Eroberung Vejis, seine Verbannung und seine Verdienste um die Wiederherstellung der Stadt und ihres bisherigen Machtbereichs sind aus der Geschichte nicht zu streichen, wie sehr gerade hier Dichtung und Erfindung, ja absichtliche Fälschung mitgewirkt haben, um die geschichtliche Wirklichkeit der Haupttatsachen zu verdecken.

Gerade darin, daß eine verständige Abwägung der Einzelheiten der Überlieferung und die Hochhaltung der Ergebnisse, welche die Quellenuntersuchungen über die römische Annalistik erzielt haben, zu einer scharfen Scheidung des älteren Quellenbestandes und der schriftstellerischen Überarbeitung möglich macht, liegt die Gewähr dafür, daß die Grundlagen unseres geschichtlichen Wissens wohl fundiert sind. Wie die gute antiquarische Tradition der Fachkreise so haben auch diese Hauptepochen der älteren republikanischen Geschichte einen geschichtlichen Wert, welcher es nicht gestattet, das von ihnen Gebotene durch moderne Einfälle zu ersetzen.[1])

Mit diesen Ergebnissen eng verbunden sind die Forschungen, welche auf den verschiedensten Gebieten der römischen Altertumskunde unternommen worden sind, und welche an vielen Punkten zu positiven Ergebnissen geführt haben. Die Erforschung des italischen Münzwesens, die italische Landeskunde, die römische Topographie, römische Chronologie und römisches Religionswesen, römische wie italische Sprachforschung haben

---

[1]) Selbst einige der gefährdetsten Positionen der annalistischen Überlieferung können, sofern von den Zutaten der geringeren rhetorischen Überarbeitung abgesehen wird, im wesentlichen als historisch festgehalten werden. Ich denke z. B. an die Berichte von einer mehrfachen Einnahme Antiums. Selbstverständlich ist nicht daran zu zweifeln, daß erst am Schluß des großen Latinerkrieges die feste Stadt Antium in die Hand der Römer gelangt ist, und es ist daher Flunkerei, wenn der rhetorische Siegesbericht einer ganz jungen Quelle (Tubero, s. Soltau Livius Geschichtswerk S. 160) bei Liv. 2, 65, 7 sagt: Antium et Romanus exercitus ductus; paucos circumsessum dies deditur). Aber gerade hier steht die korrekte Angabe kurz vorher 2, 63, 7: Antium . . consul oppugnare non ausus Caenorem, aliud oppidum nequaquam tam opulentum, ab Antiatibus cepit. Dahin, in diesen Teil des antiatischen Gebiets sind vielleicht die 3, 1, 5 erwähnten Kolonisten geführt worden. Antium selbst ist noch Liv. 6, 9 eine freie und mächtige Stadt, ja die Selbstständigkeit der neuen „Kolonie" Antium wird 3, 4, 5 nur etwas verklausuliert zugestanden. Sonst ist Antium frei, wie 6, 9, 1 und 6, 31, 5 so auch 7, 27, 2; 7, 19, 6; 8, 1f.; 8, 12. Wenn 6, 33, 3 Antiates... urbem agrosque Romanis dedunt, so ist damit nur auf einen (vielleicht ungünstigen) Friedensschluß der Antiaten mit Rom hingewiesen, den eine ganz sekundäre Quelle fälschlich als deditio aufgefaßt hat. Das ist kaum eine Variante, sondern ein einfacher Flüchtigkeitsfehler.

bereits ein besseres Fundament gelegt, als es die Annalenberichte bieten konnten. Vor allem aber sind durch die Ausgrabungen, durch die zahlreichen Inschriften, durch die Funde auf dem Forum wie in den Grabstätten, so viele wichtige Tatsachen festgestellt worden, daß sie der wissenschaftlichen Erkenntnis der älteren römischen Geschichte eine festere Grundlage bereitet haben. Ein ganz neues Licht fällt auf die älteste Geschichte Roms und die historischen Zustände des alten Italiens durch die Etruskologie. Tuskische Namen waren überall in Italien verbreitet. Die in den Gräbern Etruriens gefundenen Abbildungen zeigen, welche Kulturstufe die Tusker gehabt, welchen Einfluß sie auf die übrigen Italiker, und speziell auf Rom, ausgeübt haben.

Die Aufklärung, welche durch solche Funde manche historischen Verhältnisse erhalten haben, bezeichnet einen dauernden Fortschritt. Wir wissen jetzt, wie weit die Etrusker einst in den verschiedensten Teilen Italiens geherrscht und Einfluß geübt haben. Die Namen der römischen Könige sind tuskisch und haben sich als solche im Gedächtnis des Volkes erhalten. Die Taten der letzten Könige sind in den Grabkammern von Vulci dargestellt. In Rom wurde damals eine uns unverständliche Sprache gesprochen. Erst ganz allmählich gewann der Latinerstamm dort die Oberherrschaft, wo ihn eine haltlose Überlieferung aus später Zeit schon jahrhundertelang als herrschend geschildert hatte.

Das Halbdunkel, welches bisher über jenen Zeiten lagerte, beginnt allmählich zu schwinden. Die Trübungen, welche Dichtung und Erfindung über Roms Vorgeschichte verbreitet haben, sind meist als solche erkannt und verworfen worden. Von alten Volkssagen und tiefsinnigen Mythen, welche in Rom ihr Wesen getrieben haben sollen, wird bald kein Mensch mehr reden. Wie überall in der Geschichtsforschung bleibt bei dem Vordringen urkundlicher Forschung das Gerede der Chroniken und das Geschwätz der Pseudogelehrten im Rückstand.

Dichtung und Erfindung gehören in die Kinderstube der Menschheit. Die männliche Forschung bleibt vor den Tatsachen stehen und baut auf ihnen weiter oder betrachtet sie als Marksteine des Wissens, welches allein dem Geschichtsforscher wahrhaft genügen kann.

Anhang.

I.
Die nachweisbaren Praetextae.[1]
1. **Romulus.**
2. **Sabinae.**
3. **Horatius** (Horatii et Curiatii).
4. **Brutus.**
5. Porsena.
6. Spurius Cassius (die Überarbeitung einer älteren praetexta I. secessio plebis).
7. Verginia, s. II. secessio plebis.
8. Spurius Maelius.
9. **Veiorum expugnatio.**
10. Faleriorum deditio.
11. Roma a Gallis liberata.
12. **Nonae Caprotinae.**
13. Marcus Manlius Capitolinus.
14. **Decius.**
15. **Clastidium.**
16. **Ambracia.**
17. Demetrius.
18. **Paulus.**
19. Fabricius.
20. (Vescia).

Mit großer Wahrscheinlichkeit sind von diesen Dramen zuzuschreiben:

dem **Naevius**

Romulus, Clastidium (vielleicht auch ein Drama I. secessio plebis et Coriolanus;

---

[1] Die hervorgehobenen Titel sind überliefert. Die späteren praetextae der Kaiserzeit sind übergangen.

dem **Ennius**
Sabinae, Horatius, Veiorum expugnatio, Faleriorum deditio, Roma a Gallis liberata, Nonae Caprotinae, Ambracia, Demetrius, Vescia (?);
dem **Pacuvius**
Paulus;
dem **Accius**
Brutus (inhaltlich wohl wie Porsena auf einem älteren Drama des Ennius beruhend), Porsena, Verginia, Spurius Cassius, Spurius Maelius, Marcus Manlius, Decius, Fabricius.

II.
Zu den Konsularfasten 245—454 d. St.
(vgl. Einzelheiten in IX S. 189—203).

Die Konsularfasten von 245—254 d. St. können in bezug auf Korrektheit und Glaubwürdigkeit in 3 Gruppen geteilt werden:
1. 388—454 d. St.: die nur mit wenigen Varianten gleichmäßig überlieferten Konsularfasten;
2. 305—387 d. St.: die durch zahlreiche Interpolationen von Kriegstribunennamen und durch einige andere Anomalien getrübte Liste seit dem Dezemvirat;
3. 245—302 d. St.: die ältesten konsularischen Kollegien, ohne nennenswerte Varianten. Über die Listen der erst spät eingetragenen Dezemvirn s. u. a. auch Sigwart Klio VI, 269 f.

1. Alle Konsularfasten enthalten unter 421, 430, 445, 453 sogenannte Diktatorenjahre, d. h. Eintragungen, welche statt der Konsuln einen diktator und einen magister equitum notierten. In den Capitol. Fasten wird hinzugefügt „hoc anno dictator et mag. eq. sine cos. fuerunt."

Eine Erklärung gab IX S. 189. Selbst, wenn diese irrig wäre, kann es sich hier doch nur um eine künstliche Korrektur der Fasten handeln. Die Annalisten berichteten die Ereignisse der betr. Diktaturen mit den Vorjahren kombiniert.

Kleinere Varianten finden sich zu 431. Für Q. Aulius setzt Liv. 8, 37 Q. Aemilius ein. 428—435 sind die Namen von L. Papirius Mugilanus und L. Papirius Cursor mehrfach verwechselt worden. Eine Erklärung hierüber gibt meine „Röm. Chronologie" S. 334—340.

Reinpatrizische Konsulkollegien kommen trotz der lex Licinia Sextia vor unter 399, 400, 401, 403, 405, 411, 420, 423, 431, bei Diodor auch 417 und 418.

2. Die Konsularfasten 305—387 d. St. Die größeren Abweichungen sind:

{ a) Diodor läßt 331—335 aus;
{ b) „ schiebt Ol. 90, 1 (= 326^b) das Konsulat des L. Quinctius A. Sempronius ein (vgl. Liv. 4, 31, 1);
c) „ schiebt 360 bis 364 nach 364 noch einmal ein;
{ d) „ läßt 4 Anarchiejahre 379—382 aus;
{ e) „ läßt 387 aus.

c soll den bekannten Synchronismus für die Alliaschlacht = Friede des Antalkidas Ol. 98, 2 künstlich herbeiführen.

d und e sollen einen anderen Synchronismus herstellen, wonach 304 (der Abschluß der XII Tafelgesetzgebung) auf Ol. 84, 3 (442 vC.) herabgeschoben worden wäre, wenn nicht Ol. 90, 1 eingeschoben wäre. So ward 304 = Ol. 84, 2 (443 vC.) gleichgesetzt.

a und b sollten einem ähnlichen Zweck dienen. Dadurch wurde der Beginn der Zwölftafelgesetzgebung (Ol. 84, 1) mit derjenigen des Charondas in Thurii (Diod. 12, 11) zeitlich nahezu gleichgestellt (Diod. 12, 23).

Aus den kleineren Abweichungen der Konsularfasten zwischen 305—387 d. St. sei hier folgendes hervorgehoben:
310 bietet Diodor Militärtribunen, während Livius auch die Konsuln L. Papirius Mugilanus L. Sempronius Atratinus überliefert hat.
320 hatte Licinius Macer — sicherlich irrtümlich — die Konsuln von 319 wiederholt. Tubero und Antias boten: M. Manlius Q. Sulpicius, während die älteren Annalen Militärtribune nannten, so auch Diodor 12, 53 Μάρκος Μάνιος Κόιντος Σουλπίκιος Πραιτεξτάτος Σερουίλιος Κορνήλιος Κόσσος (vgl. Liv. 4, 23).
337 nennt Diodor Σπούριος Οὐετούριος statt Spurius Rutilius (Liv. 4, 47). Doch steht daneben Ρουίλιος im P.
338 bietet Diodor 13, 9 vier Tribunenstellen, Livius 4, 47 nur drei (ohne Q. Fabius).

Seit 349 setzen dann die bei Livius stets sechsstelligen Tribunate ein, die bei Diodor in den Jahren 360, 363, 368,

369, 370, 371, 376, 378, 384, 386 nur drei oder vier Stellen zählen. Über die Differenz ist oben IX, S. 194f. Aufklärung geboten. Die zahlreichen Varianten, welche sich bei den praenomina finden, namentlich zwischen Diodors und Livius' Fasten, sind größtenteils auf die Fehler der Überlieferung, z. T. auf die verderbten Lesarten Diodors zurückzuführen. Im einzelnen Fall ist durch Spezialuntersuchung zu entscheiden.

Ernsthafter ist der Gegensatz zwischen den Livianischen und Diodorischen Fasten 357—387 in bezug auf mehrere Gentilnamen. Doch genügen dieselben nicht, um Zweifel an einer gemeinschaftlichen ursprünglichen Liste zu hegen.

Die wichtigsten sind:

359 fehlt bei Diodor P. Cornelius Scipio.

365 Λεύκιος Παπίριος während Liv. 6, 1 L. Aemilius bietet.

367 Λεύκιος Παπίριος Γάιος Κορνήλιος Λεύκιος Μάλλιος Γάιος Σερουίλιος Οὐαλέριος Αὖλος, Livius 6, 5 setzt für 2—4 ein: Cn. Sergius L. Aemilius Licinius Menenius.

374 hier hat Diodor 8 Stellen. Zu diesem Jahr s. oben S. 202.

375 auch hier hat Diodor vielfach verschriebene Namen für 8 Stellen.

377 Γάιος Οὐεργίνιος . . . Γάιος Κορνήλιος, dafür Livius 6, 32 C. Veturius C. Quinctius.

Bei mehreren Jahren sind die Lesarten Diodors verdorben und daher ist eine Entscheidung, ob wirklich ein abweichendes nomen in Diodors Fasten stand, unmöglich. So bei 360, 363, 364.

3. Über die Entstehung der Varianten des 1. Konsulats 245 s. oben S. 36, 98 und Röm. Chronologie S. 473. Es ist nach dem in II und V gegebenen Nachweis klar, daß Brutus und sein von ihm vertriebener Kollege L. Tarquinius Collatinus der Poesie ihre Stelle verdanken und erst später vor die beiden ersten Konsuln P. Valerius Poplicola, M. Horatius gesetzt sind, ebenso der consul suffectus Sp. Lucretius Tricipitinus.

Ernstliche Differenzen finden sich zwischen den übrigen Fasten und Diodor zu 272 und nach 297. Ersteres läßt Diodor aus, während er nach letzterem Λεύκιον Κοίντιον Κιγκιννᾶτον καὶ Μάρκον Φάβιον Οὐιβουλάνον einschiebt. Es ist wahrscheinlich, daß die späteren Fastenredaktoren das Konsulat Diodors 297b ausmerzten, weil es nach der Fabierkatastrophe 277 unpassend erschien, schon damals einem Fabier das Konsulat zu geben.

Über Varianten in Vornamen, Schreibfehler Diodors und einige wenige Abweichungen bei den nomina gentilicia s. C. J. L. I² p. 100f. Derartige Abweichungen können die Richtigkeit des Satzes, daß allen Fastenangaben 245—302 d. St. eine gemeinsame Liste zugrunde lag, nicht umstoßen.

III.
Herodot bei römischen Historikern.

Wenn auch im einzelnen nicht überall nachweisbar ist, welche Erzählungen griechischer Historiker in römische Geschichtsdarstellungen übergegangen sind, so möge hier wenigstens eine Übersicht über die Erzählungen gegeben werden, welche dem Herodot nachgebildet sind.

1. Die Jugendschicksale von Romulus und Remus nach ihrer wunderbaren Errettung, ihr Leben unter den Hirten bis zu ihrer Entdeckung durch Numitor ist gebildet unter Berücksichtigung von Herodot 1, 116f.

2. Herodot 5, 92 und 3, 184 sind imitiert worden von den Annalisten, welche die jetzt übliche Erzählung von Tarquinius Superbus darstellten (vgl. Liv. 1, 54, Dionys 4, 50f.).

3. Herodot 1, 82 hat als Vorbild gedient für den Dichter des Kampfes der Horatier und Curiatier.

4. Nach Herodot 7, 228 ist die Fabierkatastrophe geschildert.

5. Herodot 1, 87 ist von Caelius Antipater bzw. von Appian Libyka 27, der ihm daselbst folgt, verwandt, um damit den Empfang des gefangenen Syphax zu schildern.

6. Herodot 8, 52f. war neben Thukyd. 1, 89 von Einfluß auf die Darstellung, welche Liv. 5, 43f. aus Claudius geschöpft hat. Vgl. auch Herodot 9, 3.

7. Herodot 5, 56f. ist mehrfach Vorbild gewesen für die Schilderungen von der Vertreibung der Tarquinier.

Register.

A.

Accius, fruchtbarer Dichter d. praetextae 19. 20. 36f. 45f. 99. 121—126. 263—264.
Lucius Aelius Tubero (nicht Quintus) Schwager Ciceros 158 f., häufig benutzt von Livius, namentlich in Laudationenberichten 140f.
Aeschylus, der Einfluß seiner Dramen 38. 39. 106.
Alba Longa's Einnahme 105f.
Alexander der Große den Römern seines Zeitalters kaum bekannt 9. 10.
Alexander von Epirus 9.
Ambracia 20. 262.
Amulius (Amullus, Amullius) 22. 143f.
Anarchie, Jahre der A. 379—383 d. St. 195—198. Diodor übergeht sie mit Unrecht 197.
Anchuros, Sohn des Midas, 87.
Annalen, ältere A. vor Ausarbeitung der annales maximi 213 bis 227. 230—233.
Annales des Ennius s. Ennius.
Annales maximi, die Stadtchronik des pontifex maximus, wurde um 130 vC. ausgearbeitet 156f. Der Einfluß dieser Publikation auf die folgenden Annalisten 158f. 233f. 236—237.
Anteias, Bruder des Romos 27.
Antiquarische Überlieferung, Güte der A. Ü. 237f., namentlich 259., s. das zusammenfassende Urteil hierüber 254.
Antium, Berichte über A. 261.
Appius Claudius, der Dezemvir. 99f. 102.
Appius Claudius Caecus, die Berichte über ihn 246, seine Anordnungen als Censor 246f., stellt Ahnenbilder im Tempel der Bellona auf 183, Ursprung seines Beinamens Caecus 230, ist nicht mit dem Dezemvir zu konfundieren 248.
Appius Herdonius, erobert das Kapitol 36.
Aquilii, ursprünglich plebejisch 148.
Ardeias, Bruder des Romos 27.
Artemis Hegemone in Tegea 95. Die Tempelsage der A. H. war das Vorbild für die Lucretiasage 95.
Atilii, 158.
Ätiologische Mythen 34. 102. 229.

B.

Brutus, Bedeutung des Namens, 70. s. L. Junius Brutus.

C.

Caedicius, Militärtribun, opfert seine Schar zur Rettung des Heeres auf 173.
Caelius Antipater 53. 77. 164.
Caere 6.
Calpus, Sohn Numas, Ahnherr der Calpurnier, 148.
Camillus 40—44. 112—121. 161 bis 164. teils mit Achill 117, teils mit Scipio in Parallele gestellt 103. 116. 161.
Capua, zuerst von Rom abhängig 8. 27. 174, spätere Empörung von C. 54, Bestrafung 175.
Carvilii 158, s. auch 115.

Cassii, plebejisch 148.
Cassius 122f. 125. 263f.
Catilina, seine Verschwörung von Annalisten nachgebildet 175f.
Cato 61. 73. 179.
Caudium, die Niederlage von C. ähnlich geschildert wie die Niederlage vor Numantia 168f.
Censusordnung, erst später mit der militärischen Centurienordnung verbunden 256f.
Claudius Quadrigarius (d. i. der Jokay), schreibt Laudationen 68. 133f. 141. 171.
Cloelia 97. 229.
Commentarii der Priester, der pontifices 108. 205—211, der augures 108, der decemviri s. f. 12; ferner 207—211.
Contamination mehrerer Dramen 96, s. auch 33. 104. 106.
A. Cornelius Cossus 34. 193f. 200.
Cornelius Nepos 55.
P. Cornelius Scipio Africanus, das ideale Vorbild d. Ennius 117. 161. 163.
Curtius, sein Opfertod, 86, nach einer griechischen Fabel erfunden 87. 229.

D.

decemviri legibus scribundis 13.
decemviri sacris faciundis (später quindecimviri) 11. 247f.
P. Decius Mus, der Vater, fällt in der Schlacht am Vesuv, 45. sein Opfertod? 45—51.
P. Decius Mus, der Sohn, fällt 295 vC. in der Schlacht bei Sentinum 45—51. 263f.
Delphisches Orakel 95.
Demetrius, Sohn Philipps V., 58.
Dichtung, der Einfluß der D. auf die Geschichtsschreibung 1. 17. 19f. 21—51. 61—72. 92—131. 230.

Diodor, seine Fasten 192—201, griechisch abgefaßt 200, seine annalistische Quelle 199, sonstige Quelle 200f.
Diokles von Peparethos, der Mythograph, folgt dem Drama des Naevius, alimonia Remi et Romuli 22f., von Fabius benutzt 23.
Dionysios I. von Syrakus 7. 9.
Dionysios von Chalkis 24.
Dionys von Halicarnass 7. 8. 109, seine Berichte über Roms Vorgeschichte 21—24. 128.
Dioskuren, erscheinen in der Schlacht am See Regillus 85.
Doppelkönigtum in Sparta und in Rom 35f.

E.

Egeria 71. 128. 145.
Ennius 60—72, Nachahmer Homers 67f. Chronologie des Ennius 71. 117, die Dramen des E. 20. 31f. 40—51. 52. 97. 112f. 262. 263f.
Enniusfinsternis 15. 16.
Eteokles und Polyneikes 38. 96.
Etrusker hielten einst Rom besetzt 228. Die Königsnamen sind tuskischer Herkunft 143—145, sie kannten Ahnenbilder 183, ihre Darstellungen in Gräbern 183f. im Allgemeinen 231. 259f.
Euripides, Vorbild der Prätextatendichter 33.

F.

Fabier, ihr Opfertod an der Cremera 83, bestätigt durch die Fasten 89. 98, ausgeschmückt nach Herodot 90, Laudationen der F. 89f. 238. 260.
Q. Fabius Maximus Rullianus 140. 230. 246.

Fabius Pictor ältester Annalist 153, seine Darstellung der Romuluslegende 21f., wichtige Quelle 103. 147. 199.
Fabricius, in einer praetexta behandelt, 126f. 263f.
Falerii, ergibt sich den Römern, Schwank vom Schulmeister von F. 44. 121. 263f.
Familienarchive im tablinum 186. ihre Bedeutung für die Laudationen 134—136.
Fasti, Konsularfasten, 189—203.
Fasti triumphales s. Triumphalfasten.
Flavius, seit ihm Beginn gleichzeitiger Aufzeichnungen in der tabula pontificis 14f., er veröffentlicht den Kalender 15—16, Fl. war kein Fälscher 148f., seine amtliche Tätigkeit 217. 248.
L. Furius Camillus besiegt die Gallier 405 d. St. 6. 178.
M. Furius Camillus s. Camillus.

G.

Gabii, durch List genommen 88. 267.
Gallier erobern Rom 6f. poetische Behandlung 40f. 43f. 263f. Die kurzen tumultus Gallici 196. 214. 224.
Gallischer Brand, fehlt in mehreren älteren Annalen 113, nach griechischen Berichten erfunden 113—114.
Genucii, plebejisch 148.
Geschichtsschreibung, griechische, über Rom 5—10. 72 bis 91.
Geschichtsschreibung, römische, Perioden der römischen G. 152f. 213—237.

H.

Heloten, ganz andre Rechtstellung der H. als der Clienten 259.
Herodot 6. 22. 78. 88. 90. 267.
Hieronymos von Kardia 7. 65. 126.
Hippo, verübt Selbstmord 103, die Erzählung von H. ist andersartig als die der Verginia 103.
Horatier und Curiatier 87. 105—108. 264.
Horatius Cocles 97. 128.
M. Horatius weiht den kapitolinischen Tempel ein 88. 209.
Hostilii 143. 147.
Tullus Hostilius 143. 147.

I.

Ilia, später Rea Silvia 21. 28.
Imagines, Ahnenbilder, Vorführung bei Laudationen 133, 134f. 181, seit wann aufgestellt? 183. Unterschriften der i. 185f.
C. Julius, loyaler Dezemvir 101.
L. Junius Brutus 19. 39f. 93—99.

K.

Kallias 5.
Kastor 222.
Klassen, bilden die Grundlage der militärischen Centurienordnung 258f. K. vor den Anfang der Republik zu setzen 255f.
Konsulat, seit 388 d. St. den Plebejern eingeräumt, 265, Ausnahmen nach 388 d. St. 266, Ausnahme vor 388 d. St. 239f.
Konsulatsjahre oft verkürzt 189, nie länger als ein Jahr, daher ein Ausgleich erwünscht 190f.

L.

Latiner, verwandt mit Ausonern und Sikulern 7
Latinerkrieg, größtenteils freie Erfindung 174f.
Laudationen 132—152. Der Einfluß der L. auf die römische Annalistik 157.

Laudationen einzelner Geschlechter 136 f., der Aemilier, Fulvier, Claudier, Scipionen 138, der Fabier und Licinier 139. 238, der Volumnier, Decier, Postumier, Servilier 140 f.
lectisternia 11. 207.
Licinii, ihre Laudationen 139. 238.
Licinius Macer 137, schreibt Geschichte mit der Tendenz seinen politischen Parteistandpunkt zu verteidigen 159. 240 f.
C. Licinius Stolo, Urheber der licinischen Gesetzgebung, ist historisch 240—250.
Lucretia, ihr Charakter nach Penelope gebildet 37, ihr Schicksal nach griechischer Tempel-Anekdote geschildert 95 f. s. auch 103.
lupa, die Wölfin mit den Zwillingen 23. 25—30.
lupercal am Palatin 25. 29.

M.

Sp. Maelius 121 f. 159. 263.
Manipularstellung, gehört der Zeit des Camillus an 258—259.
T. Manlius Torquatus 171.
Ancus Marcius 143. 147.
M. Marcius, erster plebejischer rex sacrorum 146, Urheber mancher Marcierlegenden 147 f.
Numa Marcius, erster pontifex 151, sein Sohn Eidam des Königs Numa, Vater von Ancus Marcius 151.
Cn. Marcius Coriolanus 108 bis 112, ist vielfach nach dem Vorbilde Achills geschildert (Ennius) 68 f. 109. Sein Ende ist geschildert wie das des Themistokles 85, oder des Regulus 84. S. auch 112. 263.
C. Marcius Rutilus, erster plebejischer pontifex 151.

Masinissa 55 f. 69.
Meneniusfabel 86.
Mucius Scaevola 97.
Mündliche Tradition 2. 202 f.
Mythus fehlt den Römern 3. 17. 74. 228. S. ätiologische Mythen.

N.

Naevius 17—30. 6—63.
Nicolaus von Jeroschin 132.
Nonae Caprotinae, ein Drama des Ennius, 43 f. 263. 264.
Numa, etruskischer Herkunft, 143 f. Sein Verkehr mit Egeria ist durch Ennius erfunden 71, ebenso seine Beziehung zu Pythagoras 71.
Nundinae wurden dies fasti 16.

O.

Odyssee, übertragen von Livius Andronicus 17. Nachgeahmt von Naevius und Ennius 60—65. 67 f.

P.

Pacuvius, Dichter der praetexta Paulus. 167 vC. 20. 38. 263 f.
Pais, die Vorzüge seines Werkes 5 f. 7. Die Fehler seiner Methode 177—179. 247 f.
Papirius Mugillanus und Papirius Cursor in den Fasten confundiert 193.
Peter von Duisburg 132.
Philistos 7.
Pinus, Sohn Numas, Ahnherr der Pinarii, 148.
Piso, älterer Annalist, schrieb nur kurz über die ersten Jahrhunderte der Republik 2. 18. 220. Quelle von Cicero de republica 219 f., naive Geschichtsauffassung der P. 159.
Plebiszite, Gesetze über Pl. 250—253.
Poesie und Geschichtliche Darstellung, ihr Unterschied von den Römern erkannt 132,

weshalb dennoch nicht genügend geschieden 133f. 137, ferner s. 92f. 172.
Polybius 153. 171. Repräsentant der älteren Annalistik 214. 218. 224.
Pompilii 143f., von Pompo, dem Vater des Numa, hergeleitet 147. Numa Pompilius und sein Verkehr mit Egeria und Pythagoras 71f.
Pontifices 10—16. 153f. 217f.
Popilii 147.
Porsena, seine Persönlichkeit ist historisch 260, Drama „P." 97f. 263. 264.
praetextae sc. fabulae, siehe Römerdramen.
prodigia 10, erst seit 300 vC. in der tabula pontificis notiert 14f.

Q.
Quinctier 110. 140. 192.

R.
Regillus, Schlacht am See R. 85.
Römerdramen (praetextae) 17f., überlieferte R. 20. 263, Inhalt der R. 17—51. 92—131. Fälschlich angenommene R. 51—59.
Romos, Romulus, Remus 20 bis 33, s. namentlich 28f. 29 Anm. 1.

S.
S durch R ersetzt (Papirius statt Papisius), seit 414 d. St. 248.
Sabinerinnen, Raub der S. 31 bis 36.
Samnitenkrieg I, ist selbst zwar historisch, aber die Schilderungen desselben sind späte Erfindung 45—50. 174.
Scipio, Epos des Ennius 16, s. sonst P. Cornelius Scipio.
Secessiones plebis, die 3 s. pl. sind scharf zu unterscheiden 166f. 168. 252f., die 1. secessio 252, die 2. secessio 100f. 167. 252, die 3. secessio 242f., nur Einzelheiten aus ihr in die beiden ersten übertragen 168.
Seisachtheia in Athen 239, in Rom 245.
C. Sempronius Gracchus, nicht dramatisch behandelt 52—54, Vorbild für die Demagogen des 4. Jahrh. der Stadt 121—126.
Ti. Sempronius Gracchus war das Vorbild für die Darstellung der Tätigkeit des Sp. Maelius 121—126, namentlich 125.
Sempronii, ursprünglich plebejisch, 148.
Servius Tullius 39. 143. 144. 147, seine beiden verschiedenartigen Töchter 88.
Rea Silvia 21. 28. 30. 143.
Sophokles 21f., Vorbild für die römischen Dramatiker 38. 96.
Sophonisbe, Sophoniba, ihr tragisches Schicksal durch Ennius' Epos „Scipio", dichterisch behandelt 58, nicht durch ein Drama 55—58.
sponsio und foedus, ihr Unterschied 169f.
Stesichoros 61, seine Iliupersis ahmt Naevius nach 61—63. Vgl. auch 40f.
Syphax 55f. 78.

T.
Tabula pontificis, seit 300 vC. geführt 5. 14—16. 153f. 217f. 230f.
Tarquinius Collatinus 38.
Tarquinius Priscus, zu scheiden von Tarquinius Superbus 180, seine Ermordung 87.
Arruns Tarquinius 38. 96, Sextus Tarquinius 95f.
Tarquinius Superbus 36—40. 88. 180. 183f. 260, seine Tyrannei ähnlich geschildert wie die der Pisistratiden 90f.

Tempelgründung, Aufzeichnung des Datums der T. 7. 209f.
Theophrastos 7.
Theopompos 7.
Timaios 5. 7. 9. 65.
Titus Tatius 35.
Triumphalfasten 203f., wurden erst spät offiziell geführt 204.
Troischer Sagenkreis 33. 43.
Manius Tullius, Konsul 254 d. St. soll eine Verschwörung unterdrückt haben, ähnlich wie Marcus Tullius Cicero die katilinarische Verschwörung unterdrückt hatte 175—177, s. auch 147.
Tusker s. Etrusker.
Tutula, Name der Sklavin, welche sich patriotisch aufgeopfert hatte, 43. 120.
Tyro, Mutter des Pelias und Neleus, die Sage von der Tyro 21, durch Sophokles bearbeitet 21—23, nachgeahmt von Naevius 23. 128.

V.

Valerius Antias 158.
P. Valerius Poplicola 141, seine Brüder 141.
Veji, der Kampf der Fabier vor Veji 89, die Waffenstillstandsfristen zwischen Rom und V. 217f. 260, der 10jährige Krieg um V. 43. 129. 260, von Ennius ähnlich dargestellt wie die Kämpfe um Troja 40f., die Einnahme von V. 129.
Verginia, unhistorisch, aber nicht aus griechischer Sage 99. 101. 103, die Erzählung von V. ist ein ätiologischer Mythus 102f.
Vescia, eine praetexta des Persius nach älterem Original, 20. 51. 263.
Via Appia 246.
Volkstribunen, Berichte über ihre Zahl 252f. 257, ihre zunehmende Kompetenz 250f.
Volumnii, plebejisch 148, ihre Laudationenberichte 139f.

X.

Xenophon, nachgeahmt von römischen Annalisten 88. 100, s. auch 88 in bezug auf den Tod von Xenophons Sohn.

Z.

Zopyros, seine List ist das Vorbild für die Tarquiniersage 88. 94.
Zwölftafelgesetzgebung, im wesentlichen historisch, 247 bis 250, ältere antiquarische Schilderung ihrer Mängel 102f.